普通高等教育经管类专业精品教材

管理案例采编及开发

基于多案例的研究

主编　许　驰

中国轻工业出版社

图书在版编目（CIP）数据

管理案例采编及开发：基于多案例的研究 / 许驰主编. -- 北京：中国轻工业出版社，2025. 3. -- (普通高等教育经管类专业精品教材). -- ISBN 978-7-5184-4855-5

Ⅰ. C93

中国国家版本馆 CIP 数据核字第 2024RK3213 号

责任编辑：张文佳　　责任终审：劳国强

文字编辑：姜瑞雪　　责任校对：刘小透　晋　洁　　封面设计：锋尚设计

策划编辑：张文佳　　版式设计：砚祥志远　　责任监印：张　可

出版发行：中国轻工业出版社（北京鲁谷东街 5 号，邮编：100040）

印　　刷：三河市万龙印装有限公司

经　　销：各地新华书店

版　　次：2025 年 3 月第 1 版第 1 次印刷

开　　本：787×1092　1/16　印张：13. 5

字　　数：210 千字

书　　号：ISBN 978-7-5184-4855-5　定价：49. 80 元

邮购电话：010-85119873

发行电话：010-85119832　010-85119912

网　　址：http://www. chlip. com. cn

Email：club@chlip. com. cn

230412J7X101ZBW

前 言

党的二十大报告指出，完善中国特色现代企业制度，弘扬企业家精神，加快建设世界一流企业；支持中小微企业发展；深化简政放权、放管结合、优化服务改革。

企业是社会发展的重要力量，中国经济的高质量发展离不开企业的健康成长。管理既是一门科学，也是一门艺术，企业管理中的实践经验需要进行梳理、总结，形成相应的管理案例。根据《高等学校课程思政建设指导纲要》，经济学、管理学、法学类专业课程要培养学生经世济民、诚信服务、德法兼修的职业素养。

对于工商管理类专业的学生来说，立足现实企业实际，深入企业一线，参与采编和开发反映中国现实的高质量企业管理案例，总结成功经验，彰显中国元素，对其个人成长大有裨益。对于工商管理类的专业教师而言，以立德树人、产教融合为原则，基于中国制度与文化背景，联系企业现实，积极采编与开发高水准的反映中国实际的企业管理案例，说好中国故事，发出中国声音，也是其职业生涯的重要工作内容和神圣使命。

基于此，本人在所参与讲授的硕士生课程“管理案例研发与实践”授课内容基础上，结合采编相关管理教学案例的实际体会，聚焦管理案例的采编及开发，撰写本书。

在内容安排上，全书分为八个部分。第一章是管理案例的认知，围绕管理案例的含义、类型、特征、功能、目前主要的案例库介绍等进行阐述。第二章根据管理案例采编的实际，梳理管理案例研发的流程、原则与准备，为阅读者实际进行相关工作奠定基础。第三章和第四章分别聚焦管理案例正文和使用说明的撰写流程和技巧，全面介绍管理案例正文及使用说明各个部分的撰写要求和注意事项。第五章为管理案例分析的常用工具，将管理案例分析中经常使用的理论工具进行了总结，为案例分析者提供方便。第六章是管理案例教学的组织，梳理了相关的教育学理论作为指导思想，为教师使用相关管理案例进行有效的教学、教学效果的评价等提供方法和技巧。第七章是本书的“实务篇”，针对本人作为第一作者、入选中国管理案例共享中心的 12 篇管理教学案例，详细介绍案例的采编及开发过程，包括相关公司的基本情况、与该公司的缘起、案例主题的聚焦过程、案例资料收集的过程、案例正文及使用说明的初稿撰写过程、案例的修改意见和修改过程、案例的修改结果概要、案例采编及开发过程的经验、案例未来可以进一步完善之处，希望为阅读者提供更为直观、形象的案例采编及开发体验。最后一部分为附录，包含两篇入选中国管理案例中心的管理教学案例正文和使用说明。

综上所述，本书为广大工商管理类专业的本科生、研究生、专业教师提供规范的管理案例采编及开发的经验总结和方法指导，对于广大从事企业管理实际工作的业内人士而言，本书也可以作为了解企业管理决策过程、探索企业管理优化方案的参考用书。本书中所选编的 12 篇入选中国管理案例共享中心的典型案例，可以为企业界人士提供了解相关企业管理模式、学习企业管理手段的平台。

本书的撰写，得到福建农林大学经济与管理学院优势特色学科——工商管理（128-722022021）经费资助，在此表示衷心感谢。本书第七章“典型管理案例的采编及开发过程”、附录的案例来源为中国管理案例共享中心，并经该中心同意授权引用，在此表示感谢。中国管理案例共享中心作为国内知名的管理案例库，致力于反映中国本土管理情境的优秀管理教学案例采编及开发，具有较大影响力。本人的管理教学案例撰写之路，始于向该案例库的投稿，感谢中国管理案例共享中心所提供的优质平台，使本人得以阅读大量高质量的入库案例，受益匪浅。本书撰写过程中，查阅了相关学者的有关研究成果，在此一并表示感谢。由于个人能力有限，书中存在的不足之处以及需要进一步探讨的问题，恳请读者提出宝贵意见和建议。

编　者

目 录

第一章　管理案例的认知 …… 1
一、管理案例的含义 …… 1
二、管理案例的类型 …… 1
三、管理案例的特征 …… 3
四、管理案例的功能 …… 3
五、主要管理案例库介绍 …… 4

第二章　管理案例研发的流程、原则与准备 …… 9
一、管理案例研发的流程 …… 9
二、管理案例研发的原则 …… 10
三、管理案例研发的目的与案例目标企业的确定 …… 12
四、研发计划制订及准备 …… 15
五、调研访谈与资料收集 …… 16

第三章　管理案例正文的撰写流程与技巧 …… 21
一、管理案例正文结构 …… 21
二、管理案例正文撰写流程 …… 23
三、管理案例正文的撰写技巧以及注意事项 …… 25

第四章　管理案例使用说明的撰写流程与技巧 …… 29
一、管理案例使用说明结构 …… 29
二、管理案例使用说明的撰写流程 …… 35
三、管理案例使用说明的撰写技巧以及注意事项 …… 38

第五章　管理案例分析的常用工具……41
一、市场营销……41
二、战略管理……43
三、人力资源管理……45
四、组织行为学……47
五、公司治理……49
六、管理信息系统、电子商务……51
七、财务管理……52
八、创新创业管理……54

第六章　管理案例教学的组织……57
一、管理案例教学的相关教育学理论基础……57
二、管理案例教学的意义与价值……60
三、管理案例教学实践：方法与技巧……63
四、管理案例教学效果的评价……67

第七章　典型管理案例的采编及开发过程……71
一、管理案例《创业大学生的探索：璟盛园艺精准客户营销传播之路》……71
二、管理案例《想你所想、给你所需：A公司新生代猎头顾问培训的探索之路》……79
三、管理案例《团队建设，一直在路上：璟盛园艺的探索之路》……88
四、管理案例《不破不立：A公司组织变革的探索之路》……94
五、管理案例《顺势而为谋发展：科技型企业福建百秾生态科技有限公司的战略转型升级之路》……100
六、管理案例《合作之道的实践创新：万嘉超市合伙制的探索》……109
七、管理案例《福州快点办商务服务有限公司的企业文化探索之旅》……116
八、管理案例《口袋精酿的乡村创业探索——基于利益相关者的商业模式创新之路》……125
九、管理案例《因时而变，随事而制：麦拓猎头目标市场选择的探索之旅》……131
十、管理案例《志存“糕”远：好利来的品牌创新探索之路》……137

十一、管理案例《从贴牌代工到自创品牌——“蝶恋花”中式爆米花的创业探索之旅》……142
十二、管理案例《百年老字号的创新：郑森记组织韧性修炼的探索之路》……149

附录……159

参考文献……204

第一章　管理案例的认知

案例是对某个组织中的个人所面对的实际问题的描述，案例一词的英文是 case，常被翻译为“个案”“实例”等。案例通常是用叙述的方式呈现过往发生的事件，展示该事件中进行的管理决策、突出问题的解决办法以及事件所发展的最终结果。古希腊时期著名的哲学家、教育家苏格拉底的“问答法”教学，是案例教学法的雏形。案例教学法是具有启发式、引导学生达到高层次认知的教学方法。

一、管理案例的含义

管理学领域具有典型意义、探讨价值的个案被称为管理案例。管理案例不同于教师在课堂讲授时结合理论所进行的简单举例，其取材于现实企业的实际，案例的内容一般是根据某个企业发生的真实事件情况的深入调研而后进行编写，是对真实的管理情境的客观描述与介绍。管理案例应当是对实际管理事件的白描，不应该虚构情节，也不应当加入管理案例撰写者个人的主观偏见和评论。通常，管理案例所发生的外部环境情境、时间、地点（场所）、主要人物、事件等构成了基本的管理案例要素。管理案例的英文原词是 Management Case，一般包含一个或多个需要解决的管理问题，有的管理问题在案例正文中比较明显，有的管理问题则表现得相对隐蔽。各个管理问题之间，往往存在着错综复杂的关系，需要管理案例的阅读者在充分阅读案例内容的基础上，运用相关的专业管理理论，结合案例实际，深入、系统地理解，提出切实可行、有操作性的解决办法。

本书主要探讨用于管理学教学用途的管理案例，服务于特定的教学目的。管理案例通常可以从不同角度进行分析和研究，管理案例作为开放的体系，并没有唯一的标准答案，其价值在于阅读者根据管理案例内容，结合相关理论，有理有据地剖析，探讨相应的解决思路。

二、管理案例的类型

根据中国管理案例共享中心对于管理案例的界定，管理案例可以分为两种类型：描述型案例和决策型案例。描述型案例（即平台型案例）要求完整介绍、描述某一事件或问题的决策及发展全过程，有既成的方案，由案例使用者对决策过程及结果进行评价；决策型案例要求在案例中提出有待解决的问题，给出决策的基本要素和情境，由案例使用者分析，思考产生问题的根源，提出对策。

比如，中国管理案例共享中心的入库案例《不破不立：A 公司组织变革的探索之路》属于描述型案例，该案例以财务代理行业的 A 公司为对象，描述了该公司组织变革的探索过程：在高管分家、骨干离职、行业竞争激烈的困境下，引入高管，从一开始面向记账部进行全面变革，到遭遇员工质疑后，以记账部蓝组为实验，由小组到部门，由部门到公司，循序渐进、渐入佳境，但未来还有很多问题尚未解决，让读者在充分阅读案例的基础上，结合相关专业理论，深入思考组织变革的原因、组织变革中的阻力、有效克服阻力推进组织变革的措施等。该案例也可以为其他相关企业的组织变革提供一定的借鉴和参考。作为描述型案例，该案例详细描述了 A 公司组织变革的全过程，将变革的背景、变革的主要举措（包括中间遭遇的困境和进行的调整等）进行了客观的全方位描述。在此基础上，提出启发思考题，要求学生围绕组织变革的原因、组织变革的内容、组织变革遭遇的阻力、组织变革遭遇阻力的原因、公司管理者面对组织变革阻力的应对措施等，结合相关组织变革的理论，进行回答。

中国管理案例共享中心的入库案例《重振旗鼓，待白鹭归——白鹭洲景区的探索之路》属于决策型案例，该案例探讨了该景区如何在重新开园营业后重振旗鼓需要解决的难题。在此背景下，本案例以白鹭洲景区作为研究对象，通过回顾该景区的发展历程，引导读者思考景区精准定位进行转型、深度开发以确保游客满意度和体验感并推动二次消费。该管理案例的重点是描述上述管理决策的情境与管理决策的问题，探讨做出有效管理决策的思路，要求案例的阅读者以专业理论知识为基础，结合案例的实际，进行正确的判断和科学的管理决策。

此外，根据管理案例篇幅的长短，也可以分为微案例和一般案例，中国管理案例共享中心的案例库中，微案例要求案例正文控制在 3500 字以内，相对浓缩。一般案例对字数要求不限，更适合综合性课程教学，学生在案例研讨前要进行更充分的准备。

按照管理案例呈现的媒介形式不同，也可以将其分为文字版的管理案例和视频版的管理案例，在中国管理案例共享中心的案例库中，除了文字版书面案例，也有部分视频版的管理案例。视频版的管理案例，有声音和图像，以视频画面的形式展现，比较生动有趣，有利于调动学生的学习积极性，加深其对管理案例的印象和理解。

当然，也有专家学者将管理案例分为专题性案例和综合性案例。专题性案例往往聚焦管理活动领域的某一方面，比如人力资源管理、财务管理、生产管理等，选择其中的某一个维度，进行针对性较强的撰写。目前中国管理案例共享中心的入库案例，基本属于专题性案例。按照该中心的案例分类，将专题分为以下领域：市场营销，人力资源管理，管理经济学，运营管理，项目管理，公司治理，供应链与物流管理，数据、模型与决策，旅游管理，战略管理，组织行为学，管理信息系统、电子商务，技术管理/技术经济，商法，会计，财务管理（公司理财、证券投资、金融工程），创新创业管理，企业社会责任，知识产权，其他（管理沟通、危机管理、应急管理等）。另一种案例是综合性案例，通常是将企业经营管理作为整体进行撰写，要求案例阅读者进行全面分析，比较适用于有工作经验的在职学生（如 MBA 学员等）。

三、管理案例的特征

工商管理活动所涉及的内容十分复杂，综合性很强，具有较大的难度。企业管理人才不仅需要掌握专业理论知识，还需要培养较高的管理智慧、综合能力和职业素养，挖掘自身的管理潜能，提出解决管理问题的最终方案，有效地进行管理活动，取得较好的管理效果。

管理案例来源于实践，又高于实践，具有综合性、实务性、创新性、复杂性等特征。通过管理案例在教学中的运用，可以培养学生独立思考、进行决策的管理思维能力，促进隐性知识的学习与传授。

管理案例是基于管理现场调研的，具有客观性。管理案例以真实而具体的企业管理事实为依据，案例的撰写者需要深入企业一线实际，通过详细的案例相关信息收集，全面地了解管理案例事件的前因后果、发展始末，在管理案例中对管理决策或需要解决的问题进行完整的描述。

在管理案例的撰写过程中，编写者可能会根据企业方的保密需求等，对管理案例中的相关数据、信息等进行掩饰性处理，或者根据撰写案例内容的需要，对采集到的企业原始资料进行必要的取舍，但是上述情况下，均不可以歪曲企业基本客观事实，不得进行虚假篡改。

四、管理案例的功能

管理案例主要聚焦组织中某些群体所面临的管理挑战、管理难题、管理争论、管理决策等。管理案例具有多元化功能，主要包括以下几个方面。

1. 管理案例是对实际管理情况、管理问题的描述

高质量的管理案例能够生动地反映企业的真实场景，通过管理案例的阅读，阅读者具有亲临其境的感觉，能够站在管理案例中相关角色的角度去深入思考，做出合理的管理决策，解决棘手的实际问题。通过对管理案例的多层次思考，面对案例中真实企业的商业活动约束，阅读者能够充分揭示管理的客观规律，作为模拟的决策者行事，最终总结出值得借鉴参考的经验或教训，为相关企业的管理工作提供学习的思路。

2. 管理案例紧密围绕管理教学的目的

管理案例的选择要紧密围绕经管类专业学生所需要掌握的理论知识进行。通过管理案例正文内容的分析，引导学生构建完善的管理学知识体系，思考相关的专业理论，运用其分析启发思考题，得出结论。根据“知识、技能、情感”的教学目标，在管理案例的教学过程中，除了训练学生掌握相关专业知识点外，还需要引导他们有效地运用知识解决实际问题，培养学生经世济民、诚信服务、德法兼修的职业素养。因此，在撰写管理案例正文之前，撰写者就应该提前思考将该管理案例运用于哪门课程哪个章节哪个知识点的教学，考虑通过该案例的学习需要学生掌握的知识点、培养的能力、提升的综合素质，而不是等

案例正文写完后再去思考教学目的。当然，在案例正文中，通常并不直接提示相关的知识点，不进行专业概念的直接表述，而是将其有技巧性地隐藏在案例的相关情节中，通过管理案例的深入分析才能显现出来。

3. 管理案例要经过企业授权许可

管理案例来自现实企业的情况采编，可能会涉及相关企业的商业机密等较为敏感的内容，比如企业员工薪酬水平、核心技术专利、财务报告、相关管理制度等，如果随意披露，可能会给企业带来不必要的麻烦，影响企业的发展。因此，必须在正式撰写及最终运用于课堂案例教学之前，经过相关企业的授权，对案例进行一定的掩饰性处理，比如对于一些敏感内容用代号的形式表示，对于一些财务信息，可以采用乘以固定系数的方式处理。

五、主要管理案例库介绍

国内外各大知名院校在管理案例库建设方面投入了较多资源，取得了较好的成绩。目前，国内主要的管理案例库，包括中国管理案例共享中心案例库、北京大学管理案例研究中心案例库、清华大学经济管理学院的中国工商管理案例中心、中欧国际工商学院中国工商管理国际案例库、中国专业学位教学案例中心等，国际较为知名的管理案例库包括哈佛商学院和毅伟商学院的案例库。

1. 中国管理案例共享中心案例库

中国管理案例共享中心是 2007 年 5 月在全国工商管理专业学位研究生教育指导委员会的支持下成立的服务性和非营利合作机构，该中心旨在进行中国本土案例的开发、研究与共享。本文的其他部分，已经对中国管理案例共享中心的案例分类、案例正文和案例使用说明的要求进行了详细说明，本部分不再赘述。中国管理案例共享中心案例库基于大连理工大学多年的案例库建设形成的体系，覆盖了二十多门管理课程，在 2007 年年底开通了门户网站，为全国高校经管类专业教师等提供案例检索与下载等案例教学的相关服务。

2. 北京大学管理案例研究中心案例库

北京大学管理案例研究中心，是一家隶属于北京大学的案例开发研究机构，成立于 2000 年 4 月。凭借北京大学光华管理学院在工商管理领域的高质量师资队伍、学科专业积累和企业实践资源，该案例中心致力于本土管理案例的研究、开发、在教学等方面的使用及推广，已经研发并且收录了一批优质、具有代表性和典型性的企业管理案例，成果丰硕，体现了产学融合、对社会负责的责任感和使命感，向社会大众传播了管理知识、为教师的课题研究和人才培养提供了有力支持。北京大学管理案例研究中心网站，设有“电子案例库”一栏，该栏目对案例的学科分类十分细致，主要包括：会计、商业与政府关系、共识治理、商业伦理与社会责任、经济、创业、金融、综合管理、人力资源管理、信息技术、创新、国际商务、市场营销、谈判、运营与管理科学、组织行为、社会企业和非营利组织、战略及其他。案例行业方面，分为农、林、牧、渔业，采矿业，制造业，电力，热力、燃气及水生产和供应业，建筑业，批发与零售业，交通运输、仓储和邮政业，住宿和餐饮业，信息传输、软件和信息技术服务业，金融业，房地产业，租赁与商业服务业，科学研究和技术服务业，水利、环境和公共设施管理业，居民服务、修理和其他服务业，教育，卫生和社会工作，文化、体育和娱乐业，公共管理、社会保障，国际组织等。案例类型，分为访谈案例、图书馆案例、视频案例。案例语言方面，分为中文和英文案例两种类型。点击北京大学管理案例研究中心库任何一篇电子案例，可以看到案例标题、作者、摘要。案例使用遵循一定的使用流程，本学院教授如需使用，需要用学院邮箱发送到案例中心指定邮箱获取。如果申请课堂使用，授课教师需要与教学项目有关行政教师联系（项目分为本研项目、MBA 项目、EMBA&ExEd 项目、DBA 项目四种类型），其他学校及机构如果需要申请查阅该案例中心的案例及进行相关合作，发送邮件到指定邮箱。

北京大学管理案例研究中心的案例开发流程通常包括以下环节：案例中心挖掘具备开发案例潜力的企业亮点，相关专业教师提出运用相关案例进行教学的需求，企业具有案例开发的需求，在此基础上填写案例开发立项申请表，中心对上述立项申请进行审核。审核通过后，中心匹配合适的研究人员跟进，并且与有关企业进行交流，达成案例授权的共识，与企业签订案例合作书。完成上述工作后，研究人员拟定案例提纲，对企业有关人员进行访谈，撰写案例正文和教学指南（该指南相当于中国管理案例共享中心的案例使用说明），提交中心初步审核（主要是基本格式、规范审核和文字查重审核），同时应该推进企业案例授权书的获得。案例初审通过后，进入案例的入库评审，评审未通过的需要继续修改完善，直至评审通过。评审通过且获得企业授权书的案例，最终可以进入北京大学管理案例研究中心案例库，获得入库证书（案例作者、企业或机构均可获得）。

根据北京大学管理案例研究中心官方网站的信息，该案例库案例的开发者主要是教授、案例研究员，偶尔也会有学生参与。案例的撰写有以下情况：教授独立撰写、教授指导和监督案例研究员完成案例的撰写。

北京大学管理案例研究中心还主办了《北大案例大讲堂》的系列讲座，邀请国内外知名企业的优秀管理精英，与师生分享交流其管理理念和实践所得，为校企合作、产学融合提供了宝贵的机会，也为案例的开发、采编提供了充分的条件，为企业展示管理风采、与行业内外交流提供了优质的平台。

3. 清华大学经济管理学院的中国工商管理案例中心

清华大学经济管理学院的中国工商管理案例中心，致力于推动工商管理案例教学，研究开发和传播工商管理案例，分享交流工商管理案例教学的方法、经验。该中心目前已经收录 1700 多篇反映中国本土企业情境的管理教学案例，每年新增案例达到 100 篇以上。案例库中的案例，涉及工商管理学科的各个领域。目前，该案例库中的案例分类包括以下几个方面：战略与综合管理、金融、会计与控制、经济与商业环境、运营管理、人力资源与组织行为、市场营销、商业伦理与社会责任、创业与创新、管理信息系统及其他。

2013 年开始，清华大学经济管理学院在全国率先开启案例库的商业化运营，目前已经有 150 多家国内高等教育机构持续订阅该案例库。

清华大学经济管理学院的中国工商管理案例中心还致力于将反映中国本土企业实际的

优秀案例推广到全世界，该中心与哈佛商学院出版教学资源平台、毅伟出版社等国际知名机构建立了合作关系。截至2023年年底，清华大学经济管理学院的中国工商管理案例中心通过该平台向全球发布了超过100个教学案例与创新视频。中心还积极与全球各大知名商学院建立合作关系，推动国内外企业管理案例的交流、传播和分享。

清华大学经济管理学院的中国工商管理案例中心每年举办一次“卓越开发者”案例大奖赛，在业内获得广泛关注和赞誉。中心官方网站经常发布案例教学、编写的技巧分享等内容，还会举办各类管理教学案例相关主题活动，如MBA培养院校卓越案例国际化工作坊、工商管理案例开发及教学研讨会、工商管理案例论坛、案例系列研讨等，为国内商学院教师案例采编、开发、案例教学等提供了较好的平台，影响力较大。

4. 中欧国际工商学院中国工商管理国际案例库

中欧国际工商学院案例中心创立于2001年，致力于支持中欧教授开发反映中国管理本土情境的高质量管理教学案例、推动案例教学，推动案例方法在管理学习、培训等领域的运用，该中心负责运营中国工商管理国际案例库，坚持聚焦中国问题，推动管理案例开发。案例库中的案例分类包括：会计、商业与政府关系、经济、创业、伦理与社会责任、金融与财务、综合管理、人力资源管理、信息技术、国际商务、市场营销、谈判、运营与管理科学、组织行为、销售、服务管理、社会企业、战略及其他。案例中心举办中国工商管理国际最佳案例奖评选，引导商学院教师以国家视野探索中国的管理问题，获奖案例将获得由“上海MBA课程案例库开发共享平台”颁发的获奖证书和给予的奖金。案例库的用户可以通过注册账号，进行库中相关管理教学案例的下载和使用，也可以通过账号观看中心官方网站发布的课堂案例教学示范视频等资料。

5. 中国专业学位教学案例中心

中国专业学位教学案例中心是由教育部学位与研究生教育发展中心联合各相关专业教育指导委员会共同建设的。该案例中心是目前我国专业类别较齐全、案例特色较为明显、认可度较高的国家级案例中心。

根据2023年4月首届“中国专业学位案例日”主题活动中发布的新闻，中国专业学位案例中心入库案例超过5000篇，覆盖了27个专业学位类别。在案例专家委的指导下，专业学位案例的征集、建设、使用取得了较大的进步，奠定了较好的资源基础。在本次活动中，还发布了“精品案例课堂”首批15个项目成果，涵盖金融、法律、农业、工程等专业学位领域，全流程展示案例教学的设计、课堂教学、学生心得、专家点评等。

未来，教育部学位中心将进一步推动案例建设的高质量发展，提升案例水平，提高案例使用效率，将案例更好地运用于专业人才培养、科学研究、学术交流等方面。

6. 毅伟商学院

毅伟商学院是一所世界知名的加拿大顶尖商学院，该商学院创建于1922年，历史悠久，旨在培养具有全球化思维、战略行动力并做出社会贡献的商业精英。在工商管理领域，毅伟商学院拥有巨大影响力，其案例教学模式与哈佛商学院齐名，是哈佛商学院之外世界第二大的工商管理教学案例来源地。毅伟商学院高度重视亚洲发展，出版了很多亚洲管理教学案例，目前拥有世界上最大的亚洲案例库。

毅伟商学院通常采用实地一手调研访谈和二手文献检索两种方法进行案例所需数据资料的收集。毅伟经验的管理教学案例写作，通常有以下三种风格：作家讲故事、记者报道和学者分析。教学案例的主体包括起首段、组织发展历史、背景、焦点行为、写作延伸、结语、附录[1]。

7. 哈佛商学院

哈佛商学院作为全球知名的高等学院哈佛大学下设的学院，举世闻名。哈佛商学院是美国企业经营管理人才培养的重要学府，被誉为美国商人、主管、总经理的“工厂”。美国很多知名企业高管和政治家都曾经在哈佛商学院学习过。在2018—2022年UTD全球商学院科研排名百强榜中，哈佛商学院位列第3位。哈佛商学院素以案例教学闻名于世，其案例开发和更新速度较快。哈佛商学院的MBA在两年的学习中，其使用的案例有三分之一为新开发的[2]。在采编新案例的同时，哈佛商学院也保持一些经典管理教学案例的延续使用。

---

[1] 张东娇．比较视野中的中国“案例教学”——基于毅伟商学院案例教学经验的分析［J］．比较教育研究，2016，(11)：71-77.

[2] Thompson R. Harvard Business School Discusses Future of the MBA［N］. HBS Alumni Bulletin，2008-11-24.

第二章　管理案例研发的流程、原则与准备

管理案例研发，从确定主题到最终完成，历时较长，案例作者需要对全流程进行有效的管理，做好相应的基础工作。

一、管理案例研发的流程

管理案例的编写过程是一个复杂、系统的流程，涉及较多环节。

1. 确定案例主题和企业，拟订计划

编写者在开始准备的计划阶段，确定主题和企业是当务之急，在此基础上，才能拟订详尽的案例研发计划（包括参加的人员及其分工、调研安排、资料收集等）。

管理案例主题的确定应围绕所调研的企业，根据调研中掌握的实际情况，聚焦对象企业管理上的突出亮点、特点、亟待解决的核心问题等，不断细化，最终凝练出最契合企业实际、最具撰写价值的主题词。在管理案例主题的确定上，一方面要考虑案例撰写者的专业基础储备，比如，是否在该领域有一定的研究成果，相关研究基础是否扎实；另一方面，也需要对被调研企业有比较充分的了解，通过深入实际，确定主题，确保所选的主题适合撰写。

在案例分类的基础上，应进一步收敛，确定最终需要撰写的具体问题，这是一个不断细化、不断聚焦的过程。比如，企业人力资源管理的主要工作，按照传统的职能划分，分为工作分析、人力资源规划、员工招聘、绩效管理、培训管理、薪酬管理、员工关系管理等模块。在确定案例主题时，可通过对企业实际情况的了解，确定最终的主题，如员工培养；对于主题所涉及的主体，也可以进一步聚焦，如该公司新员工入职培养问题等。

2. 进行调研访谈，收集案例资料

案例的主题确定后，就需要深入收集充分的资料，为案例撰写奠定坚实的基础。资料的收集是案例开发中至关重要且难度较大的一个环节。只有在获取大量资料素材的基础上，对资料进行深入分析，才有可能发现主要问题，确定案例撰写的思路。

案例资料的收集来源方面，主要包括从企业方所获得的一手资料与二手资料。一手资料一般通过深入企业现场，与案例企业的高层管理者、相关部门负责人、骨干员工代

表、主要供应商或客户等利益相关者进行充分的交流获得。通过面对面的交流，可以获得大量丰富的、贴近现实的信息资料。二手资料的来源比较广泛，包括企业内部现存的各种相关资料，如介绍企业发展历程的手册、员工工作手册、企业内部文件、会议记录、内部报纸杂志、企业各项现有的规章制度、企业财务报表、企业所获得的荣誉奖项、企业相关的新闻报道（包括报纸、网络等多种媒介）、企业的产品及文化宣传手册、促销推广资料等。

除了这些直接以该企业为对象的资料外，还可以从行业协会、相关管理咨询公司报告、行业展览会等多种渠道，广泛地收集有关资料。

所有资料收集后，应该根据所撰写案例的主题，进行选择。部分资料与主题有密切联系，可重点采用，部分资料作为案例的背景信息，只需要在背景部分简单交代即可，切忌进行案例资料的简单堆砌。

对于所有资料，应该进行进一步的加工、整理，形成层次清晰、条理分明的资料清单和详细索引汇总，使其能够真实地再现管理情境。在此基础上，考虑确定案例正文的提纲。

3. 撰写管理案例正文

根据教学目的，按照拟定好的管理案例正文提纲，进入撰写管理案例正文环节。

按照中国管理案例共享中心案例库的要求，案例正文包括：中英文摘要及关键词、案例名称、首页注释、引言/开头、相关背景介绍、主题内容、结尾、启发思考题、脚注、图表、附录等。

管理案例正文的语言风格，应遵循客观、书面、规范的要求，不带有个人主观感情色彩。段落层次安排应该清晰明确，让人对其基本思路一目了然，逻辑条理分明，逻辑关系清楚。案例内容充实规范，不能是有关素材的简单堆砌和拼凑。

4. 撰写管理案例说明书

管理案例说明书也是管理案例研发与实践的重要成果。按照中国管理案例共享中心案例库的要求，案例说明书包括教学目的与用途、启发思考题、分析思路、理论依据与分析、背景信息（可选项）、关键要点、建议的课堂计划、案例的后续进展、相关附件图表、其他教学支持材料等。

二、管理案例研发的原则

为了确保管理案例的质量，管理案例研发必须遵循一定的原则，主要包括以下几个方面。

1. 中立原则

管理案例的撰写，应该不带任何偏袒和个人感情，客观真实地反映案例中企业的现实问题，保持中立的态度。

中立的原则，具体表现在管理案例撰写的文字风格上，必须以第三方客观、公正的视角进行管理案例事件的完整呈现，语句应当平实，在内容上不宜出现体现个人感情色彩、主观偏好的表述。

比如，中国管理案例共享中心的入库案例《推倒心墙：春城湖畔员工满意度到敬业度的激活之路》，聚焦春城湖畔度假村推动员工敬业度项目的全过程（包括战略部署、战术激励、全面改进、未来展望等阶段），结合春城湖畔度假村的实际，探讨影响员工敬业度的基本内涵、主要影响因素以及这些因素的作用机理等。案例正文没有加入主观评价、先入为主的判断性、评论性文字，而是客观、中立地描述整个项目从发起到推出、实施、收效的整个过程，为其他同行业或相关企业进行员工敬业度管理提供有益的借鉴启示。

2. 聚焦知识点

管理案例需要具备一定的教学目的，管理知识的传授十分重要，因此管理案例必须聚焦管理知识点，覆盖相关管理理论的章节。通过案例的学习，能够在复杂的案例情境线中，让阅读者获得共鸣，理解其中隐含的相关知识，有效地将其运用于实际管理问题的圆满解决，并且进一步深化对管理理论的理解。

比如，中国管理案例共享中心的入库案例《转型渐入佳境，演绎华丽转身——“通化东宝”的战略转型之路》，通过对通化东宝从最初的生产保健品时期、到后来的深耕胰岛素领域，再到进军内分泌领域医药的战略转型升级创新过程的介绍，从较为复杂的案例故事情境线中，梳理出其中隐含的重要知识点：组织战略转型的内外生动因理论、组织战略转型的阻力理论和组织战略转型的作用等。运用上述知识点，在案例使用说明中，对通化东宝各个阶段的战略转型特点、战略转型原因、战略转型遇到的问题以及应对措施、战略转型对其他医药传统企业的借鉴意义等思考题进行回答。

3. 理论背景和理论逻辑应明确

管理案例的撰写，必须遵循相应的理论逻辑，明确有关的理论背景。理论背景和理论逻辑提供了管理案例的前提假设。通过管理案例内容的分析，可以思考该案例是否有效检验了该前提假设，是否体现了管理理论在现实中的有效应用。

如果管理案例内容与管理理论背景和理论逻辑不符，即现有的管理理论不能充分回答管理案例中提出的问题，是否可以体现管理理论的开拓创新，相关的管理理论是否存在理论缺口并进行修订和做出新的解释。

比如，中国管理案例共享中心的入库案例《逆风飞扬：启煊德裕创业资源拼凑的探索之旅》，聚焦一家校友企业的创业历程，该企业是一家留学中介机构，创业校友从海外留学回来，机缘巧合进入该领域创业，在创业过程中，经历了积累创业资源、整合渠道、开拓客户等一系列的探索。创业中的每一个阶段，都可以用创业资源拼凑相关理论进行分析，涉及的理论知识点包括创业资源拼凑的类型、资源拼凑的资源整合、资源拼凑的即兴行为等。该管理案例的故事情境线及具体内容，能够用上述理论加以有效解释，体现了理论在现实中的运用，理论背景和理论逻辑明确。

4. 独特性和典型性

管理案例的内容，应具有独特性的特征。现实生活中的企业，各有其独特的特色，企业所面临的管理情境、需要解决的管理问题也各有不同，管理现实复杂多变，具有高度的个性化特征。根据管理权变理论，没有能够适应解决所有管理问题的、放之四海而皆准的管理举措，必须结合组织的实际、组织所处的外部环境等因素，具体问题具体分析。通过阅读各具特色的管理案例，能够提高阅读者理论联系实际、解决复杂多变的实际管理问题的技能，增强其对管理的认识和管理应变能力。

管理案例在具备独特性的同时，也应具有典型性，能够反映典型的管理问题，是对某一领域问题的集中反映，体现一定的代表性，揭示管理问题的本质，概括和辐射相关的理论知识点，是相关专业知识点的“交叉密集区”，体现对管理规律的理解和把握，代表了某一类现象的本质属性。通过典型性的管理案例，阅读者能够体会理解相关理论方法，学会将有关的专业理论运用于现实问题的解决，同时学会将该案例中所获得的经验结合实际合理优化，举一反三地迁移运用于其他相关管理问题的解决，实现有效迁移，具有可供学习、教育、推广、借鉴的意义。

例如，中国管理案例共享中心的入库案例《共享价值：绿城“幸福里”助力社区共治的社会责任进阶之路》，对绿城服务集团助力社区、履行社会责任的探索历程进行了分析：从“四保四乐”到“里长制”、志愿+社团、党建引领为业主与社区搭建沟通渠道、分担部分社区治理功能、构建线上治理平台。在该管理案例的现实情况分析中，体现了企业社会责任内涵、特征、履行的动因、企业社会责任履行涉及的利益相关者、企业社会责任履行共享价值的逻辑等知识点的运用。该案例具有一定的独特性，反映了绿城服务集团的服务特色，同时，作为一家知名的物业服务企业，绿城服务集团以提供优质物业服务为根基，运用智慧科技进行数字化、平台化、生态型服务产品的提供，多次获得“中国物业服务百强满意度领先企业”等荣誉，在行业内具有较强的示范性和代表性，其履行社会责任、参与社区治理的先进案例能够为同行业其他企业提供有益的借鉴经验。

三、管理案例研发的目的与案例目标企业的确定

管理案例研发，在培养工商管理类专业学生、提升专业教师素质等方面，发挥了重要作用。案例目标企业的确定需要全面、系统的评估。

（一）管理案例研发的目的

1. 测试和加深对理论的理解

通过管理案例的研发，可以将相关的管理理论有效地融入其中，测试和加深阅读者对管理理论的理解。当然，需要注意的是，在管理案例中，通常并没有直接展示主要的理论观点，而是通过案例正文所呈现的故事，从案例的故事情境线、所设计的案例思考题等线索中，从看似“深藏不露”的管理问题中，引导阅读者梳理其中隐藏的知识点，从中挖掘有启发性的内容，深入理解相关的理论知识。管理案例都是服务于一定的教学目的，体现所讲授课程的重点与难点，使学生通过对案例的学习，深入理解所学的专业理论，否则，案例内容即使再有趣、生动，也不符合相关的要求。

2. 深度参与真实组织中真实人员实际遇到的决策机会

管理案例改编自真实企业的实际情况，一般包括相对复杂的真实管理情境、管理中的

典型事件、多个问题的呈现等，案例内容相对比较完整，能够展现从事件的开始到结束的全部情节。通过对管理案例的阅读和分析，阅读者可以代入案例中相关人员（如公司高层管理者、中层管理人员、基层管理者、关键部门相关工作人员等）的角色，体验组织中实际遇到的决策情境，理解每个角色在管理案例事件中的情感体验、行为动机、追求目标、最终期望等，体会其相互之间的作用关系，获得参与感。现实中，很多管理案例所体现的决策情境，往往具有两难性，也就是案例中各种问题的解决之间存在着一定的矛盾，让人感觉很棘手，对于阅读者而言，管理教学案例能够将管理情境中的决策或者面临决策的管理人员纳入其中，阅读相关案例是一个很好的模拟学习锻炼的机会，能够达到学以致用的理想教学目标。

3. 培养独立思考和学习能力

管理案例的研发过程，涉及多个环节，是一个复杂的系统工程。通过研发工作，可以全面培养学生独立思考和学习的综合能力，对学生实践能力的提升至关重要：案例的相关资料需要收集和整理，根据其特点进行甄选和运用，最终形成规范的案例正文。案例使用说明的撰写，也是对案例进行深层次分析和进一步思考的过程。

学生在阅读管理案例时，可以深入地进行思考：案例所发生的主要事件是什么？为什么案例的主人翁这样考虑？考虑的关注点是什么？影响案例事件发展的关键因素是什么？作为管理决策者，其思考的主要角度是什么？管理决策的依据和原则是什么？作为案例中的执行者，对案例事件的看法是什么？从该管理案例中，可以获得的管理经验是什么？确保成功的路径是什么？该管理案例中包含的管理实践教训是什么？如何从该管理案例中获得启发、避免重蹈覆辙？通过对上述这些问题系统、全面的思考，学生形成自己的认知观点，实现管理艺术上的升华，分析问题、解决问题的实际技能得到了提升。

（二）案例目标企业的确定

1. 符合案例编写目的与主题要求

管理案例的编写者应该根据案例编写的目的与主题要求，科学、合理地确定案例的目标企业。在目标企业的选择来源方面有多种渠道，包括相关行业协会、专业学会、管理咨询公司、企业界人士联谊会、MBA 在职学生、校友、亲朋好友等。此外，作为服务地方经济发展的高校，也应当更多地关注所在地具有区域代表性的优质企业，总结企业成功的经验和典型做法。

通过与相关渠道的密切联系，管理案例的编写者可以进一步沟通，确定既符合案例编写目的又满足主题要求的合适企业，所选择的企业一般应该在行业内具有较好的口碑，有一定的影响力，品牌美誉度高。

2. 具有良好的合作意向

案例的撰写过程，需要不断地与目标企业沟通，在这一过程中，对方是否有良好的合作意向至关重要。一些企业对于运用案例展现企业管理的经验心得高度重视，将其作为宣传企业形象的重要机会，合作意愿强烈，比较适合作为目标企业。通常，可以通过中间人

（如上文所说的行业协会、专业学会、管理咨询公司、企业界人士联谊会、MBA 在职学生、校友、亲朋好友等）进行目标企业的意向沟通，可以避免因企业方戒备心理等带来的消极影响。

进行管理案例采编及开发时，本书比较倾向于与校友企业、行业协会等进行沟通，确定目标企业。校友企业方面，校友对母校、曾经授课的教师有着天然的亲切感，也有参与校企合作、提供企业案例素材、反哺学校人才培养及教学科研发展的主观意愿。特别是在企业授权书方面，案例采编的教师与校友的沟通能够更加顺畅、没有隔阂和其他顾虑。行业协会方面，一般协会对相关行业的优秀企业较为熟悉，对各个企业发展中的亮点、特色能够较好地把握，通过行业协会推荐和确定目标企业，可以减少信息不对称带来的风险，增加对方企业的信任度和配合度。本书所采编开发的多篇管理教学案例中，不乏上述两种目标企业确定的来源。比如，《创业大学生的探索：璟盛园艺精准客户营销传播之路》《团队建设，一直在路上：璟盛园艺的探索之路》《想你所想、给你所需：A 公司新生代猎头顾问培训的探索之路》《顺势而为谋发展：科技型企业福建百秾生态科技有限公司的战略转型升级之路》《福州快点办商务服务有限公司的企业文化探索之旅》《口袋精酿的乡村创业探索——基于利益相关者的商业模式创新之路》《因时而变，随事而制：麦拓猎头目标市场选择的探索之旅》均是校友企业的案例。《合作之道的实践创新：万嘉超市合伙制的探索》《从贴牌代工到自创品牌——“蝶恋花”中式爆米花的创业探索之旅》均来自福建省批发零售行业协会的推荐。

3. 消除目标企业的顾虑

在与案例目标企业的沟通过程中，形成良好的信任关系尤为重要，可以通过有效的交流，打消目标企业可能产生的顾虑。

比如，目标企业可能担心内部的商业机密（如财务信息、技术专利、战略规划等）泄露，影响其核心竞争力。基于此，应该向企业表明，在撰写案例的过程中，案例研发一方承诺保密，案例的定稿将报送企业方审核，获得企业盖章的授权书后再提交投稿。对于案例中敏感的信息（包括公司名称等），将充分尊重企业方的意见，采取代号等方式掩饰处理。

此外，案例研发方也应该充分发挥自身专业优势，为企业提供力所能及的管理咨询服务，形成互惠互利的融洽关系。

4. 具有代表性

案例目标企业的选择，应符合代表性的要求。企业在所处的发展阶段、所处的行业、所在的区域，应具有一定的特色，能够代表某一类企业群体的共性问题。此外，企业在案例所撰写的主题领域，具有一定的鲜明特征，能够体现企业的管理思路和管理理念，并且该管理模式能够为其他企业带来可以学习借鉴之处。

5. 有效的案例来源

正如上文所述，管理案例的来源较广。作为案例研发者，应打开思路，广开渠道，多方拓展，选择合适的案例来源。

总体而言，管理案例的相关资料来源，可以分为一手资料和二手资料。二手资料方面，各种媒体文献资料是典型的渠道。比如，来自传统的报纸、杂志、企业出版的书籍等的企业介绍，来自各种新媒体（如企业微博、企业公众号等）的企业资讯，来自社交媒体（如知乎、钛媒体、36氪、新浪财经等）、企业官网、公开的年度报告、数据库资料等。

一手资料方面，通过行业协会等社会团体、相关亲朋好友、校友代表、MBA在职学生等的联系牵线，接触目标企业，对其管理实际问题进行研究，与公司高管团队、各部门经理进行结构式访谈，围绕案例的主题深入调查，获取一手信息。

四、研发计划制订及准备

进行管理案例研发，必须制订周密的研发计划，提前做好相应的准备工作，方可顺利进行。管理案例采编者在进行研发计划制订时，需要围绕以下几个方面，做好相应的工作。

1. 案例资料的收集范围

管理案例资料的收集范围，涉及面广，需要全面、系统地进行规划，拟订合理的计划。

无论管理案例的具体内容是什么，行业的基本信息都必须进行收集。不同行业具有各自的特点，身处不同行业的企业一般体现出明显的行业特征。行业信息的收集有利于明确目标企业的行业地位和竞争态势。

公司的基本情况，必须详细地进行收集。基本情况所包含的内容较广，如公司发展战略、人力资源、财务、企业资产、原料供给、生产、库存、销售等各个要素的情况。公司的主要产品和服务、主要市场/客户、组织战略、竞争对手、主要风险、技术创新、资源优势、收入/成本结构、组织规模、发展阶段、组织结构图、各个部门的配置、各个工作团队、各个岗位的基本职责和任职条件；公司的决策者情况（个人特征、管理风格、管理决策过程等）、相关案例涉及的公司主要人物及其相互之间的关系，案例焦点事件的基本情况及发展历程等。此外，公司主营业务相关的基础知识等背景信息，也是需要认真收集和了解的。

2. 资料的来源

管理案例资料收集的方法，包括文献法、观察法、问卷法、座谈法等。

案例资料的来源，可以从多个角度进行分类，如可以分为内部和外部、书面和非书面、较困难和较容易获得、正式和非正式场合所得等。作为案例研发者，应该熟悉所有的资料来源可能性，尽可能完善相关的资料收集，为管理案例的研发奠定坚实的基础。

内部和外部资料方面，内部资料更侧重于组织内部未公开发布的相关信息，外部资料则多是公开正式发表的披露信息（如主要管理者接受的采访、相关新闻报道、公开年报、公司网站、微信公众号、短视频、行业数据库、政府数据库、商业杂志、相关的商业评论网站等）。内部资料有一些相对比较保密，属于商业机密的报告和内部资料，在使用时需要进行一定的加工掩饰处理。

书面和非书面方面，主要从研发案例相关资料的呈现形式进行区分，非书面的资料需要较为复杂、烦琐的整理过程。

获得较困难和较容易方面，对于较难收集的资料，应该投入更多的时间、精力，考虑更为切实有效的方式，精准收集，提升资料的综合利用价值。

正式和非正式方面，除了要运用正式场合（公司办公室、正式会议等）得到相关的资料外，对于非正式场合的资料获取也应高度重视。比如，在一些与企业案例调研对象私下交流的场合，在轻松愉悦的沟通气氛下，也可以获得较好的沟通效果。

3. 制定案例调研的访谈方案

案例撰写前，需要紧密围绕主题，拟定详细的访谈提纲，制定详细而科学的规划，整理相应的提问问题，确保在案例调研过程中，取得良好效果。对于访谈提纲中的问题，可以由案例调研小组的全体成员，通过共同讨论的形式，最终确定。

案例的调研提纲，通常应包括目标企业的基本情况、目标企业的组织结构图，目标企业主要的管理制度、发展战略，目标企业相关主题的发展历程、与案例主题直接相关的一系列问题等。

案例调研访谈的对象，除了涉及的直接相关部门外，还可以包括其他有一定关系的部门。比如探讨企业营销策划问题，营销部门是重要的访谈对象，但也不可忽视和营销策划密切相关的生产、研发等部门的意见。

五、调研访谈与资料收集

调研访谈的过程中，访谈者应当掌握相应的技巧，做好访谈过程的准备工作，全面地收集与案例主题相关的企业资料。

（一）调研访谈的注意事项

1. 寻找合适的受访者

调研访谈中，合适的受访者选择，直接影响到访谈所收集的资料质量和后续案例的写作，对案例采编具有十分重要的作用。通常，管理教学案例所涉及的事件关键决策者，应该作为需要重点考虑的受访者。通过对其关键决策过程的深入挖掘，能够较为清晰地把握整个管理教学案例的脉络。

除了关键决策者，其他合适的受访者也不可忽视。在调研访谈中，可以采用“滚雪球”的策略，即由被访谈对象向调研者提供建议人选作为进一步访谈对象，推动信息的收集和资料的整理。

比如，在撰写“组织变革”主题的管理教学案例时，对于主导整个变革的企业负责人，应当将其作为关键决策者，进行深入、全面的访谈。在和负责人沟通的过程中，对方可能会谈到组织变革推行中遇到的阻力、相关员工的反应及后续的组织举措等，建议案例采编者和部分当事员工进行交流，这样就可以自然地由决策者的“点”，拓展到其他访谈建议人员的“面”，增加采编信息的完整性、丰富性。

2. 同受访者建立融洽的关系

在调研访谈中，是否能够同受访者建立融洽的关系，直接关系到访谈过程是否能顺利开展和预期结果是否能实现，应该对此问题高度重视。如果双方没有建立良好的关系，访谈中互相受到对方相关态度的影响，就会带来主观误差，影响访谈效果。

通过以下方式，可以有效地实现同访谈者建立和谐的关系，主要包括以下几个方面。

第一，访谈时，调研者尽量着正装，携带交换的名片，面带微笑，举止有礼，体现对调研访谈的尊重和对访谈对象的重视。

第二，在访谈过程中，应坦诚介绍访谈的主题和目的，在沟通中寻找共同的话题（如校友、彼此都认识的人、行业动态等）拉近彼此的距离，消除相互之间的拘束感，但要注意相关的时间不可太长，10分钟以内较合适。

第三，相当部分的调研访谈受访者，希望对案例内容进行一定的匿名处理，以保证公司的核心商业机密不外泄。希望自己的个人信息不会被曝光，不希望案例发表后，被其他人对号入座、影响自己的日常工作生活。针对上述顾虑，在调研访谈中应主动告知对方有效掩饰、匿名处理的方式，如对人物姓名、公司名称、公司某些产品等用代号表示，公司经营和管理的真实数据乘以相应的系数等。访谈中应向对方做出承诺，案例仅用于教学目的，不用于任何商业用途。

第四，访谈过程中，访谈者应当避免不当的肢体语言、面部表情，以免给调研访谈受访者留下不佳印象。比如，在访谈过程中，频繁摇晃脚，目光躲闪，表情漠然，随意发表评论，手指头指向对方，双臂交叉于胸前，不断咳嗽、清嗓子，频繁地眨眼、舔嘴唇、吞咽口水、耸肩等。

3. 仔细倾听受访者、保持客观

在案例的调研访谈中，访谈者要做好倾听受访者的角色，认真倾听，仔细记录受访者的回答，呈现礼貌、虚心、诚恳、耐心的形象，与受访者进行适当的目光接触。目光接触时，既要避免只顾记录、完全没有与受访者眼神交流，也要避免目不转睛地盯着受访者使其感觉尴尬、局促、不自在。在倾听的过程中，不断思考案例相关资料的信息收集情况，考虑是否接收了足够的所需信息，下一步该如何提问、提问内容等。

在访谈中，调研者应尽量保持客观冷静的态度，不随意打断对方的谈话，不随意发表带有个人主观感情色彩的评论，不随意提供有关案例相关管理决策的建议做法，更不应该与受访者争论、辩论案例中相关问题的处理策略等。

4. 确认所收集信息的准确性、完整性

在调研访谈中，受访者可能在短时间内表达了大量的内容，信息复杂，信息容量大。对此，调研者应当从容不迫地对所收集到的信息进行适当的整理、提炼，概括出案例相关的主要脉络、关键信息点和结论，并且以有效的方式，将所提炼的简要信息，与受访者进行认真确认，以避免沟通不到位所带来的信息失真等问题。在确认时，调研者可以运用“不好意思，就您刚才所谈的问题，我想再和您确认一下，您刚才说的主要是……吗”类似的语句表达，凝练表达对方的中心思想，完成信息确认核实的工作，以保证所收集信息的准确性和完整性。

5. 认真做笔录

在管理案例的调研访谈中，调研者需要在较短的时间内，一边倾听和思考，一边认真地做笔录，记录下受访者的主要观点与关键词语。当然，如果在征得受访者同意的前提下，可以运用手机录音、摄像、拍照等其他方式进行辅助，以避免信息记录的不完全。

6. 收集其他材料

调研访谈的过程，通常安排在被调研的公司内。因此，除了访谈所能够收集到的案例资料，调研者还可以做个有心人，在征得公司相关负责人员同意的情况下，适当在公司工作场所收集公司的其他材料，比如公司产品的样品、公司照片、公司宣传手册、公司产品手册、公司的企业文化手册、公司相关活动的录像、公司拍摄的宣传片、微电影、促销材料等。

7. 收集后续信息

一次调研访谈，即便准备充分，访谈时间足够，也不可能将撰写管理案例中所需要的资料全部收集完整。因此，后续再进一步收集信息是必然的，对此，应该有所安排，在后续撰写中，将遇到的需要进一步确认的信息细节等整理完整后，尽可能集中性地与受访者沟通，而非每次遇到一个细节需要核实就联系沟通，应当尽可能避免给受访者工作带来打扰。

8. 选择合适的调研时间和地点

调研访谈，涉及的时间较长，应该安排在受访者和调研者都有空的时间段，一般不建议安排在刚上班的时间或即将下班的时间。此外，除非受访者同意，也应尽可能不安排在周末对方休息的时间。应该根据受访对象的工作节奏情况，灵活安排访谈时间。调研的时间长短，可以根据管理案例的复杂程度、所需要收集信息的数量等综合考虑，通常 1 个小时作为标准时间单位，可以在此基础上调整。

调研访谈的地点，也应当选择不受外界打扰、相对安静的环境，公司办公室人来人往、电话干扰、访客来访等都会造成影响，不是合适的访谈地点。相对而言，公司内部小型的会议室比较合适，当然，如果条件允许，环境轻松的咖啡厅、茶楼等也可以选择。

（二）调研访谈的问题类型（分类一）

根据李亮、刘洋、冯永春编著的《管理案例研究：方法与应用》一书中的分类，访谈问题可以分为介绍性问题、探索性问题、一般式问题、循证性问题、转换话题式问题和确认式问题[1]。

其中，介绍性问题主要在于让受访者初步介绍公司的有关情况，引出后续的具体问题。比如，请您介绍贵公司的发展历程。请您介绍贵公司发展所经历的几次重大转折。

探索性问题意在让受访者就没有准备的问题进行阐述。

[1] 李亮，刘洋，冯永春．管理案例研究：方法与应用［M］．北京：北京大学出版社，2020.

一般式问题针对一个相对具体的问题，让受访者表达其观点，从而引出更具体的问题。比如，在当时那种情形下，您是如何做出这个组织变革的管理决定的？您是如何考虑组织变革的相关条件的？

循证性问题，旨在向受访者确认一些证据。比如：为了说服其他股东接受这一方案，您当时具体做了哪些事情？

转换话题式问题一般是在调研访谈中，话题无法进行下去时（如已经获得足够信息或受访者回答存在偏差时）进行话题转换。比如：您刚才谈的这些，我很理解。此外，我想再问一下，关于……，您是如何看待的？

确认式问题，通常是用总结的方式提问，主要用于对已经访谈的信息确认，避免理解的错误。比如，以下这个问题属于确认式问题：不好意思，我想确认下，您刚才说的入职培训，是采用线上平台进行的，是吗？

在实际调研访谈时，应根据现场情况，灵活地运用上述问题类型，进行有效提问，同时注意避免提问时出现主观性、引导性的情况，即带有明显导向性引导对方往某个方向回答。

（三）调研访谈的问题类型（分类二）

调研访谈的问题，还可以分为开放式问题和封闭式问题。

1. 开放式问题

开放式问题，是指问题问得比较抽象，对回答的答案范围没有进行明显的限定，回答者可以根据其自身对该问题的理解，灵活地进行作答，自由发挥的余地很大。比如，您对组织战略转型是如何看待的？您觉得应该如何建设学习型组织？

开放式问题，可以再进一步细分为完全开放式问题和半开放式问题。总体而言，开放式问题，由于受访者回答时比较自由，有利于营造和缓、轻松的谈话气氛，但也存在回答内容过于宽泛松散、缺乏重点和中心聚焦、无法深入、偏离主题等问题。

2. 封闭式问题

封闭式问题，是指问题问得非常明确、具体，对回答的答案范围有相对严格的范围限制，回答者需要在指定选择中进行判断并作答，按照既定的方向思考，基本没有自由发挥的余地，缺乏灵活性。比如，您认为是坚持成本领先战略，还是坚持差异化战略，比较符合贵公司的实际？您在进行员工培训的时候，是选择公司内部人员作为培训师，还是从公司外部聘请培训讲师？

封闭式问题，可以再进一步细分为完全封闭式问题和半封闭式问题。总体而言，封闭式问题的回答，提问的方式和提问的问题都十分固定，提问的范围非常明确，一般通过封闭式问题的提问，能够得到受访者较为具体而深入的回答，而且回答的内容与问题的联系非常紧密，不太可能出现回答跑题的情况。

（四）调研访谈的提问技巧

1. 侧问法

在调研访谈的过程中，有时候受访者可能出现不愿意将真实想法告知、回答不清晰、访谈出现障碍等情形，这种情况下，可以采用侧问法的方式，通过巧妙的技巧，实现有效提问。

一些相对较大、内容偏抽象的问题，可以通过适当拆分，将一个题目转换为若干个具体、相对简单、回答不困难的小问题，引导对方循序渐进地逐个回答。比如，关于公司组织战略的题目，可以通过询问公司的近三年发展目标、公司对经营业务的发展规划、公司对人力资源（数量和质量）的供给和需求预测、相较于竞争对手公司的主要竞争优势等问题，获得相关信息。

此外，一些比较敏感、容易让回答者产生顾虑的问题，一般不要过于直截了当地提问，因为这样的提问方式对方不一定愿意回答。可以采取迂回前进的方式，适当铺垫，先提问一些关系不大、但存在内在关联的简单小问题，等对方逐步回答后，再水到渠成地提问相对敏感的问题，往往会取得较好的效果。对于过于敏感的问题，还可以转换表达方式，换一种相对容易让对方接受的说法阐述，以促进问题的回答。

2. 设问法

在调研访谈的过程中，除了运用一般的提问方式外，还可以适当结合采用设问法等方式，了解对方真实的想法。设问法的思路是假设某种特定的场景，提问对方如果在该种场景下，将如何决策（行动）等，通常可以用于挖掘受访者内心深处最根本的行动动机、真实想法，有利于加深对案例内容的深入理解。比如，聚焦目标市场选择的管理案例，在采编资料进行调研访谈的时候，可以提问对方，未来如果目前聚焦的目标市场发生了变化，会如何进行相应的调整。聚焦新员工培养的管理案例，在和调研访谈对象沟通的时候，可以提问对方，如果公司的主营业务发生了较大改变，如何根据相关变化，进行培训方案的优化设计。

3. 追问法

在调研访谈的过程中，调研者应该精神高度集中，对于受访者回答的内容，不忽略任何一个细节。有的时候，受访者不经意间说到的一个小细节，往往事关案例的关键决策点和核心。因此，针对这一情况，必须抓住不放，围绕一个细节所展现的线索，深入追问，抽丝剥茧，由点及面，推动对案例事实的全面掌握。在受访者回答问题的内容不完全时，也可以运用追问法，挖掘需要补充的信息。比如，聚焦企业文化建设的管理教学案例，在调研访谈中，受访者谈到了公司提出的一句口号背后的小故事，访谈者应当对此高度重视，深入询问事件发生的前因后果，了解事件发生的相关背景信息，对于相应的细节进行确认。

第三章　管理案例正文的撰写流程与技巧

管理案例正文的撰写是复杂的系统工程，需要进行统筹规划。

一、管理案例正文结构

根据中国管理案例共享中心的要求，该案例库的案例正文结构，主要包括以下内容[1]。

（一）中国管理案例共享中心对于案例正文结构的要求

1. 中英文摘要及关键词

“摘要”作为案例内容的提要，不作评论分析，300~500 字；关键词 3~5 个；英文题目、摘要、关键词与中文对应，符合科技英文书写规范，150~200 个英文单词。本部分内容单独成页，以下内容另起一页。

2. 案例名称

以不带暗示性的中性标题为宜，提供企业真实名称，如需隐去，在首页脚注处说明。

3. 首页注释

作者姓名、工作单位、案例真实性、版权说明等，注明案例只用于教学目的，不对企业的经营管理做出任何评判等。

4. 引言/开头

点明时间、地点、决策者、关键问题等信息，尽量简练。

5. 相关背景介绍

行业背景、公司历史沿革、财务状况、主要人物、事件相关背景等，内容真实客观，能有效辅助课堂讨论分析。

6. 主题内容

选题要有一定的典型性和代表性，能够反映某地区、某行业或更大范围的经营管理问题。陈述客观平实、不出现作者的评论和分析，决策点突出，所述内容及相关数据具备完整性和一致性。大中型案例宜分节，并有节标题。

---

[1] 资料来源：中国管理案例共享中心。

7. 结尾

8. 启发思考题

提示学员思考方向，3~5 题为宜。

9. 脚注、图表、附录等

脚注以小号字附于有关内容同页的下端，以横线与正文断开；图表要有标题（中英文），全篇顺序编号，不必分章节编号；有助于理解正文的相关资料、数据可作为附录列出。

（二）管理案例正文各部分的撰写注意事项

1. 案例名称

案例的名称一般都采用中性的表述，不带有过多的个人感情色彩。好的案例名称，犹如传神的眼睛一样，能够有效地传递案例的核心信息。目前，在中国管理案例共享中心，经常可以看到的案例名称，往往采用“富有趣味性和吸引力的前置语+案例主题的聚焦”的思路确定。

其中，案例主题的聚焦部分，通常包括案例所反映的组织名称和案例所分析研究的主题。而富有趣味性和吸引力的前置语，通常以提示性的短语，揭示案例所反映的主要问题方向，同时带有一定的悬念，引发思考。如《界无止境：全柴集团业财融合之路》，这里的界无止境就是前置语，全柴集团体现了组织名称，业财融合是研究的主题。

2. 中英文摘要及关键词

中英文摘要及关键词部分，最关键的注意事项是“客观、真实、不做评论”，要对案例主题进行全面、简要的概括性叙述，让阅读者通过阅读中英文摘要及关键词，理解案例所聚焦的管理问题和决策点，有助于明确案例的教学功能。从某种意义上说，中英文摘要更像是对案例内容的概括性白描。

3. 引言/开头

引言/开头应有一定的吸引力，而非平铺直叙。引言作为重要的开场白，可以通过吸引人的情境（如面临亟待解决的问题开会讨论、发生争论等）调动阅读者的兴趣，使其进入角色。

当然，在注意故事性的同时，引言/开头更重要的作用是“开门点题”，通过引言，引出时间、地点、决策者、关键问题等，反映案例的主要矛盾，让阅读者体会到案例主人公所面临的管理困境和问题。

4. 相关背景介绍

相关背景介绍部分，应在保证所需要的背景信息提供的前提下，舍弃无关、非重点的信息，保证篇幅控制在合理的范围内，字数不宜过多，不加入主观性评价。

5. 主题内容

主题内容是案例最主体的部分，在撰写过程中，应注意以下几个方面。

第一，可以按照事件发展的情节结构，为每一节拟定生动、简洁的节标题。标题应注意可读性和故事性的统一。主题内容的撰写，可以按照事件发展的时间顺序，也可以采用倒叙的方式。在按照时间结构撰写的过程中，要把相应的故事娓娓道来，讲清楚前因后果。可以应用“STAR”工具，对案例所涉及的情境、任务、行动、结果，进行综合思考，反映在案例主题内容中。

第二，应避免平铺直叙的工作总结式的撰写，尽可能反映决策过程中的冲突和矛盾。可以考虑结合富有故事性的情境展现，如对话、争论的形式等。对案例所涉及的情节，进行生动的描写，体现决策过程中的一些力量冲突和发展高潮，使案例生动形象、活灵活现。阅读者通过阅读案例，能够代入案例中的相关角色，“亲临”案例发生的现场，感受案例的情境，遭遇案例中所反映的问题，进行相应的管理决策。

第三，文字表述应客观，避免主观评价。案例正文应尽可能站在第三方的角度，客观公正地展示案例的主要内容，而不要直接阐述相关的知识点或结论。应该通过案例使用说明的启发思考题提问，激发阅读者的探究兴趣，引导阅读者自行思考。案例正文中，对于所遭遇的问题、解决的过程，应撰写得尽可能具体。

6. 结尾

案例的结尾部分，一般体现案例故事发展的最终结果。案例中的矛盾得以解决，或者又有一个新的矛盾亟待解决，或是以一个启发式的问题结束，可以根据案例的实际情况，灵活设计。

7. 脚注、图表、附录等

脚注，一般用于案例主体内容中对相关信息的解释，如一些技术问题、专业名词、人物介绍、来源出处等，必须按照相关规范标注。管理教学案例十分强调资料的真实性、客观性，因此对于案例中所提供的一些图表，都必须用脚注标明资料的出处，一些相关的行业数据、市场调查报告等，也必须运用脚注的形式体现出处。

附录主要是考虑案例正文篇幅有限，为了保证阅读的流畅性和通顺性，将一些需要交代的、但不适合在案例正文插入的内容，在附录标注，如企业的财务报表、详细的各种文件、相关的新闻报道链接等。

二、管理案例正文撰写流程

管理案例正文的撰写，涉及案例资料的收集，案例构思、确定案例正文的写作框架，撰写案例正文初稿，案例的掩饰与修改完善，案例正文的检查，上述流程中的各个环节，紧密联系，形成一个管理案例正文撰写的完整过程。

1. 案例资料的收集

管理案例正文撰写的第一步是收集相关的案例资料，通常要确定好案例的主题及有关的关键问题。在此基础上，详细收集与案例主题及有关关键问题相关的需要掌握的详细情况，包括案例事件决策者、案例事件参与者所涉及的详细的相关事件经过，从而形成系统的案例素材。对于所收集的案例资料，在全面掌握的基础上，再进行进一步筛选，分门别类整理清楚，以供案例撰写中最终使用的素材之用。

2. 案例构思，确定案例正文的写作框架

在收集好丰富翔实的案例资料后，管理案例的撰写者可以开始深入构思，根据案例的主题词和所了解到的案例资料情况，考虑正文的各个一级标题（适当的情况下，也可以考虑二级标题、三级标题等），在反复研讨、深入论证的基础上，最终确定管理案例正文的写作框架。

3. 撰写案例正文初稿

根据所确定的正文写作框架，围绕所掌握的案例素材，开始撰写案例正文初稿。在管理案例初稿的撰写过程中，可能会遇到很多问题，比如，一些管理案例的整体脉络还不够清晰，一些管理案例中的事实细节还不够明确，一些管理决策过程所涉及的各方观点还需要进一步的核实等，这些都需要通过有关的沟通工作完成，最终形成管理案例的初稿。案例中的关键性细节，一定要落实到位。

4. 案例的掩饰与修改完善

案例正文初稿撰写完成之后，可以邀请案例撰写组的其他成员一起阅读案例初稿，提出修改意见，进一步讨论，通过“讨论—修改—再讨论—再修改”的多次反复程序，逐步完善正文的表达。在充分收集案例撰写修改意见的基础上，对案例进行完善，注意在撰写过程中，需要按照之前和案例企业方承诺的要求，将案例中的一些敏感信息进行适当掩饰、匿名化处理。

5. 案例正文的检查

在案例正文修改后，可以进行相关的检查工作，需要围绕以下几个方面深入进行，确保案例正文内容的完整、简洁、清晰、连贯。

案例正文撰写后的检查，可以运用5W2H法，即何时（When）、何地（Where）、谁（Who）、什么（What）、为什么（Why）、怎样（How）、多少（How much/How many），对案例前后的脉络进行总体梳理回顾。除此之外，还可以按照以下清单进行逐一核查。

第一，案例是否按照合理的时间顺序撰写，是否符合逻辑性，阅读时是否容易让人理解到位。案例过程的描述是否清晰、完整。

第二，案例中所涉及的重要信息，是否有所遗漏、缺失。

第三，案例是否具有一定的故事性和情节性，阅读时具有一定的趣味性和挑战性。

第四，案例的内容是否客观，是否加入案例撰写者自己的主观判断、分析或给出明显的结论。

第五，案例涉及实际情境中的决策，案例的阅读者是否能够通过阅读案例，深刻理解案例中的管理决策者和其他角色的处境，进行分析、判断和决策。

第六，案例所反映的相关理论，是否隐藏于案例正文中，有助于阅读者思考，培养其分析问题、解决问题的能力。

第七，案例的相关敏感信息的掩饰，是否做好，是否前后一致。

第八，案例是否经过企业的审阅、确认，获得企业授权书。

三、管理案例正文的撰写技巧以及注意事项

根据中国管理案例共享中心的评分标准，对于案例正文的评价，一般从以下几个方面进行：选题的典型性、谋篇布局的合理性、焦点事件选择的合理性、材料的真实客观性、写作的规范性。在案例正文的撰写过程中，应该围绕上述维度，提升撰写质量。具体来说，应该关注以下注意事项。

1. 正文应有一定的可读性

管理案例的正文内容，应体现比较典型、突出的管理问题，而且具有较强的可读性，而不是让案例的阅读者感觉内容枯燥无味、乏善可陈。管理案例应体现相当的矛盾性，展现各种不同利益相关者之间的角色冲突、力量博弈，将亟待解决甚至看似无法解决的难题进行系统、全面的梳理，寻求可能的解决思路。

从管理案例阅读者的角度，管理案例应展现多因素下综合作用的环境，体现多角度、多层次的深入分析，展示富有意味、令人深思的管理案例结果。

比如，中国管理案例共享中心的入库案例《“好马”回头——振华重工对离职返聘人员的两难抉择》，围绕离职返聘人员（由公司的设计研究院离职，三个月后申请返聘到公司的钢结构事业部）是否应该录用，案例中的不同利益相关者（包括设计研究院的人力资源主管，钢结构事业部的人力资源主管等）从各自不同视角，各执一词，形成激烈的争论，集团的人力资源经理对于返聘感觉为难、难以决策，案例的故事性较强，对阅读者有较强的吸引力，能够引导阅读者通过这一管理决策事件的来龙去脉，思考人力资源招聘、配置的基本原则和重要注意事项等相关专业理论知识点。

2. 正文应体现起承转合

管理案例正文不宜平铺直叙，应体现一定的故事曲折性。从案例的背景、事件起因、关键环节、解决问题的主要步骤与过程、案例决策中遇到的困难和曲折、案例最终结果全面展现，做到生动具体、详尽充分，谋篇布局具有合理性。

管理案例正文中，应体现决策行为的触发动因，通常可以从组织内部发生的大事（如组织结构调整、人员岗位变动、员工离职、管理者与员工的纠纷、组织内部重大事故等）、组织外部环境面临的大事（与其他组织合并重组、市场竞争对手环境变化、外部政策环境变动）等方面去寻找可能的触发动因，体现动因作用全过程。

比如，中国管理案例共享中心的入库案例《向阳发电厂变革窘境如何破》，聚焦向阳发电厂在“打造智慧型水电厂”的组织发展战略下，进行组织变革（包括技术变革、组织结构变革、人员变革）的探索，在组织变革过程中遭遇了阻力和障碍，组织变革的窘境令人深思，组织变革的探索任重道远，案例内容波澜起伏，生动具体，具有较强的可读性。

3. 信息充分、重点突出

管理案例正文的撰写，应有足够的信息容量，保证信息的充分性，便于阅读者运用信息、结合相关管理理论，进行分析，回答案例启发思考题，提出有针对性的解决思路。在

此基础上，管理案例正文应该对重点内容具体描述和详细分析。对于案例的背景材料，可以进行适当的裁剪、不应过多堆砌。

比如，中国管理案例共享中心的入库案例《YG地产公司绩效管理的困境》，聚焦YG地产公司年终绩效考核结果引发的热议，探讨了该公司绩效考核制度在应用过程中存在的突出问题和带来的影响。案例正文对于该地产公司客服部、销售部、工程部、设计部、成本部、开发部的绩效考核制度（包括绩效计划、绩效评价指标、绩效评价等级等）进行了详细的阐述，重点突出，信息充实，让阅读者能够根据相关内容，进行有效的思考和分析。

4. 引起读者的阅读兴趣

管理案例的内容，应当能够有效地引起阅读者的兴趣，在管理案例引言、案例正文主体部分等环节，均可以进行精心的设计，在符合企业真实情况、来源于调研资料的基础上，通过场景式的生动展现，让阅读者代入案例中主人公的角色，进入管理案例的特定情境，面临管理案例中的重要问题。管理案例的内容安排应体现事件发展的一波三折，展现跌宕起伏的过程，在内容中适当地呈现发展中的高潮，吸引阅读者的注意力。

比如，中国管理案例共享中心入库案例《因时而变，随事而制：麦拓猎头目标市场选择的探索之旅》，聚焦福建麦拓人力资源管理有限公司目标市场选择的探索，在案例导入部分以陈总在办公室喝咖啡，公司同事各司其职、工作有条不紊的场景导入，引起阅读者对公司发展的兴趣。在案例正文，公司从粗放经营到聚焦房地产赛道的转型中，引入陈总和公司员工共同探讨、头脑风暴的场景，使有关的管理决策更加具有信服力和科学性。

5. 抓住关键环节

管理案例正文中，应把案例事件的全过程全面地展现出来，特别是一些事件的关键环节，相关的近、中、远期紧密地联系起来，充分呈现案例的发展历程和最终结果。对于案例中的关键环节，应重点突出，花费更多的篇幅，进行全方位展示，加以具体描述和详细阐述，对于非关键环节可以适当简略，不应面面俱到、平均分配。关键环节、焦点事件的选择，应具有合理性。

比如，中国管理案例共享中心入库案例《合作之道的实践创新：万嘉超市合伙制的探索》，案例聚焦万嘉超市内部及外部合伙制的大胆探索，将相关内部合伙、外部合伙制度推行的背景、决策的过程、方案的内容重点阐述，其他有关万嘉超市发展历程、发展亮点的内容，作为非关键环节，不进行过多介绍。

6. 注意案例中人物的刻画

管理案例正文中，做出管理决策的主体是人。因此在管理案例正文中，不应只关注相关事件的展示，还应该重点刻画案例中的相关人物，通过生动的描写（如语言、动作、神态、心理等），对人物的个人特征进行全面展现。管理案例的人物描写和故事性应得到足够重视，达到引人入胜的效果。

比如，中国管理案例共享中心入库案例《福州快点办商务服务有限公司的企业文化探索之旅》，在案例正文中，通过对公司负责人张炳煌与公司高管品茶讨论公司发展战略的对话，张炳煌对于细化绩效考核、优化工作流程、完善晋升标准、希望员工团队互助、崇尚利他的相关阐述、神态描写等，塑造了一个远见卓识、沉稳干练、锐意进取的企业家形象。正如本案例的一位评审所言，企业创始人的价值观与企业文化具有深刻的联系，在很多企业，企业创始人的价值观决定了企业的价值观和企业文化的核心内容。通过案例中福州快点办商务服务有限公司张炳煌的形象塑造，为阅读者理解快点办“靠谱、匠心、成长、创新、利他”的企业文化奠定基础。

第四章　管理案例使用说明的撰写流程与技巧

管理案例使用说明是保证案例正文的知识点能够被学生理解、运用的“教学指导手册”。管理案例使用说明的撰写过程，是管理案例编写者对案例教学的全盘规划设计的过程，能够较好地锻炼其案例教学的能力。

一、管理案例使用说明结构

管理案例使用说明的撰写过程，是对管理案例正文相关内容的检验过程。管理案例使用说明的撰写，能够促进案例撰写者对该案例进行系统的思考、积累相关的案例教学经验。

根据中国管理案例共享中心的要求，该案例库的案例使用说明结构，主要包括以下内容[1]。

（一）中国管理案例共享中心对于案例使用说明的要求

案例使用说明聚焦管理案例内容的深入分析，是管理案例的重要组成部分。

1. 教学目的与用途

适用的课程、对象，教学目标。

2. 启发思考题

提示学员思考方向，3~5 题为宜，与正文思考题一致。

3. 分析思路

给出案例分析的逻辑路径。

4. 理论依据与分析

分析该案例所需要的相关理论，以及具体分析，包括财务分析的计算结果。

5. 背景信息（可选项）

案例正文中未提及的背景信息。

6. 关键要点

案例分析中的关键所在，案例教学中的关键知识点、能力点等。

---

[1] 资料来源：中国管理案例共享中心。

7. 建议的课堂计划

案例教学过程中的时间安排、课前准备、课堂开场白、课堂提问逻辑、板书设计和总结，就该案例如何进行知识点教学，如何进行课程思政提出建议。

8. 案例的后续进展

可选项。

9. 相关附件图表等

可选项。

10. 其他教学支持材料（可选项）

①计算机支持。列出支持这一案例的计算机程序和软件包，它们的可得性，以及如何在教学中使用它们的建议或说明。②视听辅助手段支持。可得到的，能与案例一起使用的电影、视频、幻灯片、媒体资料、样品和其他材料。③Excel 计算表格。④其他可选项。

（二）管理案例使用说明各部分的撰写注意事项

1. 教学目的与用途

管理教学案例服务于一定的教学目的。因此，在案例使用说明中，首先必须明确该案例所服务的教学目的，以此为案例教学的主线，贯穿始终。

教学目的与用途部分，主要涉及适用的课程、对象、教学目标三个内容的撰写。适用的课程方面，一般宜高度聚焦，集中于最多不超过三门的课程，而且课程之间需要有一定联系，不宜罗列过多逻辑关系不强、相对分散的专业课程。特别是案例正文 3500 字以内的微案例，更是需要将适用课程高度精简，甚至只保留一门课程。比如，案例《百年老字号的创新：郑森记组织韧性修炼的探索之路》，适用课程就是组织韧性知识点相对应的组织行为学。

适用的教学对象方面，主要是探讨针对什么样的学生群体来使用该管理教学案例。现实中，教师需要根据管理教学案例所蕴含的专业知识点内容、知识点难度等因素，确定合适的教学对象。一般来说，面向本科生及低年级脱产硕士研究生的管理教学案例，案例分析的挑战性相对有限，启发思考题的难度也不会过高。面向高年级硕士研究生、有工作经验的在职硕士研究生（如 MBA 等）对象的管理教学案例，由于阅读者的经验阅历较为丰富、专业知识基础较好，案例正文内容一般比较复杂，案例知识点相对较多，理论联系实际分析的难度较高。

教学目标方面，管理教学案例应当致力于实现学生在知识、技能、态度等方面的改变。因此，可以围绕知识、技能、情感三个维度，条理清晰地细化对于教学目标的凝练。

知识方面，聚焦专业知识点的掌握，在表述的时候应当表达明确，不宜过于笼统，可以用“掌握”“理解”+“具体知识点”的方式进行表达。比如，案例《百年老字号的创新：郑森记组织韧性修炼的探索之路》，对于知识目标的阐述为：掌握组织韧性的内涵、维度和塑造机制。

技能方面，应当根据上述对知识点的要求，对应阐述相应的理论运用于实际技能的培养和训练。对于技能的表述，应当尽可能具有可操作性、针对性，可以用“进行”+“某方面实务操作”的方式。比如，案例《百年老字号的创新：郑森记组织韧性修炼的探索之路》，对于技能目标的阐述为：运用上述专业知识，结合企业实际，进行有效的组织韧性修炼，提升理论联系实际、解决问题的管理素养和综合素质。

情感方面，在教学过程中，教师应当既传授知识、技能，也启发学生心智、提升学生综合素养，立德树人，培养具有健全人格的社会主义事业建设人才，这是课程思政的必然要求。因此，在管理教学案例情感目标撰写的时候，应当体现对学生为人处世行为准则的引导，实现学生态度的转变，精神境界的升华。需要注意的是，情感目标的实现，不能脱离知识、技能目标的达成，一般是在上述基础上的飞跃，是给阅读者带来的观念的更新、素养的提升。比如，案例《百年老字号的创新：郑森记组织韧性修炼的探索之路》，对于情感目标的阐述为：感受到大众创业、万众创新的时代背景下，以郑森记黄总为代表的创业青年修炼组织韧性、增强企业实力、传承创新百年老字号的责任担当，理解老字号蕴含的深厚历史底蕴和守正创新、传承发展的精髓，实现思想的升华。这里面包含的企业社会责任、传承中创新、锐意进取的精神，是情感目标的较高境界。

2. 启发思考题

启发思考题作为提示阅读者思考案例方向的重要指南，具有提纲挈领的作用。在启发思考题的设计上，应该避免“两个极端”：一个是启发思考题过于简单，相关答案在案例正文中可以直接找到，失去了挑战性，毫无悬念；一个是启发思考题难度过大，阅读者根据案例正文及相关理论无法有效地进行分析。一般而言，启发思考题应该既有一定的挑战性和悬念，又考虑到阅读者的专业基础背景，比较建议的方式是根据案例正文的案例情境线，对应地设置相应的案例启发思考题，体现相关专业知识点的考查，揭示案例的核心问题。在思考题的文字表述上，应当简洁、精炼，避免歧义。

3. 分析思路

管理教学案例的使用说明主要是用于辅助教师进行有效教学。在分析思路的撰写上，应当体现清晰的分析逻辑路径。一般而言，在案例分析中，应当按照案例的叙述结构，梳理案例相关主题的发展历程。在全面梳理脉络的基础上，以所学的有关专业理论知识为基础，理论联系实际进行探讨，最终全面提炼。

为了使分析思路更加一目了然，可以将案例的情景线、思考题、知识点的要点，采用图表形式绘制。案例《百年老字号的创新：郑森记组织韧性修炼的探索之路》中，相关案例分析基本思路见图 4-1。

4. 理论依据与分析

管理教学案例的“理论依据与分析”部分，是案例使用说明中篇幅较大、较为重要的一个版块。该部分的内容，一般可以分为“理论依据”和“案例分析”两个部分。

其中，“理论依据”部分，根据相对应的启发思考题，进行相关理论知识的简要介绍，为阅读者更好地理解和分析案例提供必要的理论基础，这部分的内容不宜过长，切忌长篇大论，而是尽量高度凝练，介绍清楚相关理论知识点即可。“案例分析”部分，主要是应

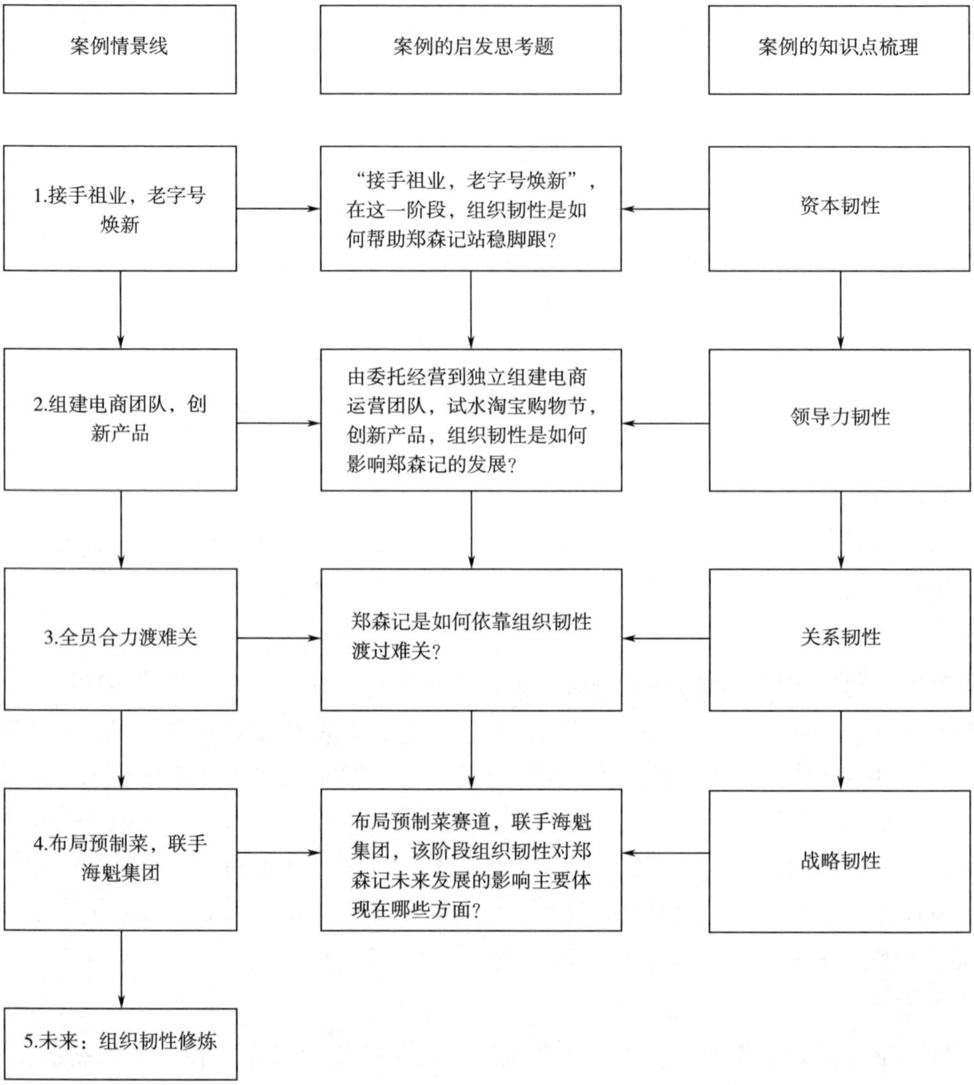

图 4-1　案例分析的基本思路

用上述理论知识，结合案例的实际情况，针对启发思考题进行相应的具体分析。案例使用说明的撰写者，切忌没有应用理论分析案例中的内容，出现“理论依据”和“案例分析”两张皮的现象。

比如，案例《百年老字号的创新：郑森记组织韧性修炼的探索之路》的启发思考题第一题是“‘接手祖业，老字号焕新’，在这一阶段，组织韧性是如何帮助郑森记站稳脚跟？”

针对该思考题，首先进行了资本韧性相关内涵的理论梳理，聚焦资本韧性“保持企业运营、抵抗风险”的基本特性，分析资本韧性强的企业特征。

在此基础上，结合郑森记实际，运用资本韧性理论分析了其将郑森记历史资料等无形资产梳理、强化作用；注重商标注册等无形资产品牌建设；运用商标质押获得贷款扩大生产等事例，体现了资本韧性的作用，融理论于实际，让阅读者对案例的理解更为深入。

5. 背景信息（可选项）

该部分一般是管理教学案例正文中未提及的背景信息，作为可选项，可以提供，也可以不体现。由于管理教学案例正文的篇幅有限，因此，一些反映公司基本情况、发展历程（历年大事记）、相关行业基本情况报告等信息，可以放在案例使用说明的“背景信息（可选项）”部分，便于阅读者对案例有更深入、全面的了解。

6. 关键要点

管理教学案例使用说明中的关键要点，主要聚焦进行案例分析时的关键所在，也就是案例教学中所展现的关键知识点、能力点等。在撰写这部分内容时，可以按照关键知识点、关键能力点的层次进行逐点总结提炼，语句应当高度提炼，不宜长篇大论。比如案例《因时而变，随事而制：麦拓猎头目标市场选择的探索之旅》，关键知识点凝练为：确定目标市场的策略、STP 战略、钻石模型在目标市场选择中的运用。关键能力点凝练为：①理论联系实际的实务技能：培养学生能够根据现实企业的实际，将目标市场确定的相关知识点运用于实际工作，推动企业发展，提高自身的实操技能；②系统、全面分析的能力：培养学生能够综合考虑企业实际特征，全面、系统地进行目标市场确定、选择，得到正确结果；③提升学生全面科学、系统分析的战略决策素养和综合能力。

7. 建议的课堂计划

管理教学案例使用说明中的“建议的课堂计划”部分，需要为运用该案例的教师提供较为详尽的指示说明，包括案例教学过程中各个环节的时间安排、上课前的准备、课堂的导入、课堂提问的基本逻辑、课堂板书的设计、课堂总结等。

整个案例课的课堂时间控制在 90 分钟。一般可以分为课前计划、课中计划、课后计划。上课前，可以提出该管理教学案例的启发思考题，要求学员在开始上课之前全面阅读案例内容，并查阅与案例相关的背景资料，在充分理解案例内容的基础上，进行初步分析与思考。

课堂的导入部分，一般由教师介绍本次案例讨论的主题，说明本次案例讨论的目的与详细过程安排，可以控制在 5 分钟以内。课中计划部分，可以由学生分小组（一个小组 5~6 人）围绕案例启发思考题展开讨论，在组长带领下，得出小组最终意见，可以控制在 30 分钟以内。小组讨论后，可以采取每个小组推荐代表及随机抽取一名学员相结合的形式，确定每个小组负责汇报发言的人选。由小组汇报发言人阐述本小组对启发思考题的观点，控制在 40 分钟以内。最后由教师以相关理论为基础，对各个小组的发言进行点评，对整个教学案例进行系统梳理和全面总结，控制在 15 分钟以内。

课后计划部分，可以请学员以小组为单位，根据课堂讨论结果、教师对相关知识点的讲解等，分组提交详细的案例分析报告。

课堂提问的基本逻辑部分，应当注意的是，这些题目是在启发思考题的基础上，根据案例故事的情景线，提出逻辑关系为层层递进式的一系列问题。因此，课堂提问的题目不能与启发思考题的题目重复，而应该是基于启发思考题、有一定逻辑联系的题目。

比如，案例《百年老字号的创新：郑森记组织韧性修炼的探索之路》的启发思考题分别如下。

1. “接手祖业，老字号焕新”，在这一阶段，组织韧性是如何帮助郑森记站稳脚跟？

2. 由委托经营到独立组建电商运营团队，试水淘宝购物节，创新产品，组织韧性如何影响郑森记的发展？

3. 郑森记是如何依靠组织韧性渡过难关？

4. 布局预制菜赛道，联手海魁集团，该阶段组织韧性对郑森记未来发展的影响主要体现在哪些方面？

在课堂提问部分，设计的题目如下。

（1）同学们是否了解过身边的传统老字号食品？

（2）同学们知道哪些老字号？

（3）同学们是否听过郑森记？

（4）郑森记的振兴主要依靠什么？

（5）为什么郑森记要突破传统，试水电商？

（6）如果郑森记不独立建立自己的团队工厂，还能够发展下去吗？

（7）黄总是如何带领员工渡过难关的？

（8）郑森记是如何精确定位其未来的发展目标？

（9）为了增强郑森记对抗风险的能力，你认为黄总接下来会怎么做？

（10）对于郑森记未来的发展，你有什么样的规划？

课堂板书部分，一般应当以教室里常见的黑板的大小，对应设计相应的板书，板书的内容要与课堂互动讨论的过程相配合，既与启发思考题、课堂提问部分的题目有一定的逻辑关系，又不能重复。

课堂板书应当尽可能图文并茂、简洁明了，采用流程图、技术路线图等形式手写，配合管理教学案例讨论的整个过程，直观地梳理管理教学案例的内容和分析的逻辑思路，板书不宜字数过多、重点不突出。

案例《百年老字号的创新：郑森记组织韧性修炼的探索之路》，相应的课堂板书设计如图 4-2 所示。

8. 案例的后续进展

管理教学案例的后续进展，属于可选项。一般是在管理教学案例撰写后，后续有发生新的变化，在该部分予以体现。

9. 相关附件图表等

管理教学案例的相关附件图表，属于可选项。可以将一些案例正文无法容纳、对理解案例具有作用的内容，在该部分进行呈现。管理教学案例《百年老字号的创新：郑森记组织韧性修炼的探索之路》中，案例使用说明的相关附件图表，展现的是公司 2017 年以来的大事记。

10. 其他教学支持材料（可选项）

管理教学案例的“其他教学支持材料”部分，属于可选项，主要用于呈现对案例教学的支持材料。

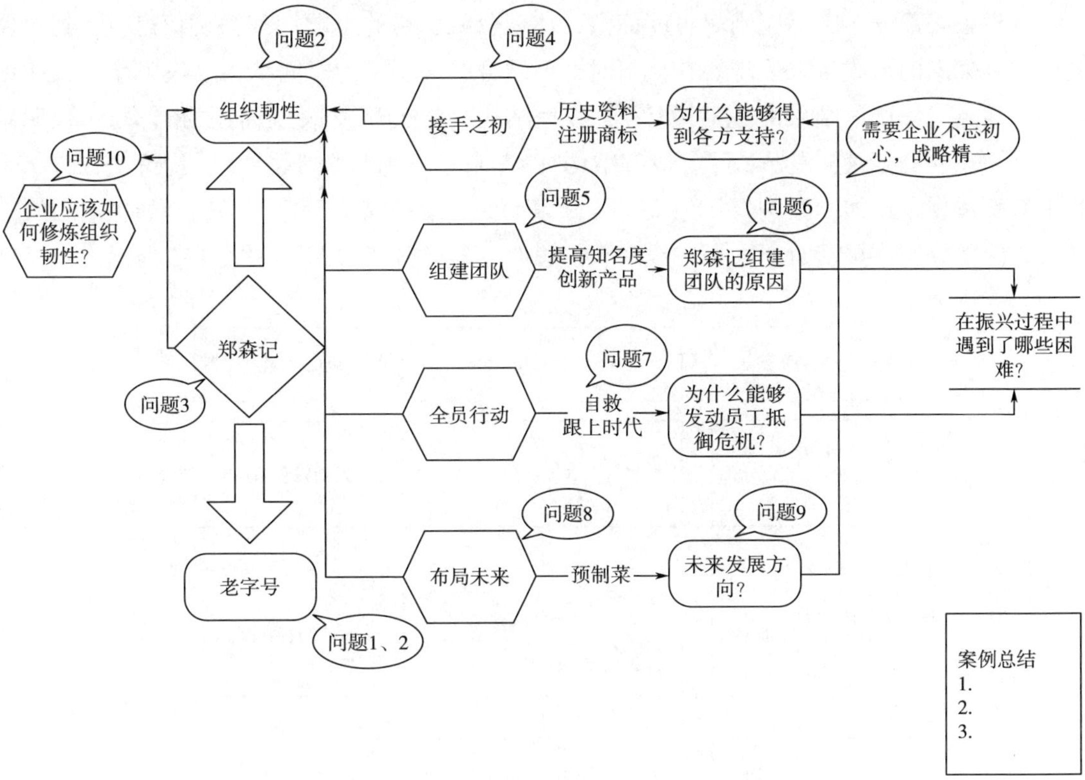

图 4-2　案例板书

二、管理案例使用说明的撰写流程

管理案例使用说明的撰写，主要按照以下的流程进行。

1. 明确案例教学目标，确定案例的启发思考题

管理教学案例的教学目标，是在撰写该教学案例使用说明（包括案例正文）之前，就必须明确的事情。一些初学案例撰写的新手，往往是在案例正文写完后，才考虑案例的教学目标设计等，这是不可取的，很容易造成案例正文和案例使用说明“两张皮”的情况发生。一般来说，在确定撰写该管理教学案例的时候，就应当提前全面思考案例的教学目标，围绕知识、能力、情感目标，提炼相应的内容。根据教学目标的要求，考虑可能设计的启发思考题。思考题作为手段，教学目标是目的，两者相辅相成。

2. 构思，确定并撰写案例分析思路

在确定了案例主题、案例教学目标之后，应该全面梳理案例的分析思路，明确案例的情景线、案例思考题、案例知识点三条线的相关内容。案例的情景线作为“明线”在案例正文中呈现，具体由正文的各级标题串联而成。案例的知识点，作为隐含的“暗线”，在案例使用说明中呈现，主要集中在“理论依据与分析”的“理论依据”部分。案例思考题在案例情景线（明线）和案例知识点（暗线）之间，作为连接理论（知识点）和实践

（情景线）的有机载体存在。

分析思路部分，文字应当尽可能简洁，体现分析思路的主题词和关键信息点，通过路线图、框架图的形式予以呈现。在撰写时，要结合案例正文的时间结构（案例事件发生的起因、经过、发展、结果的先后顺序）、叙述结构（案例事件故事描述的结构）、说明结构（案例所在行业背景的介绍）、情节结构（案例故事中的戏剧性冲突展现），在分析思路中有所体现。比如，案例《因时而变，随事而制：麦拓猎头目标市场选择的探索之旅》，分析思路部分，在撰写时，根据三线融合的思路，梳理分析思路，如图 4-3 所示。

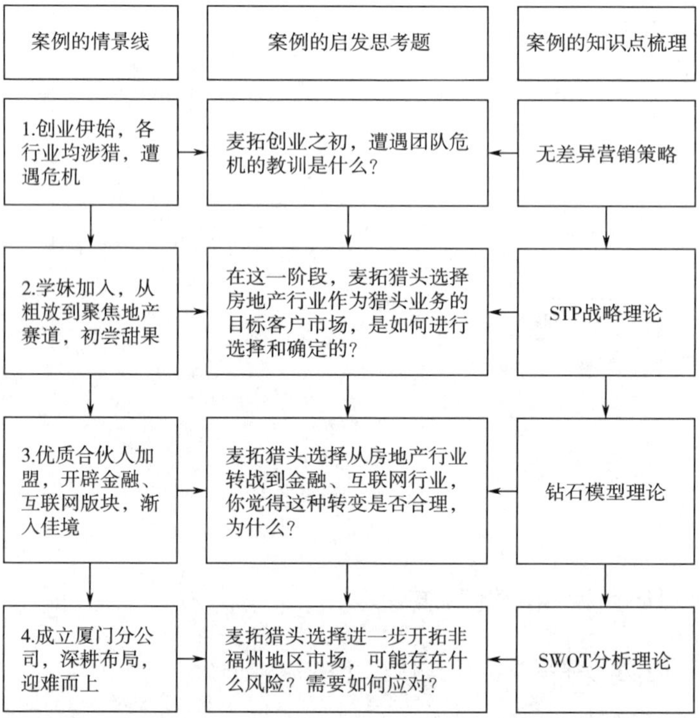

图 4-3　案例分析的基本思路

3. 完成理论依据与分析部分的撰写

在中国管理案例共享中心的评分标准中，案例使用说明部分，主要的评分维度包括：教学目标设定的合理性、核心理论选择的恰当性、分析的深度与逻辑性、课堂提问设计的合理性、课堂计划的合理性等。其中，管理教学案例的理论依据与分析部分，篇幅一般在案例使用说明中占比较大，其理论的选择是否恰当、分析深度是否充分、分析逻辑是否清晰，对于案例使用说明的质量，具有较大的影响。

在撰写理论依据时，应该聚焦理论的核心精髓，将其主要观点进行分点阐述，无关或关系不大的旁枝末节，则不必浓墨重彩。选择理论时，要选择最能够对案例内容进行解释的有关理论。比如，案例《团队建设，一直在路上：璟盛园艺的探索之路》，最终选择的理论是团队发展阶段理论、团队建设有效性模型理论、高绩效团队特征的有关理论等，聚焦"团队建设"这一主线。如果选择人力资源管理理论，虽然也与案例主题有关，但理论和案例故事主线的融合度不够。在撰写案例分析时，应当在文字的表述上，体现运用所选择的理论对案例实际情况的对应分析，实现理论与实际的有机融合。

4. 撰写案例使用说明的其他部分，完成使用说明初稿

上述案例使用说明的主体部分撰写完毕后，就可以进入其他部分（包括关键要点、建议的课堂计划、相关附件等）的撰写，最终完成案例使用说明的初稿。

案例使用说明初稿撰写完毕后，可以再对照案例正文，进行相互验证的检验，主要是核对案例正文的故事线，在案例使用说明的启发思考题、知识点梳理中是否呈现一一对应的关系。案例使用说明，是否较好地运用专业理论知识，解释了案例正文所发生的现实企业管理的实践发展历程、最终获得的结果。如果理论和实际并不相符，理论是否根据现实企业的实际，进行了拓展，从新的角度、新的层次进行了合理、令人信服的解释。

案例使用说明初稿完成后，可以邀请案例采编团队的其他成员一同阅读，不同人眼中，关注的重点和角度各不相同，这为案例使用说明的修改提供了较好的视角。在众人意见的基础上，进一步修订完善，才能保证案例使用说明的质量。

5. 案例使用说明的检查和修订

在管理教学案例的使用说明修改后，可以进行相关的检查和最终的修订工作，一般围绕以下几个方面进行，确保案例使用说明的质量。

第一，案例使用说明是否层次清晰，结构完整（包括“教学目标与用途、启发思考题、分析思路、理论依据和分析、关键要点、建议的课堂计划、相关附件、参考文献”等部分内容）。

第二，案例使用说明各部分篇幅比例是否合适，是否出现部分模块篇幅过长、部分模块容量不足等问题。

第三，案例使用说明的文字表达是否清晰，是否有歧义，是否便于阅读者的理解。文字措辞方面，是否保持客观陈述的文字风格，是否存在先入为主、主观臆断的情况。

第四，案例使用说明，是否以图文并茂的形式呈现，用相关图表配合相应模块的文字陈述，是否有利于阅读者全面把握案例的脉络。

第五，作为一名经济管理类专业教师，如果拿到这份案例使用说明，是否可以游刃有余地进行相关管理教学案例的案例教学组织工作，该案例使用说明是否对案例教学的课前、课中、课后等环节进行了精心、细致、符合实际的设计。

第六，管理教学案例的使用说明中，“理论依据和分析”部分，是否结合案例实际，对相关理论在现实中的运用，进行了较为客观、审慎的分析。是否存在过于主观、绝对的标准答案，是否给阅读者足够的拓展思考空间，是否具有一定的挑战性和创新性。

第七，通过该管理教学案例使用说明的有效运用，指导实际案例教学，是否能够较好地实现既定的掌握知识、培养技能、培养情感和观念三大教学目标。

第八，管理教学案例的使用说明中，相关的资料来源是否都已经标明出处，所使用的参考文献的质量是否能够保证，最新的相关学科理论前沿的成果是否得到体现。

三、管理案例使用说明的撰写技巧以及注意事项

在撰写管理案例使用说明的过程中，撰写者需要掌握一定的技巧以保证案例的质量，主要包括以下几个方面。

1. 教学目标应当切合实际

管理教学案例的教学目标是统领案例全文、贯穿案例采编及教学全过程的总体脉络，是案例教学的核心指导思想。

在确定教学目标时，应当根据该案例的适用对象、课程的实际，进行有针对性的撰写，切忌出现教学目标拟定过高、不符合适用对象实际的情况。比如，针对没有工作经验的在校经济管理类专业本科生，在教学目标的技能方面，要求学生“掌握复杂组织情境下的管理决策技能”，难度超过了学生的生活阅历，显得不符合现实情况。在教学目标的知识方面，要求学生“深刻领会 KPI、BSC 的理论精髓”，也属于要求偏高。即使是同一个知识点，比如组织行为学中的组织韧性，对于不同层次（研究生、本科）、不同年级（高年级、低年级）、不同经验阅历（在职、脱产）的学生，要求有所不同。

2. 思考题应当能引起阅读者充分的思考、启发思维

启发思考题作为管理教学案例讨论过程最重要的载体，在案例教学中发挥了举足轻重的作用。启发思考题的设计，要聚焦案例中亟须解决的焦点问题，充分考虑阅读者的实际情况，保证能够引起足够的讨论，有一定的争论空间，能够激发阅读者的创新思维，引起充分的分析、探讨，培养分析问题和解决问题的能力。案例编写者可以根据案例正文的情景线脉络，在案例正文导入阶段、初始发展阶段、转折变革阶段、展望未来阶段，分别设计相应的启发思考题，3~5 题为宜，总计一般在 5 个以内。

启发思考题应当保持合适的难度，以“跳起来能摘到桃子”的尺度为宜。通过启发思考题的深入思考和充分讨论，不仅引导学生站在决策者的角度，思考该管理教学案例中相应问题的解决思路，还能够启发学生掌握类似问题的分析思路和方法，实现由此及彼、由点到面，实现对学生综合实践能力的培养。启发思考题的题目设置上，应当尽量以开放式题目为主，尽量避免设置为封闭式问题，尽可能发挥开放式问题回答空间大、拓展性强的优点，当然题目设置的范围也不宜过大、过于宽泛。案例展望阶段的题目，可以进行情境性的设置，采用“假如……，你会……”的句式进行提问。

3. 课堂提问应当与分析思路有机融合

案例讨论过程中的课堂提问部分，题目的设计应当与启发思考题所对应的知识线、案例正文所对应的情景线呈现相互融合、一脉相承的逻辑脉络。课堂提问一般应当配合案例使用说明中启发思考题的讨论分析，提问逻辑也与案例使用说明的教学目标实现有密切的关系。教师应当通过有效的课堂提问，引导学生结合启发思考题的回答，拓展思考相关题目的考查内容，激励学生认真思索后，对可能影响结果的影响因素等进行充分的讨论。在提问的环节中，教师应当按照一定的逻辑顺序，逐个抛出相关问题，问题与问题之间需要形成密切的联系，由一个问题过渡到另一个问题，引导学生有条理地进行思考。教师应当

尽可能作为引导者的角色，不过多干预和参与，更多调动学生的积极性和参与度。

4. 分析思路的理论主线应该高度聚焦

管理教学案例的分析思路部分，案例情景线、案例知识线、案例思考题三者应当高度融合，在分析思路图中一一对应，整个案例聚焦一个主要理论，焦点集中，否则信息过多过散，重点就显得不够突出。通常，分析思路中的第一个思考题，作为导入性问题，主要用于引出案例的主要理论点。中间的第二和第三个思考题，围绕案例发展的起承转合，进行理论联系案例实际的焦点问题探讨。最后一个问题，通常作为开放性问题，对案例未来的发展进行展望预测，肯定取得的进展，梳理亟待解决的问题，依然是案例主要理论的延续。

5. 课堂提问应该体现层层递进的逻辑关系

课堂提问部分的题目设计，需要把握由浅入深、由表及里、层层递进、层次分明的逻辑关系。通过与管理教学案例启发思考题联系密切、进一步拓展的提问，层层剖析，揭示相关专业理论知识运用于实际问题解决的基本思路。题目应当尽可能用“怎么样”“如何”“为什么”等开放式提问，避免非此即彼的选择性题目的设计。

第五章　管理案例分析的常用工具

阅读者需要借助一定的专业理论知识，将蕴藏在管理案例中的问题进行梳理，针对启发思考题，提出相应的分析思路。根据管理案例的分类，在市场营销、战略管理、人力资源管理、组织行为学、公司治理、管理信息系统、电子商务、财务管理等领域，主要的理论工具包括以下内容。需要注意的是，管理案例的内容十分多元，涉及的管理理论较多，本书未能完全罗列，在此仅列出最常用的理论分析工具。

一、市场营销

市场营销是组织为了自身及利益相关者的利益而创造、传播、传递客户价值、管理客户关系的过程。

1. 市场营销环境分析

营销环境包括所有影响组织营销活动的环境因素。营销环境能够为组织的发展提供相应的发展机会，也有可能为组织的成长带来可能的威胁或制约。进行市场营销环境分析，能够为企业制定正确的经营管理决策奠定坚实的基础。

市场营销环境，按照基本属性，可以分为微观环境和宏观环境。其中，微观环境包括企业内部、供应者、营销中介、顾客、竞争对手和公众等。企业内部主要涉及各部门的分工与合作关系。供应者与企业的生产协作关系对企业的发展至关重要。营销中介包括所有为企业的营销活动提供服务的组织。顾客是企业营销活动的最终出发点。竞争者和企业共同争夺有限的市场。公众包括政府公众、媒介公众、群众团体、当地公众等。宏观环境包括人口环境、经济环境、政治和法律环境、科学技术环境、自然环境、社会和文化环境等。

宏观环境是单个企业无法控制的外部因素，企业必须通过内部资源的调整和优化，更好地适应宏观环境的变化。其中，人口环境涉及人口的多寡、分布等。经济环境聚焦经济发展状况、消费者收入水平等。政治和法律环境聚焦政治形势、各项法律法规等。科学技术环境涉及新工艺、新设备、新技术等。自然环境为企业提供生存所需的自然资源和生产环境。社会和文化环境聚焦教育水平、道德规范、价值观念、行为准则等。

2. 目标市场和市场定位策略

著名营销学教授菲利普·科特勒（Philip Kotler）提出 STP 理论，该理论包括市场细分（Market Segmentation）、目标市场（Market Targeting）、市场定位（Market Position）三个部分[1]。

根据STP理论，首先要进行的是市场细分，将整个市场根据消费者的需求情况，划分为不同的细分市场。

在市场细分的基础上，企业需要进行目标市场的选择。企业在进行市场营销活动时，不可能聚焦所有的细分市场，一般需要根据自身的资源优势和企业的发展战略，选择一个或若干个细分市场作为自身的目标市场。企业在选择目标市场的过程中，一般遵循以下四个原则：第一，该目标市场具有一定的市场容量，能够保证企业获得一定的盈利。第二，该目标市场的需求尚未得到充分的满足，企业有获得营业收入的机会。第三，该目标市场的竞争程度相对不是那么激烈，企业进入的可能性较大，能够与竞争对手抗衡。第四，企业具有与该目标市场相匹配的资源条件等。

在完成市场细分和目标市场选择后，企业要针对选定的目标细分市场，进行市场定位。市场定位的过程，也就是企业使自身产品或服务服务于目标客户的行为的过程。目标市场的营销策略，可以选择的包括无差异性营销策略、差异性营销策略和集中性营销策略三种。无差异性营销策略是指企业提供单一的产品服务于整个市场。差异性营销策略指根据各个细分市场的不同需要，设计不同的产品，采用不同的营销组合。集中性营销策略是指企业聚焦一个或少数几个细分市场，提供满足该细分市场需求的产品。

3. 市场营销组合策略

企业在进行市场营销活动过程中，需要根据目标市场的实际情况，设计合适的市场营销组合策略。根据市场营销学家杰罗姆·麦卡锡（Jerome McCarthy）的观点，市场营销组合策略包括“4P”，即产品（product）策略、价格（price）策略、渠道（place）策略和促销（promotion）策略。通过上述市场营销组合策略，可以产生较强的综合效果。

其中，产品策略方面，产品的整体概念包括核心产品、形式产品、扩大产品三个层次。核心产品是产品的基本功能及用途，聚焦消费者的根本需求。形式产品是核心产品借以实现的载体，包含产品品质、特色、设计、品牌和包装。扩大产品主要指附带服务等，如售后、送货、安装等。

价格策略方面，影响企业产品定价的因素包括企业的发展战略目标、成本费用、组织中相关部门和人员因素、产品自身因素等。常见的定价方法主要有成本导向、需求导向、竞争导向定价法。

渠道策略方面，营销渠道可以分为直接渠道和间接渠道，直接渠道指企业自行组织销售机构和人员，间接渠道指企业通过中间商和营销中介将产品销售给消费者。营销渠道的发展，具有国际化、全球化、职能专业化、管理规范化等趋势。

促销策略方面，常见的促销工具包括广告、人员推销、营业推广、公共关系、直接营销等。通过上述促销工具的运用，企业能够有效推动消费者产生购买的动机，最终做出购

[1]（美）菲利普·科特勒（Philip Kotler）. 营销管理［M］. 梅汝和，等，译. 北京：中国人民大学出版社，2001.

买决策。

4. 市场竞争策略

在明确主要竞争者之后，企业应当制定相应的市场竞争策略。根据企业自身的市场地位情况不同，企业的市场竞争策略，一般可以分为市场领先者、市场挑战者、市场跟随者和市场补缺者四种竞争策略[1]。

市场领先者策略方面，作为行业的领导者，可以采用扩大市场需求的策略，即扩大市场的总规模，比如挖掘产品的新消费者群体、增加产品的新用途、提高消费者对产品的使用量等方式。市场领先者还可以采取保持市场份额的策略，应对竞争者的挑战。此外，市场领先者还可以通过提高市场占有率增加其利润。

市场挑战者策略方面，作为仅次于市场领先者的企业，可以采用进攻性的策略，比如攻击市场领先者（价格更低、质量更高等）、攻击与自身实力相当的其他企业获取市场份额、攻击实力逊色于自己的企业等。

市场跟随者策略方面，主要基于维持已有市场份额的总体思路，比如，模仿、跟随市场领先者的营销策略等，可以采用全方位紧密追随、某个方面追随等技巧。

市场补缺者策略方面，主要采取避免与实力雄厚的大企业直面竞争、聚焦大企业未注意的小市场的策略，专注该细分市场，提供专业化的产品或服务，成为该细分市场的领导者。在确定该细分市场时，要综合考虑市场的获利性、消费者的购买力、竞争对手对该市场的关注程度、市场的增长潜力等因素。

二、战略管理

战略管理是组织为了创造并且保证竞争优势而进行的分析、决策、行动的完整过程。通过战略管理，组织日常与长期的业务得以有机结合。

1. 战略环境分析

在进行组织战略环境分析时，SWOT 分析法是一种常用的方法。SWOT 分析法综合考虑了内外部环境的主要因素，将组织内部的优势（Strength）、劣势（Weakness）和组织外部面临的机遇（Opportunity）、威胁（Threat）进行匹配，以达到更好地实现组织战略目标的目的。优势方面，主要分析组织的财务、市场、技术创新、客户服务、品牌建设等方面的强项。劣势方面，围绕组织研发、经营管理、财务状况、营销水平等方面探讨不足。机遇方面，重在探讨组织在新技术运用、区域扩张、并购其他企业、延伸品牌等方面的可能机会。威胁方面，主要分析竞争者加入、替代者抢夺市场份额、消费者需求变化等带来的威胁[2]。

运用 SWOT 分析法时，将组织的外部因素与内部因素进行分析和匹配，最终形成了以下 4 种战略组合：SO（优势/机会）战略、ST（优势/威胁）战略、WS（劣势/机会）战

---

[1] 孙小兰. 市场营销学［M］. 北京：中共中央党校出版社，2019.

[2] 高红岩. 战略管理学［M］. 北京：清华大学出版社，2007.

略、WT（劣势/威胁）战略。其中，SO 战略体现了组织的优势和面临的机会，组织应当运用优势及时抓住机会。ST 战略，旨在运用组织所具有的优势减少外部威胁。WS 战略，强调组织运用外部机会减少内部劣势带来的损失。WT 战略，主要是通过克服组织内部的劣势以避免外部可能的威胁，以防御为主。

2. 竞争环境分析

迈克尔·波特教授基于产业组织理论，构建了“五种力量”模型，运用于组织竞争环境的分析。该模型认为，任何行业的竞争，存在于竞争对手、供应商、买方、潜在加入者、替代品生产商五个方面。组织与上述这些力量之间的对比情况，决定了组织的绩效。这五种力量的状况及其综合强度，决定了行业的竞争状况[1]。

竞争对手之间的竞争方面，行业企业数量较多时，现有竞争企业之间竞争较为激烈。行业固定成本较高时，企业为了降低成本，可能采用增加产量的方式，企业之间价格竞争相对比较激烈。企业之间产品差异度较低，消费者在选择时往往会根据价格进行决策，从而导致企业的竞争更加激烈。

供应商方面，供应商的集中程度越高，产品的标准化程度越低，掌握的信息越全面，就具有越强的讨价还价能力。

买方方面，行业内已有商品的购买方集中程度越高，其讨价还价的能力就越强。商品的标准化程度越高，买方转换选择其他供应商的可能性越高，其谈判议价的力量越强，行业的竞争强度就越高。

潜在加入者的威胁方面，一个行业进入的障碍越大、难度越高，企业对于新加入者的反击力度越大，潜在加入者所带来的威胁就越大。

替代品生产商方面，替代品能够具备行业内已有商品的功能，如果替代品具有行业内现有商品所不具有的核心竞争优势，比如生产成本更低、盈利空间更大，那么其替代现有商品的能力就越强。此外，如果替代品生产企业采用扩张型发展战略，对于行业内已有企业的冲击就会越大，行业的竞争程度越高。

3. 竞争战略选择

竞争战略是企业在分析产业特征与自身情况的基础上，最终选择的恰当的竞争地位。战略管理学家迈克尔·波特教授认为，企业有三种可以选择的竞争战略，分别是成本领先战略、差异化战略、集中化战略[2]。

成本领先战略的基本思路是，追求企业在行业范围内的成本处于领先地位。通过成本控制，使得企业成本低于竞争对手，从而获得更多的市场占有率和盈利。为了实施成本领先战略，企业往往采取扩大经营规模，减少研发、营销、服务等成本开支等方法。成本领先战略比较适合拥有先进技术设备、大规模大批量进行生产的企业。这种战略的投资力度较大，对于客户需求及其变化的把握可能存在不到位的问题，具有一定的

---

[1] 高红岩. 战略管理学 [M]. 北京：清华大学出版社，2007.
[2] 赵强，徐静霞. 企业战略管理 [M]. 上海：上海交通大学出版社，2022.

风险。

差异化战略的基本思路是，在产品中融入个性化、不能随意模仿的独特价值，赢得消费者的青睐，推动消费者的购买。实施差异化战略的企业，必须具有较强的企业管理实力，在产品研发方面独具匠心，能够挖掘具有创新性的消费者需求并进行满足。企业需要在行业内具有较高的美誉度，消费者对于产品的差异化愿意付出更高的价格。

集中化战略的基本思路是，聚焦某一个特定的目标市场，进行相应针对性的生产经营活动，提供比竞争对手更具有价值的服务。集中化战略的目标高度凝练，可以保证企业以有限的资源进行专业化生产和经营，降低成本，提高企业竞争力，在锁定的目标市场获得较大的市场份额。

4. 战略的评价

企业在进行战略方案的实施过程中，可以运用多种方法对战略进行有效的评价，主要的方法包括 BCG 矩阵法、平衡计分卡等。

BCG 矩阵法又被称为市场增长—市场占有矩阵法，在 20 世纪 60 年代由美国波士顿咨询公司提出。该方法的基本思路是，将相对市场占有率（代表产品的竞争地位）作为横坐标，将市场增长率（代表市场的增长潜力）作为纵坐标，将企业的经营领域划分为四个象限。其中，相对市场占有率和市场增长率都高的属于“明星”业务，相对市场占有率高、市场增长率低的属于“金牛”业务，相对市场占有率低、市场增长率高的属于“问题业务”，相对市场占有率和市场增长率都低的属于“瘦狗”业务。对于“明星”业务，可以增加投资；对于“金牛”业务，应当采取相对稳定、巩固的战略，不宜过多投资；对于“问题”业务，企业应当根据实际情况综合决策，进行必要投资；对于“瘦狗”业务，企业应当采取撤退和收缩战略。

平衡计分卡的基本思路是，通过构建一套系统的评价指标体系，平衡财务和非财务目标，其中财务目标主要通过财务类业绩指标进行考核，非财务目标主要围绕客户、内部流程、学习与成长等方面进行考核。

三、人力资源管理

人力资源管理是采用科学、现代化的管理方法，对个体、群体的思想、心理与行为进行管理和控制，最终实现组织目标的过程。

1. 工作分析与人力资源规划

工作分析是收集组织中某个职位的工作任务、主要职责、权力和隶属关系、工作环境、任职资格等方面情况，最终对该职位进行明确界定的过程。工作分析的主要内容，可以概括为 6W1H，即：做什么（What）、何时做（When）、在哪里做（Where）、如何做（How）、为什么做（Why）、谁来做（Who）、为谁做（Whom）。工作分析的常用方法中，比较典型的如职位分析问卷法（position analysis questionnaire，PAQ）、管理职位描述问卷（management position description questionnaire，MPDQ）、通用标准问卷（common metrics questionnaire，CMQ）等。PAQ 问卷的内容包括员工活动特征及薪酬情况。MPDQ 的问卷内容主要设计管理人员工作问题的描述。CMQ 则是一种适用性很强的问卷[1]。

人力资源规划是根据组织发展战略，对未来人力资源的供给和需求进行预测，并且通过人力资源管理手段使之平衡的过程。人力资源管理的核心是人力资源的需求和供给的预测分析。其中，人力资源需求预测，常见的方法包括经验预测法、集体预测法（又称为德尔菲法）、回归分析法、比率分析法等。人力资源供给预测，常用的方法包括档案分析法、人员替换法、马尔可夫模型预测法等。

2. 员工招聘

员工招聘是根据人力资源规划的分析结果，拟订相应的职位招聘计划，并且寻找合适的人员满足相关职位需要的过程。员工招聘要遵循合适性、科学性、公平性等原则。员工招聘的常见方法可以分为内部招聘和外部招聘。其中，内部招聘的方法主要是上级推荐、岗位张榜竞聘。外部招聘的主要方法包括招聘广告、校园招聘、员工推荐、同行业推荐、依托人才中介机构、现场招聘会等。员工招聘的效果，可以从多个维度进行综合评价。常见的招聘效果评价指标，包括录用比（最终录用人数/应聘人数），招聘完成比、应聘比、招聘到位率、新入职员工转正合格率、招聘单位成本等。

3. 培训管理

培训是组织有计划地进行有助于组织成员学习与工作能力提升的活动。对于组织中的个体而言，培训是增加收入、获得更好职业发展机会、提升工作满意度、激发员工积极性的重要途径。对于组织而言，培训可以推动员工对于组织变革的接收，培养良好的组织文化，改善组织的绩效，增强组织的竞争优势。

培训的基本程序是培训需求分析、培训计划的拟订、培训的实施、培训结果的评估。在进行培训需求分析时，常用的需求分析工具是 Goldstein 模型，该模型认为，培训需求评价应该包括组织分析、任务分析和人员分析。其中，组织分析重在对组织发展的战略目标、组织所具有的资源、组织特质及所处的环境等因素进行分析。任务分析主要围绕组织职务工作标准、员工完成该职务任务所需要具备的能力进行分析，最终确定组织中个体是否胜任所担任的职务工作。人员分析一般将工作绩效标准与员工个体的绩效现状进行对照，确定差距，最终确定培训对象、培训内容等。培训后需要进行培训效果的评估，常用的评估工具是柯克帕特里克的四层次评估模型。该模式应用较为广泛，主要从反应（受训者的满意度）、学习（受训者学习后对培训内容的掌握程度）、行为（受训者行为发生的改变）、结果（给企业经营结果带来的贡献）四个方面进行。

4. 绩效管理与薪酬管理

绩效管理是对员工的绩效目标进行确定、收集员工绩效的相关信息、定期对员工工作绩效进行评价和反馈、确保员工的工作活动与工作结果与组织的战略目标保持一致的所有管理手段与过程。

绩效管理的常用工具是绩效管理过程模型，该模型包括绩效计划（plan）、绩效实施

[1] 董克用，李超平．人力资源管理概论［M］．3 版．北京：中国人民大学出版社，2011.

(do)、绩效考评（check)、绩效诊断与提高（adjust）的循环过程，即 PDCA 循环。其中，绩效计划环节，主要是就员工在绩效考核周期应该履行的工作职责、完成的绩效考核指标及达到的绩效标准进行协商，达成一致。绩效实施环节，管理者与下属进行持续的绩效沟通，全程了解下属的绩效进展情况，针对遇到的绩效问题进行解决，根据实际情况修订绩效计划。绩效考评环节，管理者对于下属的工作业绩、态度、能力进行全面、客观、公正的评价，得出绩效评价的结果。绩效诊断与提高环节，个体针对绩效不佳的情况，找出影响绩效的原因，制订相应的绩效改进计划。

薪酬管理是根据组织的发展战略目标，综合考虑各方面因素，确定组织的薪酬结构、薪酬体系、薪酬水平并且进行薪酬调整与控制的过程。其中，薪酬体系的设计，主要的类型有基于职位的薪酬体系、基于技能与能力的薪酬体系和基于绩效的薪酬体系。

5. 员工关系管理

员工关系管理是指组织运用各种管理手段，采用相应的管理行为，调节组织与员工、员工与员工之间的相互关系，使其良性发展、实现组织战略目标的过程。

员工关系管理的主要内容包括劳动关系管理和劳动保护，其中劳动关系管理包含劳动合同管理、劳动纪律管理、劳动争议处理等。劳动保护重点聚焦劳动时间、劳动安全、员工健康、压力管理、员工援助计划等方面。

员工援助计划（employee assistance program，EAP）是员工福利计划，该计划由组织出资，旨在帮助员工解决工作中的各种问题，提升员工工作绩效和身心健康。员工援助计划的主要内容包括：个体咨询、团体咨询、咨询服务、教育培训、职业生涯规划、特别服务、研究工作、紧急服务等方面。

四、组织行为学

组织行为学聚焦研究组织中人的心理、行为表现以及相应的规律，最终提升管理人员预测、引导、控制人的行为的能力，实现组织发展的目标。

1. 个体动机与激励

激励员工对于组织的发展至关重要。在组织中，予人所需，激发员工的工作动机，产生持续的激励，能够推动员工绩效的提升。

在激励员工的过程中，外界客观刺激作用于员工，使其产生需要，当这种需要达到一定的强度而尚未满足，需要对象（目标）确定时，需要就能够转化为现实的动机，推动员工采取具体的行动去追求目标的实现。总而言之，动机是行为产生的原因，是引起个体向着某一目标进行相应活动的内在动力。当个体的需要得到满足时，原本的紧张心理状态得到消除，此时又会产生新的需要，进入新一轮的循环。

激励是为员工创造满足需要的条件，激发其工作动机，使其为实现组织目标采取相应行动的过程[1]。常见的激励理论包括内容型和过程型，前者重在探讨员工需要的内容以

---

[1]《组织行为学》编写组．组织行为学［M］．北京：高等教育出版社，2019.

及如何通过满足其需要激励其工作动机，后者聚焦动机的形成机理。马斯洛的需要层次理论是代表性的内容型激励理论，该理论将个体需要分为生理、安全、爱与归属、尊重、自我实现五个层次，前两个属于低层次需要，后三个属于中高层次需要。弗鲁姆的期望理论是代表性的过程型激励理论，该理论的主要观点可以用公式 $M=V\times E$ 表示，其中，M（motivation）代表个体激发力量的大小，V（valence）代表达到目标对于个体价值的大小，E（expectancy）代表达到目标的概率大小。

2. 群体行为

个体在组织中的时候，会表现出和单独存在时的不同行为，这被称为群体行为。常见的群体行为包括：去个性化、社会助长、社会抑制、社会惰化、从众效应和群体决策等。

去个性化是指个体在群体中责任感丧失或自我调节功能降低，表现出个人单独行动时不会出现的行为，比如集体起哄等。去个性化的根源在于群体中责任的模糊、分散以及个体的匿名性。

社会助长是指个体在他人在场时所发生的绩效提升、效率提高。社会助长发生的原因是个体的竞争意识和表现欲，个体都有希望获得他人肯定、赞赏的需要。

社会抑制是指个体在他人在场或者和他人一起完成工作任务时，工作效率低于个人单独完成任务时的工作效率。社会抑制发生的原因是他人在场时个体的紧张感过于强烈，焦虑水平过高。

社会惰化是指当个体形成群体，一起完成某一个任务时，个体所付出的努力小于单独完成任务。社会惰化发生的原因是群体中个人绩效无法明确评定，导致个人努力与所获得绩效之间联系减弱，此外，责任的扩散也是重要原因。

从众效应是指个体受到群体影响从而采取与群体大多数人一致的行为。从众效应产生的主要原因是，个体以他人行为作为参照，个体对于偏离群体的行为会感觉有压力。

群体决策是指发挥集体的智慧，由集体多人共同参与决策分析。群体决策具有个体所不具备的集思广益的优点，但是有时候也不能保证群体决策的质量，可能会出现群体思维。

3. 组织学习与创新

组织学习是指组织成员通过各种方式不断从组织内部及外部获得知识，总结经验，在组织成员之间进行知识分享，提高组织学习能力，最终提升组织绩效的过程。组织学习受到组织外部的社会经济、制度转型、技术发展等因素的影响，也受到组织内部个体因素、群体因素以及组织因素等的影响。

组织创新源于对组织经营方式的转型升级，能够提高组织的生存能力。根据创新的内容，可以将组织创新分为管理创新和技术创新，或者产品创新和过程创新。根据创新的力度，可以将组织创新分为渐进式创新和激进式创新[1]。

[1] 《组织行为学》编写组. 组织行为学 [M]. 北京：高等教育出版社，2019.

4. 组织变革

组织变革是指组织为了实现其战略目标，根据组织外部环境与内部环境的变化，有计划地对组织现状进行主动变化和创新的过程。组织变革是组织应对环境变化的反应，在组织变革过程中，起到显著作用的是组织结构、组织任务、组织技术、组织人员。其中，组织结构的变革主要围绕组织规章制度、程序、管理幅度、计划等。组织任务的变革可以通过增加工作内容、让员工在工作中获得更多授权等方式进行。组织技术的变革涉及更新完成组织任务的技术方法。组织人员的变革通常包括组织人员的更新、培养、激励制度的优化等。

组织变革的过程中，可能会遭遇组织中个体的阻力，群体的阻力以及组织的阻力。个体的阻力方面，主要涉及个人对已有做法的习惯和依赖、对变化的抵触、对变革的认知不到位、个体利益的变化等。群体的阻力方面，主要涉及群体的凝聚力、决策中的参与程度等。组织的阻力方面，聚焦组织文化、组织资源情况等。

五、公司治理

公司治理是组织的所有者对经营者的约束激励机制，通过上述机制实现有效地协调组织与所有利益相关者之间的利益关系。

1. 公司治理的基础

公司治理是治理公司内外部交易活动的一系列契约关系。通过契约关系，明确公司各利益相关者的权利、责任、义务、相互之间的关系，对其交易行为进行有效约束。控制权可以分为三个层次，分别是股东大会层次、董事会层次、管理层层次。

在现代企业中，由于所有权和经营权的分离，可能会带来委托代理问题、信息不对称问题和利益冲突问题。其中，委托代理问题是指作为委托者的资本所有者追求资本收益最大化，而作为代理人的经营者，目标是追求个人收益最大化，可能损害委托人的利益。只要存在所有权和经营权的分离，就可能出现委托代理问题。基于委托代理问题，一些公司通过股权激励向代理人授予部分股权，使代理人和公司具有共同利益，更多从公司长远战略发展考虑，降低委托代理成本，避免短期自利行为[1]。

信息不对称问题主要表现在经营者利用比委托者掌握更多的信息使自己受益而对方受损。根据信息不对称理论，外部投资者只能通过有效的公开披露的报告获取信息，公司的大股东及其内部代理人有较强的配置企业资源的权力，处于信息优势的一方。由于信息不对称，占据优势的一方可能会操纵信息，获取私利。

利益冲突问题主要表现在股东与企业之间的利益关系、大股东与小股东之间的利益关系、企业各个利益相关者之间的关系。通过有效的公司治理，可以防止利益冲突带来的危害。

[1] 马连福，等．公司治理［M］．3 版．北京：中国人民大学出版社，2022.

2. 公司股权、决策、监督制度的设计

现代企业制度下，公司股权结构根据所有权和控制权的不同组合情况，可以分为四种模式设计。第一种是所有权分散、控制权较弱的股权结构，这种结构的公司股票的流动性可能较大，公司可能面临被收购的风险。第二种是所有权分散、控制权集中的股权结构，这种结构下，一般是在所有权分散情况下运用杠杆控制。第三种是所有权集中、控制权较弱的股权结构，这种模式一般采取表决权最高限制。第四种是所有权集中、控制权较强的股权结构，这种模式能够形成较强的自我激励。

公司董事会是现代公司治理的核心，主要承担公司战略决策的作用，在确定董事会成员时，需要综合考虑相关法律法规、董事会的独立性、董事会成员的互补性等因素。

公司监事会是法人治理结构的核心组成部分，体现了权力的制衡，是公司健康发展的制度保证。监事会由全体监事组成，对公司的经营业务活动进行监督。监事会行使监督职权，对公司财务、业务执行情况、管理者进行监督。监事会可以采用日常监督与重大事项监督相结合的方式进行相关工作，对企业经营运作的全过程进行有效、持续的监督。

3. 内部控制理论

内部控制是组织为了保证资产的安全性、会计信息的准确性、经营活动的效率性和经济性而进行的组织内部自我调整约束、评价、控制的一系列做法的总称。内部控制包括内部环境、风险评价、控制活动、信息和沟通、内部监督五个要素。其中，内部环境包括组织结构、治理结构、组织发展愿景、价值观、组织文化、组织成员基本情况、内部审计机构等。风险评价主要是确定组织管理的战略目标，评估在实现组织目标过程中可能存在的风险。控制活动主要聚焦组织中有效的授权控制、绩效评价、内部报告控制等活动。信息和沟通强调在组织内部各个部门、各个层级之间、组织与外部相关主体之间的及时信息交流、沟通与使用的过程。内部监督是对内部控制的情况进行监督检查与评价、形成书面报告、进行相应处理的过程。

完善的内部控制能够对组织各部门、各环节进行有效的监督和约束，保证会计信息的真实性，确保组织内部的财产物资完全完整，防止出现各种偏差。完善的内部控制可以对组织可能存在的生产经营风险进行评价，对经营管理中的薄弱环节进行控制，进而提升组织经营绩效。完善组织的内部控制制度，需要明确组织内部的职责分工，健全相关的会计制度与企业管理制度，每个岗位配置合适的人员。

4. 利益相关者理论

利益相关者理论的主要观点是，组织是各种投入要素的有机组合，不同要素的提供者作为组织的利益相关者，组成了一个有机的系统。组织的发展离不开各个利益相关者的投入，组织的日常经营活动必须综合考虑各个利益相关者的诉求，不能仅仅追求股东利益最大化，而应当追求利益相关者整体利益的最大化。公司治理的目的是协调利益相关者之间的权利、利益关系，推动其长期合作。为了确保利益相关者的利益，组织一般通过正式与非正式相结合的制度协调与利益相关者之间的关系，保证公司决策的科学性。利益相关者理论越来越受到关注和重视，该理论打破了传统理论中有关“股东是公司所有者，经营者只要对股东负责”的观念。

六、管理信息系统、电子商务

管理信息系统是运用计算机、数据库、互联网技术，进行管理信息的收集、传输、加工、处理，提升组织竞争优势、效率和效益的集成化人机系统。

1. 信息价值链理论

价值链的概念最早由迈克尔·波特教授提出，企业的设计、研发、生产、销售等活动可以用一个价值链表明。价值链是企业为顾客创造价值也为自己创造利润的互不相同但又相互关联的经济活动的集合。企业的基础活动包括物流、生产、市场营销、销售以及服务等活动，企业的支持活动包括采购、技术开发、人力资源管理、企业基础设施等活动。波特的价值链理论认为，上述活动在一起共同构成创造价值和价值链的动态过程，每个活动都进行了价值增值。企业的价值链包括产品物资流、工作流、资本流三个阶段。

信息是价值增值过程中的关键支撑要素。信息能够有效控制产品物资流、工作流、资本流，通过信息的作用，可以促进企业价值链各个方面的优化改进。信息如同企业的脉络，作为信息流为企业价值链的各个环节增值并且创造更大的价值。

信息价值链主要的环节包括信息的收集、组织、加工、存储、分析、传递等环节，每个环节都能够为企业创造价值，实现信息的增值。

2. 数字化赋能理论

数字化赋能是指通过信息技术、数字技术等手段，为组织提供数字化的支持，提高组织的数字化能力，从而提升组织的经营效率和创新能力。数字化赋能基于数据的驱动因素，有利于进一步梳理和优化组织内部经营业务流程，有利于组织的管理创新和技术创新。通过数字化技术的运用，组织可以更好地了解终端消费者的个性化需求和消费升级情况，进行精准的消费者画像，掌握市场的最新动态和发展趋势，挖掘其他组织可能尚未关注的市场机会，推出新的产品和服务，从而进行商业模式的优化、创新、升级，为组织的发展创造新的增长点和价值来源。数字化赋能可以通过创新数据运用的场景、方式实现数据的价值，为组织和组织中的个人赋予能量，使组织能够获得过去无法实现的价值。通过有效的数字化赋能，组织能够优化信息管理，实现降本增效，提高核心业务的处理能力。有效的数字化赋能还能够提高组织的信息化处理、信息化共享、科学决策的能力。有效的数字化赋能可以使组织实现针对终端消费者的个性化精准营销，提升组织的需求响应速度，保证了业务运行的稳定性。

3. 数字化转型理论

数字化转型是在数字化赋能下的组织变革与运行模式再造过程[1]。在人工智能、大数据、区块链等数字技术的基础上，通过数字化转型，实现业务与技术的互动，通过数字技术推动覆盖研发、制造、销售、服务、售后服务等企业业务流程的价值链活动升级。在

---

[1] 王核成，王思惟，刘人怀．企业数字化成熟度模型研究［J］．管理评论，2021，33（12）：152-162.

组织的数字化转型过程中，数据是驱动的关键因素。数字化转型一般与组织的发展战略紧密结合，在转型路径选择上，需要综合考虑组织的业务发展、经营策略、发展目标等因素，围绕降低成本、提高效率、实现创新的宗旨进行合理的决策。组织的数字化转型，涉及研发、生产、销售、服务等各个环节，每个环节都需要智能化、数字化人才的支撑。组织通过数字化转型，可以打造全链条的数字化场景，实现价值链、业务链上下游各个环节的流通，纵向和横向集成。组织的数字化转型实质是组织变革的一种重要形式，是一种跨领域的变革创新。组织在数字化转型过程中，可能面临来自信息技术、组织结构、组织人员、工作任务等方面的阻力，需要组织的高层管理者亲自推进，才能保证转型成功。

4. 大数据理论

大数据是指所涉及的数据规模巨大、无法通过人工或者计算机在合理时间内处理并整理成人类习惯的解读形式的信息。大数据无法通过常规数据库工具进行获取、存储、处理和分析，具有数据量庞大、类型繁多（如文本、音频、视频、图片等多种类型，存在大量非结构化数据）、价值密度低（需要从大量冗余的数据中挖掘有价值的信息）、处理和响应速度要求快、实时性强等特征。对于组织而言，大数据是信息化发展到一定阶段的必然产物，是海量、高增长率、多样化的重要信息资产。数据资源是大数据价值体系的基础。大数据不仅指数据本身的规模巨大，还指采集数据的工具、平台、系统的规模较大。大数据技术是指从大量大数据中快速获得有价值信息的技术。对于海量的大数据，必须依靠相关技术进行挖掘、消化、吸收，才能发挥巨大的价值。

大数据推动了组织内部控制的完善。通过大数据技术的运用，组织各个环节的业务流程呈现得更加清晰，有利于组织强化内部控制。基于大数据技术，组织内部各个部门之间的沟通协调变得更加便利，组织内部控制的相关信息更加清晰明确、全面系统，更有利于组织内部监督约束机制的完善。

七、财务管理

财务管理是组织企业财务活动、进行财务关系处理的经济管理工作，财务管理活动涉及财务分析、财务战略与预算、长期和短期筹资、资本结构决策、投资决策等。

1. 财务分析理论

财务分析是基于企业的财务报告等资料，对企业的财务情况、经营成果、现金流量进行分析和评价的方法，是财务管理的重要内容。财务分析的内容，一般包括偿债能力、营运能力、盈利能力、发展能力、财务趋势、财务综合分析[1]。其中，偿债能力方面主要是分析企业偿还到期债务的能力，评价企业的资产流动性、负债水平。营运能力方面重点分析企业资产的运用及管理能力、资金周转情况、现金流量等，掌握企业资产保值增值情况。盈利能力方面重点分析企业获取利润的能力，这是投资者和债权人十分关注的。发展能力方面主要分析企业的发展潜力和前景，为管理者进行管理决策提供重要依据。财务趋

[1] 王化成，刘俊彦，荆新．财务管理学［M］．9版．北京：中国人民大学出版社，2021.

势方面一般通过对企业若干财务周期财务指标进行综合分析，研判企业发展总体趋势，为做出相应的管理决策提供参考。财务综合分析方面一般全面、系统地评价企业各方面财务情况，为企业绩效改进提供依据。

财务分析的常见方法包括比率分析法，比较分析法，其中比率分析法重在对企业同一时期的财务项目中多个指标进行对比，由此得出相应的财务比例，说明企业的财务状况。常见的比率包括构成比率、效率比率、相关比率。比较分析法是将企业不同时期的财务状况或不同企业的财务状况进行比较，分析企业的相关差异。根据比较的维度，可以分为横向比较和纵向比较两种。

2. 财务战略与预算理论

财务战略是企业基于总体战略目标，旨在实现企业财务资源优化配置的相应战略性思维方式。财务战略是企业战略的重要组成部分。从内容方面，财务战略一般涉及企业投资战略、筹资战略、营运战略和股利战略。其中，投资涉及企业投资方向的总体规划；筹资涉及发行股票、发行债券、与银行合作等；营运涉及与供应商、客户建立长期关系等；股利涉及企业重大分配的规划。从类型方面，财务战略一般可以分为扩张型、稳健型、防御型、收缩型四类。扩张型表现为扩大投资规模、筹措外部资本。稳健型表现为投资稳定增长、内外部筹资相结合。防御型表现为保持已有投资规模和收益。收缩型表现为维持或缩小投资规模，减少对外筹资。财务战略的分析方法，常用的是 SWOT 法，即全面评价与企业财务资源相关的外部机会、外部威胁、企业内部优势、企业内部劣势，通过分析形成正确的财务战略决策。

财务预算一般包括现金流量、利润预算、财务状况预算。利润预算包括营业利润、利润总额、税后利润、每股收益预算。财务状况预算包括短期资产、长期资产、短期债务资本、长期债务资本、股权资本预算。

3. 资本结构理论

资本结构是指企业各种资本的价值构成以及比例关系。资本结构包括债务资本与股权资本的结构，长期资本与短期资本的结构，债务资本、长期资本和股权资本的内部结构等。通常所说的资本权属结构，是指企业的股权资本和债权资本的构成及其比例关系。资本的期限结构，是指长期资本和短期资本的价值构成及其比例关系。资本结构的分析，可以帮助企业进行合理的筹资安排，合理运用债务资本获得财务杠杆利益，增加公司价值。资本结构的代表性理论包括代理成本理论、信号传递理论和啄序理论等。

代理成本理论认为，伴随公司债务资本的增加，债权人的监督成本相应增加，债权人要求更高利率，最终该代理成本由股东承担，如果公司资本结构中债务比率太高，股东的价值将会降低。因此，应当保持债务资本的适当比例。

信号传递理论认为，企业可以通过调整资本结构传递盈利能力和风险等方面的信息信号。公司价值被低估时，会增加债务资本。公司价值被高估时会增加股权资本。

啄序理论又被称为优先融资理论，该理论认为，公司在进行融资的时候，一般优先选择内部融资，主要基于不会传递对股价不利信息的考虑，公司如果需要外部筹资，将优先选择债务筹资，最后才是股权融资等外部筹资方式。这种顺序被认为能够保证公司价值最大化。

4. 资本资产定价模型理论

资本资产定价模型（capital asset pricing model，CAPM）理论聚焦探讨证券市场中资产的预期收益率与风险资产间的关系、均衡价值的形成机制。作为现代金融市场价格理论的基础，资本资产定价模型理论被广泛运用于公司的战略投资和理财决策。该模型假定所有投资者都按照马科维茨的资产组合选择理论投资，对期望收益、方差和协方差等的估计完全相同，投资人可以自由借贷。资本资产定价模型理论能够量化市场的风险程度并且对其进行定价。

八、创新创业管理

创新创业管理是组织发展的关键力量。创新是建立一种新的生产函数，把一种从来没有过的关于生产要素和生产条件的“新组合”引入生产体系。创业是创造增长财富的过程。

1. 创新思维理论

常见的创新思维包括发散思维、收敛思维、联想思维、逆向思维、想象思维等[1]。其中，发散思维是指大脑在思考时呈现的扩散状态的思维模式，即从一个目标或思维起点出发，沿着不同方向，顺应各个角度，提出各种设想，寻找各种途径，解决具体问题的思维方法。发散思维具有流畅性、变通性、独特性、多感官性等特点。收敛思维是以某个思考对象为中心，从众多已知条件中找出一个唯一正确或最佳答案，或者以某个问题为中心，从不同角度将思维聚焦这个问题，以获得解决问题的最佳答案。发散性思维带来的方案，通过收敛思维集中各种想法精华。收敛思维具有唯一性、逻辑性和比较性的特点。联想思维是指由一个事物的概念、方法与形象想到另一个事物的概念、方法和形象的心理活动。联想思维的关键在于举一反三，触类旁通，具有连续性、形象性、概括性。逆向思维是指由事物的反面去思考问题的思维方式，逆向思维具有普遍性、批判性和新颖性。想象思维是指人脑对记忆中的表象进行加工和改造以后，组合成新形象的思维活动，想象思维是形象思维的具体化，具有形象性、概括性、新颖性和超越性的特点。

2. 创新来源理论

著名的管理学家彼得·德鲁克在《创新与企业家精神》一书中，将创新的来源归纳为七个方面，分别是：意外事件，不协调的事件，程序需要，产业和市场结构，人口统计数据，认知的变化，新知识。其中，意外事件方面，让我们可以以不同于以往的全新角度观察和思考某一问题，以此为契机进行创新。不协调的事件方面，正是由于其不协调、令人不适，才会推动相应的改善和优化创新。程序需要方面，主要通过审视已有流程，找出其存在的不合理、体验不佳之处，进行相应的创新。产业和市场结构方面，带来传统产业升

[1] 陈卓国. 创新思维与方法 [M]. 武汉：华中科技大学出版社，2019.

级、新兴产业发展、消费需求变化，催生创新需求。人口统计数据方面，人口数量、年龄结构、性别组合、就业情况、受教育水平、收入水平等方面的变动，都蕴藏着创新的机会。认知的变化方面，往往能够在变化中挖掘出宝贵的创新点，推动新的产品或服务的产生。新知识方面，新知识代表着学科的前沿和进步的方向，是推动创新的重要支撑力量。

3. 创业机会识别、评价理论

创业机会是具有较强吸引力、能够持久收益、促进创业的商业机会。创业机会具有较高的商业价值，能够通过产品或服务，满足消费者某种潜在的需求，为消费者带来价值[1]。创业机会能够获得盈利，这是创业机会的本质特征。创业机会能够适应外部商业环境的需求，保证其持续获得收益的可能性。创业者识别创业机会后，要通过有效整合资源，将创业机会转化为现实的创业行为，获得经济收益。创业机会的识别，通常可以通过已有尚未解决问题的发现（往往是消费者的痛点）、外部环境变化所带来机会的利用、技术创新所带来发展机会的识别、与竞争对手抗衡中对市场商机的挖掘等方面实现。对于创业机会，一般应当进行系统的可行性研究。从技术、经济、财务、社会、环境等多个角度全面论证创业机会落地的可行性，最终决定是否将创业机会付诸实践。在创业机会评估中，一些关键性的指标需要关注。比如，市场评估方面，要重点考察市场定位在目标市场是否具有竞争优势。目前市场的结构情况也应当进行分析，市场主要竞争对手的情况、进入该市场的门槛、市场集中程度（排名前几位的企业所占据的市场份额比例）等。对于市场规模容量的大小也应当进行认真分析。对于创业机会所涉及产品的生命周期、成本构成等，也应该提前充分了解。经济效益方面，应当提前预估该创业机会落地后可能的税后净利润率、投资回报率、毛利率、所需要的资本投入等。

4. 商业模式画布理论

亚历山大·奥斯特瓦德（Alexander Osterwalder）与伊夫·皮尼厄（Yves Pigneur）合作出版的《商业模式新生代》，提出商业模式画布模型。该理论通过画布的形式，将商业模式的9个核心要素整合在一起，引导思维方向，形成一个将市场需求与资源结合的系统——商业模式的可视化工具。9个核心要素包括：价值主张、客户细分、客户关系、渠道通路、收入来源、重要合作、关键业务、核心资源、成本结构[2]。其中，价值主张是指给特定客户细分群体提供能够满足他们需求或者解决其问题的产品或服务。价值主张方面，组织可以在价格、可达性、便利性、设计、客户体验、风险控制等方面挖掘不同的具有特色的亮点。客户细分方面，客户细分是指企业或机构想要接触和服务的群体或者组织，即瞄准的消费者群体。不同的客户细分包括大众市场、利基市场、区隔化市场、多元化市场、多边平台或多边市场等。客户关系方面，是指企业与特定客户细分群体建立的关系类型。渠道通路方面，包括销售渠道、接触客户的渠道、与客户沟通的渠道、让客户了解价值主张的渠道等。收入来源方面，可能的类型包括资产销售、使用收费、订阅收费、

---

[1] 王涛，刘泰然．创业原理与过程［M］．北京：北京理工大学出版社，2019.

[2] 王中强，陈工孟．创新思维与创业教育［M］．北京：清华大学出版社，2017.

租赁收费、授权收费、经纪收费、广告收费等。重要合作方面，重要合作是指公司同其他公司之间为有效地提供价值并实现其商业化而形成的合作关系网络。关键业务方面，关键业务是指为了确保商业模式的可行，企业必须做的重要的事情，组织的关键业务，可能是问题解决、制造产品、平台/网络等。核心资源方面，核心资源是指为了让商业模式有效运转，所需要投入的重要资源。组织可能的核心资源包括实体资产、知识资产、人力资源、金融资产等。成本结构方面，成本结构是指运营一个商业模式所引发的所有成本，组织可能的成本结构类型是成本驱动型或价值驱动型等。

第六章　管理案例教学的组织

管理案例服务于工商管理类本科、研究生层次的教学，管理案例教学的组织需要进行精心策划。

一、管理案例教学的相关教育学理论基础

管理案例教学对教师的专业教学技能提出了较高的要求，教师需要掌握相应的教育学理论，优化相关案例教学的设计。

1. 习近平总书记关于教育的重要论述

2018 年 9 月举行的全国教育大会，全面梳理了党的十八大以来习近平总书记关于教育的重要论述，形成了系统完整的新时代中国特色社会主义教育理论体系[1]。

习近平总书记始终高度重视教育，指出教育是民族振兴、社会进步的重要基石。教育功在当代，利在千秋，是国之大计。谁培养人、培养什么人、怎样培养人的问题，是教育的根本问题。党的十八大报告中指出，把立德树人作为教育的根本任务，培养德智体美全面发展的社会主义建设者和接班人。

2. 素质教育理论

1985 年 5 月，邓小平在全国教育工作会议上，首次将“把教育搞上去”与“提高劳动者的素质”联系起来进行论述。劳动者的素质，既包括先天的素质，又包含后天的素质；既包括劳动者个体的素质，又包含劳动者群体的素质。教育在劳动者后天素质培养中发挥着十分重要的作用。素质教育，是以提高人的素质为根本宗旨。素质教育包括思想道德素质、文化科学素质、劳动技能素质、身体心理素质等的教育[2]。素质教育符合人的全面发展、终身教育的根本理念，人的全面发展既依赖于经济、社会、生态自然的全面发展，又能够对经济、社会、生态自然的全面发展发挥重要的作用。素质教育中，思想道德素质提高有助于个体学会做人的学问，文化科学素质的提高有助于个体自我认知的提升，劳动技能素质的提高有助于个体掌握做事的方法、技巧，身体心理素质的提升有助于个体

[1] 王天健，李政涛．中国特色教育学理论体系：历史回眸与当代审视［J］．西北师大学报（社会科学版），2022，59（4）：39-51.

[2] 中国教育学会教育学分会．中国教育科学（第 3 辑）［M］．北京：人民教育出版社，2013.

培养团队合作、共享共创的精神。

3. 教育与生产劳动相结合的理论

教育与生产劳动相结合，是社会主义教育办学的重要原则。贯彻这一原则，必须在以下几个方面做好相关工作：现代教育和现代生产劳动结合、普遍教育与普遍生产劳动结合、脑力劳动与体力劳动结合、不同年龄与性别的个体结合、采用综合技术教育的形式结合、按照国情和实际结合[1]。教育与生产劳动相结合的重要纽带是科学技术，因此，应当高度重视科学技术的发展。教育与生产劳动相结合，体现在教育的发展必须适应国民经济发展的要求。教育在人才培养的数量、质量、层次等方面都必须符合国民经济发展的要求，教育发展的速度适应国民经济发展的速度。教育的课程设置、课程内容、授课形式等，都必须反映国民经济发展的最新动态、最新成果。教学、科研、生产必须形成有机的联动。根据“教育与生产劳动相结合”的基本原则，劳动教育在品德培养、智能提升、体质锻炼、美育教育等方面发挥着非常重要的作用。在当今时代，劳动日益智能化、复杂化，劳动教育中的“劳动”，既包括体力劳动，也包括脑力劳动。

4. 生活教育理论

我国著名的教育学家陶行知开创了生活教育理论，该理论的核心观点是“生活即教育”。生活教育理论认为，教育是人类社会非常重要的一种活动形式，教育也是人类生活的形式之一，生活具有教育的作用。什么样的生活方式就是接受什么样的教育，在人的生活历程中，所经历的每个事件、获得的每种体验和感受都能够成为教育因素。每个人都可能成为教育者或者被教育者。人所经历的生活，是教学活动的背景。

5. 人本主义教育理论

人本主义教育理论的代表性人物是罗杰斯，他认为人有积极、向上努力、自我实现的动机，应当提倡以学生为中心的教学，教师的任务是促进学生“学”，让学生满足自己的好奇心。学生应该拥有较大自主权，自己安排学习内容、确定学习方法，自主进行评价。他强调有意义的学习，即全身心、自主地投入学习。在课堂上应当建立融洽、真诚、理解的师生人际关系。

人本主义教育理论的另一位代表性人物是马斯洛，他将人的需要分为生理需要、安全需要、爱与归属的需要、尊重需要、自我实现的需要。其中，生理需要主要是衣食住行等与基本的生活所需相关。安全需要强调安全的环境免除焦虑。爱与归属的需要强调被他人接纳、关爱、支持等。尊重需要强调尊重他人和自我尊重。自我实现需要包括实现自身潜能。

人本主义教育理论强调教育的最终任务是帮助受教育者实现自我，发挥潜能，人格健全发展。具体在教学的设计上，人本主义教育理论强调课程内容应当根据学生的兴趣、要求安排，学校课程应当由知识课程、情意课程、体验课程整合而成。教师在教学中，不仅要让学生掌握知识，更重要的是让学生掌握学习的方法，引导学生掌握相关技巧，完成自

[1] 中国教育学会教育学分会．中国教育科学（第3辑）[M]．北京：人民教育出版社，2013.

我实现。教师与学生之间应当形成平等、双主体的师生关系，师生坦诚沟通。

6. 建构主义教育理论

建构主义教育理论的代表性人物是皮亚杰。该理论认为，教育的本质是“发现问题—解决问题—再发现问题—再解决问题”的过程。学生是意义的主动建构者、信息加工的主体，学习都是以已有经验背景为基础进行主动建构。在学习过程中，学生一般会根据自身的需要偏好，选择最感兴趣的内容，有选择地进行，提高学习效率。学生在学习的过程中，应当主动探索，积极思考，寻找知识点之间的联系，实现对所学知识的建构。在教学过程中，教师应当激发学生的学习兴趣，创设符合教学内容要求的情境，揭示所教授新知识与学生已掌握旧知识之间的联系，帮助和引导学生在特定知识领域建构自己的经验，而不是简单地进行知识的传授、灌输，教师应当成为学生学习的合作者，即在教师指导下，以学生为主体进行学习。

建构主义教育理论强调在教学活动中，应当将所学知识与一定的真实任务情境相结合，避免教育内容与实际相脱节。通过让学生参与情境活动，提高学生理论联系实际、知识灵活迁移运用的能力。个案研究、角色扮演、苏格拉底谈话法、小组学习、合作学习等都是建构主义的教学策略。

7. 多元智能教育理论

多元智能教育理论的代表性人物是加德纳。该理论认为，教育的内涵是对真善美的追求，其中，真聚焦科学领域，强调对于客观事实及其规律的揭示。善属于道德领域，强调价值的判断。美属于艺术的领域。通过有效的教育，让学生理解什么是真善美，掌握科学的思维方式，成为对社会有益的人才[1]。

教育的直接目的是促成学生对知识的真正理解，必须引导学生掌握运用材料分析问题、分析相关趋势的能力，而不是仅仅停留在知识点的识记上，做到真正的学以致用是教育的最终目的。如果没有掌握上述能力，形成相应的正确思维模式，就没有发展智能。对于学生智能上的优势领域，教师必须慧眼识别，为其提供成长、进一步发挥的平台，使之更加突出。在专业知识和通识知识方面，多元智能教育理论强调两者间的平衡。学生应当成为主动的自我评价者。加德纳认为，教育有四个不可或缺的重要目标：角色的扮演、价值观的传递、符号的学习和学科的思维方式。

8. 主体间性教育理论

主体间性教育理论认为，教育活动是主体间的交往行为，具有双向互动、平等对话、相互理解的特点。

教育不能仅限于专业实用知识的传授，而是应当对于整个知识体系具有完整的把握和全面的融会贯通。教育的目的是培养人性丰富的主体，教育培养的是完整的人，即具有独立思维模式、健全人格、丰富精神世界的个体。学生不仅应当掌握更多的知识，还应当有效改造外部世界，学会处理与自然、与社会的关系，理解和关爱他人，善于反思、接纳他

---

[1] 霍力岩，高宏钰．当代西方教育学理论［M］．上海：华东师范大学出版社，2017.

人的观点，形成与外界和谐相处的思维模式、处理问题的智慧，不以自我为中心。

教育的过程是相互交往、相互对话和相互理解的过程，师生之间平等、坦诚沟通、交流，学生与学生之间也应当保持人格平等的对话。这种对话、交流，不限于简单的知识传授、技能灌输，应当达到灵魂的交流、思想的共鸣。应当更多地体现人文关怀色彩，实现升华。除了纯粹的课堂理论教学，教育还应当通过一系列的实践活动，让学生学会处理复杂的社会问题，端正人生态度，形成正确的价值观，培养对组织、对社会的责任感和使命感。

二、管理案例教学的意义与价值

美国哈佛大学商学院是进行管理案例教学实践的起源地，管理案例教学逐步在大学商科教育中推广，成为工商管理专业教育的重要特色。20 世纪 40 年代，哈佛商学院围绕案例选题征集、采编、应用、发行等，形成了完整的管理案例系统，成为管理案例教学的标杆。为了推动课堂案例教学的有效开展，哈佛商学院还花费较多资金投入圆形教室的建设，在很多课程中较大幅度地使用案例教学法。在哈佛大学商学院的大力推动下，其管理案例教学模式在美国乃至全世界都得到普及与推广，如加拿大西安大略大学下设的毅伟商学院，通过案例库的建设，逐渐成为世界又一重要的案例开发基地。

20 世纪 80 年代以来，管理案例教学逐渐引入我国高校的管理教学环节中，在工商管理硕士（MBA）的培养中发挥着十分重要的作用，在本科工商管理类乃至经济管理类专业学生培养中，也扮演着举足轻重的角色。管理案例教学通过教师的组织引导、学生的分析，提高学生对管理问题分析的敏感性、敏捷性和专业度、判断决策能力、专业应变能力，提升学生的综合管理素质。

管理案例教学是工商管理类专业实践教学的重要形式。管理案例教学必须以学生为中心，理论结合实际。教学的效果，除了取决于案例本身的质量外，还取决于使用管理案例的教师的案例教学水平。教师能否引导学生进行有效的案例分析，对案例教学的效果影响重大。

目前，国内已经建成的，比较知名的管理案例中心包括：北京大学管理案例研究中心、清华大学经济管理学院的中国工商管理案例中心、中欧国际工商学院的中国工商管理国际案例库、大连理工大学的中国管理案例共享中心等。其中，中国管理案例共享中心是在全国工商管理专业学位研究生教育指导委员会支持下，于 2007 年成立的服务型非营利性机构，办公地点设在大连理工大学，该中心以开发具有中国本土特色的管理案例、推动相关管理案例的研究与共享等为宗旨，已经成为全国各大 MBA 培养院校教学、科研、社会服务、师资培训、合作的重要交流平台，该中心采用会员制（吸收 MBA 培养院校作为会员），定期组织多样化的相关活动，每年进行“全国百篇优秀管理案例”的评选活动，具有较大的社会影响力。

管理活动是科学性与艺术性的统一。管理的权变性决定了不存在唯一有效的管理模式与管理方法。教师在课堂上通过对典型管理案例的剖析，引导学生理解和掌握相关原理，印证管理理论的正确性，掌握管理实践技能，提高管理素养。管理案例教学对于工商管理类专业具有十分重要的意义。

第一，在管理案例教学中，学生基于典型案例的讨论，获得系统的管理能力训练，加深对管理专业理论的理解，建立起全面、系统、前瞻、创新的管理理念。借助管理案例这一载体，实现模拟的“企业管理实践”，增强学生的逻辑思维和分析归纳能力，对于学生今后进入企业进行真正的经营管理实践大有裨益。

众所周知，管理案例一般是对组织中某些个体所面临的实际管理问题的描述和探讨。现实条件下，除了 MBA 等在职管理类学生，全日制经济管理类学生（包括本科生和研究生）很难有较多的机会深入企业进行管理实践，即使去实践也不可能接触到十分复杂的管理情境（如管理危机处理、企业战略转型、组织变革等），不可能进行企业经营分析、组织结构设计、企业人力资源规划、企业人才盘点等复杂的管理工作。通过管理案例教学，学生阅读和讨论生动具体、来自现实企业实际的管理案例，置身真实的管理情境之中，能够模拟地融入具体企业的管理实际，作为管理决策者，深度参与分析与尝试解决不同情境下的案例问题，学会理论结合实际、进行正确的管理决策，培养自己专业领域的管理能力，体会企业管理的实用之道，实现从学校到企业的自然过渡和顺利转型。

这种模拟的学习方式，不会给公司或个人带来任何风险，又能达到很好的锻炼效果，还能使专业理论学习变得生动活泼，相关的成本也比较低。在管理案例教学的学习过程中，教学不再是闭门造车，学生不再是被动地通过教师的讲授接收管理学知识，而是通过对真实案例的分析和研判，主动思考并获取知识，获得对专业知识的感性认识和理性思考，掌握解决问题的思维方式，自主地从管理案例的脉络中发现问题、剖析问题，实现从理论学习到实践能力提升的转化。

第二，管理案例教学，能够使学生在进行管理问题分析和决策思考的过程中，不断提升自己的综合能力。

管理案例教学，通常需要课前阅读材料，小组分工讨论等。在与小组成员共同探讨案例的过程中，学生通过交流、沟通、相互争论和研讨，集思广益，在碰撞中改造自己的原有认识，提升自己的团队合作能力、口头表达能力、沟通协调能力、管理决策能力、统筹规划能力、探索精神和创新创造能力、批判性思维等作为管理者需要具备的重要能力，反思和建构自我，真正做到知其然并知其所以然，激发学生的思维火花，符合“干中学”的成人学习特点，达到管理类专业教学的最终目的。在管理案例教学的过程中，学生需要在案例所提供的企业实践资料基础上，透过纷繁复杂的现象抓住管理的本质，提出有创新性的解决思路，这是培养学生综合能力、知识应用技巧的有效途径，有利于宽口径、解决实际问题的复合型管理人才的培养。

第三，管理案例教学可以提高课堂教学的趣味性和生动性，有助于活跃课堂气氛，充分激发学生的学习兴趣，提升学生的主动性和自信心，推进启发式教学的实现，提高学生培养质量。

相比传统的讲授，通过典型案例的探讨，学生有更多的参与感和获得感，能够更好地理解管理理论的实质，学会自主地学习，有利于其克服惰性心理、融会贯通和有效吸收专业知识，学习的趣味性较大。此外，面对同样的管理问题，往往见仁见智，不同的决策主体可能有不同的判断，提出不同的解决思路。因此，管理案例的启发思考题，并没有唯一的、放之四海而皆准的标准参考答案，而是需要学生运用所学的专业理论知识，结合案例中真实的情境，自主、主动地思考、提炼自己的思路，提出真知灼见，以问题解决为导向，实现理论联系实际、理论与实践融会贯通的最终效果。学生的讨论情况，需要教师进行有效的引导和点评，对双向教学提出了更高的要求。

第四，管理案例教学有利于引导学生关注社会热点和企业一线实际，培养求真务实、严谨认真的职业素养，实现全面育人。

根据教育学理论中的要素主义理论的观点，教育是帮助个体实现理智和道德的训练，课程内容应该包括：学习习惯与基本技能、知识、理想或情感化的准则、态度等[1]。可见，在教学过程中，实现了教师与学生、学生与学生的充分互动。除了基本的专业知识、技能的传授，管理案例教学还应当关注学生情感目标的实现，促进个体的人格发展，这与课程思政的理念有异曲同工之妙。通过管理案例教学的开展，有助于培育学生经世济民、诚信服务、德法兼修的职业素养。

管理案例教学强调专业理论知识回应社会诉求的现实价值。一些具有实践经验的MBA学生可以参与教师的管理案例撰写（可以将参与案例编写作为获得相应课程学分的依据等，提供相应的激励机制，调动在职学生的积极性），尚未具备企业实践经历的经济管理类专业本科生可以参与案例的资料收集、访谈内容的记录等。通过管理案例教学，学生了解了一线企业的实际操作，以此为基础，还可以拓展延伸安排学生入驻相关案例企业进行与专业知识相结合的顶岗实习，实现由课堂教学到课外第二课堂的拓展，学生也可以参与校企合作的企业管理咨询项目。通过上述多种举措，可以全面培养学生严谨客观、求真务实的职业素养，形成一批立德树人、符合中国现实管理情境的高质量管理教学案例，这对于培养理论与实践紧密结合、具有企业家精神的未来企业管理中坚人才意义深远。

第五，除了对于学生的专业知识、能力、综合素质提升大有裨益外，管理案例教学对于工商管理类专业教师也有很大价值。管理案例教学的前提是拥有质量较高、有针对性的优秀管理教学案例。管理案例聚焦当下社会经济的现实热点问题，时效性强，具有较大的讨论空间。管理案例的撰写，本身就是专业教师深入企业实际进行考察调研、采编的结果。在这个过程中，专业教师走出校园，接触企业管理的一线实际，将自己的专业理论知识运用于实际问题的解决中，亲身经历案例采编的各个环节，深入分析具体企业的管理问题，加强了与优秀企业家、相关企业的互动，专业技能得到了锻炼，有利于“双师型”教师的培养，校企合作的深度和广度也能够得到拓展。在管理教学案例的撰写过程中，教师之间还可以形成跨系、跨专业的横向合作，共同采编及开发案例。通过管理案例教学，工商管理类专业教师能够通过案例教学的教学效果反思和阶段性教学成果总结，及时发现学

[1] 霍力岩，高宏钰．当代西方教育学理论［M］．上海：华东师范大学出版社，2017.

生存在的不足，进行相应的引导，教师的理论与实际融会贯通的能力可以得到较好的提高。教师也可以依托管理案例实践经验的获取，丰富和完善原有的管理专业理论，紧密结合中国企业发展现实，推动管理理论的与时俱进和发展，启发自身科研领域研究方向的开拓。

综上所述，管理案例教学具有十分重要的意义和现实价值，在开设工商管理类专业的相关高校，应当成立专门的组织机构负责管理教学案例的组织撰写，比如可以由经管学院牵头，成立校级管理教学案例研发中心，设置专职的工作人员，负责日常管理教学案例的选题申报、选题审核、选题评审、选题立项、采编企业联系及相关社会资源整合、企业调研访谈安排、案例企业授权书申请、案例的排版编辑、案例验收等相关工作事宜，提供案例采编相关的经费支持和人员配套，全面统筹管理教学案例的撰写、投稿、入库及后续在相关工商管理类专业课程教学中的应用，定期开展管理案例教学效果评估，组织相关案例采编及撰写培训活动，选派骨干教师参加其他学校或案例平台举办的案例研究与教学研讨会，促进与兄弟院校的交流。管理教学案例研发中心应当多措并举，统筹协调相关的人力资源、物力资源、财力资源，最终完成一系列不同主题内容、不同教学层次、不同教学对象的案例，形成相应的案例模块。具备相关条件的教学案例研发中心，还可以构建案例网络共享系统，让案例使用者通过个人账户登录该平台，能够在线阅读、下载相关的管理教学案例（包括文字类或视频类案例）。各个院校之间可以建立案例共享机制，实现资源有效利用。校级管理教学案例研发中心还应当积极与国内外主要案例库（如中国管理案例共享中心、中国工商管理案例库、中国工商管理国际案例库、毅伟商学院案例库等）联系，推荐优秀的管理教学案例参加各类案例评选活动。

三、管理案例教学实践：方法与技巧

根据中国管理案例共享中心对于入库案例的要求，入库案例的使用说明书中，必须有：教学目的与用途（适用的课程、对象、教学目标）、启发思考题（3~5 题）、分析思路（案例分析的逻辑路径）、理论依据与分析（分析案例运用的专业理论）、背景信息、关键要点、建议的课堂计划（包括案例教学的时间安排、课前的准备工作、课堂开场白、课堂提问逻辑、课堂板书设计等）、案例的后续进展、相关图表等[1]。

根据上述要求可以看出，管理案例教学的实践并不是一件容易的事，而是需要精心准备和设计的。管理案例教学中，需要教师的有效组织、引导、启发，同时也离不开学生的积极性、主动性和参与度。管理案例教学是一个系统工程，从教学目标的确定，到教学思考题的提炼，从理论依据的确定到分析思路的拟定，从课堂案例研讨计划的时间安排，到课堂结合启发思考题的案例提问环节和板书设计都需要深入思考，方能取得较好的效果。否则随意地发放案例给学生，不加要求地简单讨论，则会效果不佳。

作为管理类专业教师，在进行管理案例教学实践中，应该注意以下几个方面。

---

[1] 资料来源：中国管理案例共享中心。

1. 精心安排管理案例教学的全过程

管理案例教学是开放式、互动式的过程，强调教师与学生之间的充分交流，共同追求对管理理论的创新认识。

以中国管理案例共享中心入库的案例为例，整个案例课的课堂时间一般控制在 90 分钟以内。教师是管理案例教学的组织者、推动者、启发者，需要全面把握案例教学的节奏和进程。课前，需要进行有效的引导，提出案例的启发思考题，要求学生摆脱对传统讲授式教学方法的依赖，而应当在上课之前全面阅读案例正文，查阅案例相关背景资料，理解案例的前瞻性、预测性和开放性，由被动学习转为主动学习。

以 90 分钟的案例课为例，整个课堂计划可以分为案例讨论导入阶段（5 分钟）、分小组讨论阶段（30 分钟）、小组汇报发言阶段（40 分钟）、教师归纳总结阶段（15 分钟）。其中，每个阶段的节奏和进程，都需要教师精准地把握，不能随意安排，必须确保教学质量，切实提高学生的知识运用能力、实践能力和创新能力。

根据主体间性教育理论，教育不是主体对客体进行改造的活动，而是主体之间交流、对话的活动，教师既要置身于交往的情境，又要超越一定的教育情境，引导教育交往活动的进行。因此，教育过程中的对话十分重要，既包括教师与学生的对话，也包括学生之间的对话[1]，教师不应当在整个教学过程中（如案例讨论、总结等环节）过分干预，居于课堂的中心，进行单向灌输，而应当作为导航者，恰如其分地发挥作用，适时提出富有悬念、引人思考的管理问题，留出研讨的空间，让学生畅所欲言。

其中，导入阶段主要由教师介绍案例讨论主体、目的和安排。管理案例教学鼓励学生求同存异，在分小组讨论阶段，通常一个小组控制在 5~6 人为宜，要求组长全面带领小组成员，加强小组内部的对话，乐于发言的同学带动相对不那么擅长小组发言的同学，运用头脑风暴法，集思广益、求同存异，活跃课堂气氛，得出小组意见，如果小组成员间无法形成一致意见，也可以保留各种不同的方案。讨论的过程中，应当注意要围绕启发思考题进行，但不要孤立地思考每一个问题，而应当将各个思考题紧密联系起来，作为一个整体，探讨问题发生的原因和各个问题的实质，解决每个问题的关键思路等。讨论的过程中，尽量安排 U 型讨论教室，课桌椅设置为可以移动，还可以在现场安排一些方便记录即时思路的工具，如多面黑板和移动白板、便利贴、卡片等。

小组汇报发言阶段，为了避免“搭便车”倾向，可以采取每个小组推荐代表和教师随机抽取代表发言相结合的形式。如果班级人数偏多，可以采取每个小组汇报启发思考题中部分题目的形式；如果人数合适，每个小组均完成所有启发思考题的汇报。小组汇报时教师应当要求其他学生认真倾听，进行观点记录，与自己的观点进行比较。教师应当充分调动每一个学生的积极性，特别是那些相对内向、原本不积极参与的学生，更是应当通过合理的引导使其发挥主观能动性，避免出现部分学生不参与或参与度很低的情况。

教师归纳总结阶段，要求教师承担总结者和评估者的角色，对各个小组发言点评，全

[1] 霍力岩，高宏钰．当代西方教育学理论［M］．上海：华东师范大学出版社，2017.

面引导梳理，深化提高。在该阶段，除了对管理案例本身的分析进行凝练外，教师还应当启发学生进一步思考所获得的启示、通过案例所掌握的分析问题、解决问题的新思路、新方法、今后的可应用之处等，对于小组发言中大家表现的优点加以肯定，同时指出尚存在的不足之处，提出相应的改进建议。对于学生提出的疑问，教师也应当正面回应，运用相关的专业理论进行解释，可以结合反问、旁敲侧击等方式，有技巧地进行回复。课堂讨论后，教师应要求每个小组结合课堂讨论结果和教师点评，提交详细的案例分析报告。为了避免部分学生搭便车，发挥每个人的主观能动性，教师应该要求在案例分析报告中体现每个小组成员的任务分工和承担的角色，根据其完成的任务数量、质量、及时性等进行综合评价。

此外，管理案例教学的现场环境，最好安排圆桌的形式就座，或者马蹄形、弧形的教室设计，而不是传统的教室模式，更有利于讨论氛围和平等讨论关系的体现。教室现场还应当安排发言的扩音设备，确保每个同学的发言都能够被他人听到。学生在讨论过程中，应当打破思维定式，不要局限于案例内容本身进行简单的“就事论事”，也不可人云亦云，或简单地跟着感觉走，流于形式，而应当在专业理论知识准备扎实的基础上，发挥联想思维、发散思维等创新思维，站在该管理教学案例中相关主体的角度，深入思考（比如我如果作为这家公司的负责人，遇到这种问题该怎么办?），举一反三，触类旁通，贡献具有独特性的创新观点。

2. 教师应扮演主持人和引领者角色

教学过程中，教与学两个要素相辅相成、缺一不可。学生如果离开教师的指导，将无法系统构建知识结构、有效地进行探索，学习的结果将会受到影响。

根据建构主义教育理论，教育的过程中，个体学习者根据自己已有的经验背景，在特定的情境下，建构学习的体系。教育是一个“发现—解决—再发现—再解决”的过程。抛锚式教学模式是一种典型的建构主义教学模式，该教学模式包括五个环节[1]：

（1）创设与现实情况基本相符或相类似的情境；

（2）确定需要解决的问题，即“抛锚”；

（3）自主学习，教师不直接告诉学生如何解决问题，而是向学生提供解决该问题的线索（如需要收集的相关资料、获取资料的来源等）；

（4）协议学习，通过讨论、交流，不同观点之间碰撞，加深学生对问题的理解；

（5）效果评价。

按照上述建构主义教育理论的基本观点，在管理案例教学的过程中，教师应明确自身定位，即作为管理案例教学的主持人和引领者，对整个案例教学过程实现全面的掌控和推动，培养具有分析问题和解决问题能力的创造性人才。教师要引导学生进入学习情境，明确学习目的和案例讨论的程序、规则，对讨论的各个阶段时间应当进行限定，避免个别问题讨论耗时过长等问题发生。学生作为认知主体，具有能动性，教学过程应当得到学生的

---

[1] 霍力岩，高宏钰．当代西方教育学理论［M］．上海：华东师范大学出版社，2017.

积极参与，发生有意义的建构，即学生主动地将新旧知识相互作用来改造自己的体验，激发学生的思维，充分发挥其潜能和智慧，积极思考，提出具有创新性的方案。

除了需要掌握专业理论知识外，教师最好还要有企业实践锻炼经验且与企业联系密切（双师型教师尤佳），需要具备较好的案例研讨过程组织协调能力和整合能力，擅于把握讨论的气氛，做好交互式教学。

教师应该特别注意，不应越俎代庖唱独角戏，包办学生的研讨过程和结论的得出，或是代替学生进行回答，或是直接表露自己的观点，而应当搭建良好沟通交流的平台，更多地引导学生自主学习，促进协作学习，以学生为主体，在轻松愉悦的互动气氛中，因势利导，鼓励学生积极表达自己的观点，给学生独立思考的空间，激发学生的学习兴趣，培养学生创新性思维和举一反三综合分析问题、解决问题的能力，让学生学会团队合作研讨，充分发挥主体作用。在学生研讨偏离主题时，教师应提醒并引导学生回归正确的进程，围绕教学目标，提示学生以案例中相关角色的身份，思考案例需要解决的问题是否都已经解决，解决可能遇到的问题及障碍，产生问题的原因，必要时还需要提供一些相关背景资料和信息。一般来说，管理案例中关键的问题、核心的理论知识、相关的重要背景信息等，都是分析中的重要线索。教师应对学生案例讨论阶段的结果（可能不同学生之间的意见差异很大）概括后进行总结梳理，在这一过程中，结合相关的课堂板书、互动提问等循循善诱，把握研讨的节奏，推动学生的思考，可以起到有效的引导作用。总而言之，管理案例教学的过程，应该避免单纯“以教师为中心”，而是遵循“以学生为主体”的合作式教学模式，让学生更多地进行主动分析和探索，从实践上升到管理理论的高度，进而阐述某个企业管理的基本原理。

3. 注意选择合适的管理教学案例

管理教学案例的选择是否合适，直接关系到教学的效果。根据人本主义教育理论，教育应该尽可能帮助个体实现自我实现，使其潜能充分发挥，课程内容应当与学生的生活、需求、兴趣密切相关，这样才能引导学生充分参与教学过程[1]。

对于参与讨论的经管类本科生而言，其专业理论学习相对比较扎实，但是缺乏企业管理的工作经验，这是其学习管理学课程的突出短板。因此，选择案例时，既要考虑管理案例内容的时效性（必须反映最新的社会热点，回应社会关切，不能是多年前的过时陈旧案例），也要考虑到学生对管理案例内容的理解难度（不宜深度过深，难度过大，超过学生的学习能力和理解水平），同时也要考虑案例和教学目标的契合性、案例内容的启发性、代表性、开放性。综合多种因素，最终确定所选择的管理教学案例。

除了运用在课堂教学过程中，管理案例教学还可以拓展延伸应用到其他教学环节，比如专业综合实习、专业综合实训等，可以让案例的相关企业、行业人士参与其中，提高管理案例的实用性。条件允许的情况下，可以带学生到管理案例对应的企业进行参观考察、学习交流，还可以安排学生利用寒暑假的时间到企业进行专业实践，加深对管理案例中相

[1] 霍力岩，高宏钰．当代西方教育学理论［M］．上海：华东师范大学出版社，2017.

关内容的理解。

四、管理案例教学效果的评价

管理教学案例作为探讨管理理论的依据，通过师生之间的分享、深入互动交流，营造开放的讨论氛围，可以充分剖析案例中的问题及其原因，得到有益的管理启示。

作为学生，应当提前预习相关的管理教学案例，掌握对应的专业理论知识，而不是毫无准备地参与课堂的案例讨论环节。在进行案例研讨的过程中，学生也应当充分发挥其主观能动性，首先进行独立思考，而后在案例小组讨论环节，通过有效的团队合作完成对案例的分析，取得实质进步。总体而言，学生应当在课前阅读案例并进行思考，课中积极参与案例的研讨，课后及时进行知识点的总结梳理。在上述整个教学过程中，都需要教师有效地对学生的表现进行评价。

根据建构主义教育理论，教学评价的主体，主要包括教师、学生个体、学生团体等，评价的方式包括教师对学生的评价、学生的自我评价、学生团体对个人的评价等，应当多维度综合进行[1]。

1. 教师对学生的评价

很多管理教学案例，并没有统一的标准答案。在管理案例教学中，学生根据案例的典型情境模拟和自身对案例的理解，构建一套具有创新性和实践性的管理问题解决思路与方案，理论与实践相结合的能力得到提升，开阔了管理视野。

对于学生在管理教学案例研讨中的表现，应该建立一套全面、多维的综合评价体系，包括小组讨论中所反映的专业理论知识掌握程度、小组互动讨论中的参与程度、讨论内容的完整性、讨论内容的创新性、团队协作能力、小组发言的质量、对案例分析的深入到位程度、对小组讨论结果的贡献度、小组讨论中人际关系影响方式等。

其中，小组互动讨论中的参与程度方面，教师不仅要考察学生在管理教学案例讨论中的发言所占据时间的多少，还要观察学生发言的影响力，有的学生发言虽然较多，但是把握不住案例的重点和关键，发言内容拖沓，有效信息量较少，没有被大多数小组成员所认同，发言影响力不足，就不宜在“小组互动讨论参与程度”这一项中打高分。

此外，按照《高等学校课程思政建设指导纲要》，商科类专业课程教学中，应培育学生经世济民、诚信服务、德法兼修的职业素养。在管理案例教学过程中，要关注对学生综合职业素养的考察和培养，实现立德树人的根本目标。因此，对于“小组讨论中人际关系影响方式”等体现课程思政元素的学生综合素质的评价项目，教师应当高度关注。在小组讨论中，比较理想的状态是学生采用民主的温和方式与其他小组成员沟通关于管理教学案例的思考，不宜采用专制的强硬方式进行交流，这也是未来职场需要掌握的职业素质。

2. 学生的自我评价

根据柯克帕特里克的四层次评估模型，在培训后，可以从反应层、学习层、行为层、

[1] 霍力岩，高宏钰．当代西方教育学理论［M］．上海：华东师范大学出版社，2017.

结果层四个方面综合考查培训的效果[1]。其中，反应层主要考查受训者对培训的印象和满意度；学习层重点考查受训者对培训内容的掌握程度，具体体现在知识、技能是否有所提高；行为层聚焦受训者接受培训后工作行为的变化；结果层关注受训者或企业绩效的改善。

管理案例教学的效果，可以借鉴培训评估模型理论，从学生参加后的反应层、学习层、行为层，结果层四个方面的自我评价，综合进行判断。其中，反应层方面，教师可以在课堂组织管理案例教学后，发放相应的反应评估问卷，调查学生对于此次管理案例教学的满意度，具体题目可以围绕对所选择的案例的认可度、对案例教学课堂组织情况（如场地安排、讨论时长把握等）的评价。

学习层方面，可以在管理案例教学开展后，组织一些课后的案例相关知识点小测试（以线上或线下的形式开展），根据学生在相关测试中的得分情况，进行评价。

行为层方面，可以发放相应的调查问卷，让学生自评在参加管理案例教学后，行为方面的变化，特别是将所学专业知识技能运用于实际管理问题分析和解决的行为情况。对于MBA 等在职研究生来说，行为层方面的自我评价尤为重要。

结果层方面，主要聚焦学生个人相关业绩成果的改善，对于在校的本科生、研究生而言，主要通过其管理类相关学科竞赛获奖、创新创业项目立项、学术论文发表、参与撰写的管理教学案例入库等方面的成绩体现。对于在职的经济管理类专业研究生而言，通过其个人在组织中的年底绩效结果、推动组织绩效改善等方面的成果进行自评。

3. 学生团体对个人的评价

除了教师对学生的评价、学生的自我评价，还可以引入同组成员互相匿名评价和其他小组成员评价，保证评价的客观性、公正性，避免部分小组成员搭便车、敷衍应付、不作为、坐享其成的情况发生。

在评价维度方面，可以围绕在小组讨论中观点的清晰性、专业知识的运用情况、提出管理决策思路的创新性、对管理教学案例中管理情境把握的全面性、参与小组案例讨论的积极性、对小组案例讨论结果的贡献程度、对小组其他成员观点的聆听情况、与小组成员就该管理教学案例交流的充分性、沟通的顺畅度、参与课堂案例分享的主动性、与团队成员的协作程度、参与管理教学案例相关任务的责任心、承担团队小组案例研讨任务（如课堂汇报、课后案例分析报告等）的积极性等。总之，应全面建立起促进学生积极参与的考评机制。

对于参与管理案例教学的学生，在开始之前的小组分组环节，教师应当尽可能引导学生做到互补搭配，促成团队成员间不同个人特质（如气质、个性、性格、能力等）的结合。异质性的团队，更容易在案例研讨的过程中相互碰撞，头脑风暴产生新的创意和思路。团队成员之间技能要形成互补，团队成员中，要有具备技术专长、决策专长、人际关系专长的个体，其中，技术专长突出的个体，专业理论知识掌握扎实；决策专长突出的个

[1] 董克用，李超平．人力资源管理概论［M］．3 版．北京：中国人民大学出版社，2011.

体，能够在纷繁复杂的备选管理方案中理清思路，进行快速而准确的抉择；人际关系专长突出的个体，擅于协调和平衡小组成员之间不一致的观点，做好沟通工作，推动团队形成共识。

4. 对教师案例教学水平的评价

相较于传统的讲授法，案例教学法对教师的要求更高。为了保证管理案例教学的效果，必须对教师的教学水平进行全面、系统的评价。

评价的维度方面，可以围绕专业理论知识的掌握情况、所选择教学案例的合理性、案例教学环节的设计水平、思政教学效果、案例教学过程的语言表达能力、语言感染力、有效组织案例教学的能力、管理案例教学中所表现出来的创新思维、与学生沟通交流的技能、对学生评价结果的合理性等内容，进行相应的评价项目及评定标准的设计。其中，专业理论知识的掌握情况方面，重点考查教师对相关专业理论知识的掌握程度。案例教学环节的设计方面，主要考查教师能否凝练教学目标，设计有效的教学方法，引导学生，有深度地对案例研讨过程进行启发总结。思政教学效果方面，重点考查教师能否将课程思政元素润物细无声地融入相关专业知识中，并且贯穿教学的全过程。有效组织案例教学方面，主要考查教师能否激发学生的思考和讨论，营造良好的课堂气氛，引导和激励学生参与互动，培养学生分析问题、解决问题的能力，学生课堂讨论活跃，把控整个案例教学的研讨进程（包括分小组讨论环节、小组汇报发言环节和教师归纳总结环节），最终取得较好的结果。

在评价主体方面，对于管理案例教学中教师的教学水平，除了引入参加管理案例教学的相关学生外，还应该包括同行（如同一个教研室或同一个系）、学院和学校的教学督导。其中，学生评价部分，建议采用评教的匿名模式，保证学生能够没有顾虑地根据实际感受评价。

第七章　典型管理案例的采编及开发过程

本教材中第七章的案例来源：中国管理案例共享中心，并经该中心同意授权引用。

一、管理案例《创业大学生的探索：璟盛园艺精准客户营销传播之路》

本案例的采编对象企业是漳州市璟盛园艺有限公司，案例最终聚焦的主题是“精准客户营销传播”。

1. 公司的基本情况

漳州市璟盛园艺有限公司是一家专门从事花卉销售的公司，公司成立于2014年。公司所在的漳州市，是全国知名的花卉之乡，花卉苗木产业持续发展，对于水仙花、兰花、三角梅重点扶持。根据漳州市林业局提供的数据，2022年漳州的花卉苗木种植面积达到34.99万亩，拥有花卉苗木企业3000多家，全产业链值达到384.15亿元，共计开发形成9大类10000多个花卉苗木品种。

漳州市璟盛园艺有限公司身处这样的发展环境下，以漳州水仙花种球、兰花、小盆栽、园艺资材等产品的销售为业务的重点，定位于中高端高品质产品，可谓得天独厚。目前，漳州市璟盛园艺有限公司的主要岗位包括总经理、运营（负责运营方案的具体执行）、运营助理（协助运营的相关工作）、客服、主播、美工及短视频制作专员、采购、配货、打包员等。公司在淘宝开设淘宝店铺“阿嬷农场”，具有较好的粉丝基础和店铺口碑，在消费者和市场中，建立起较好的品牌美誉度。

漳州市璟盛园艺有限公司的销售渠道包括线上和线下两个方面，线上主要通过淘宝、抖音等电商平台，线下主要依托现场基地展示直接销售等。公司从2016年开始试水在淘宝店铺直播，主播一般每天直播，宣传有特色的产品，增强与客户的互动性，刺激了客户的消费能力，提高客户的购买体验感，日均销售额能够达到两万余元，每日发件在500件左右，培养了一大批忠诚度很高的资深花友。

2. 与该公司联系的缘起

案例作者[1]与漳州市璟盛园艺有限公司的结缘，起于该公司的总经理陈泳琳。陈泳琳是福建农林大学2003级人力资源管理专业本科的毕业生，案例作者曾经担任他的班主

[1] 本章中“案例作者”，均指案例第一作者。

任。在大学期间，陈泳琳学习勤奋，积极参加学生工作，担任班级团支书等职务，品学兼优，掌握了扎实的人力资源管理专业知识，培养了专业的人力资源管理技能，综合素质较高。大学毕业后，陈泳琳回到家乡漳州，在当地一家知名企业从事人力资源管理工作多年，积累了丰富的管理经验，增长了见识，开阔了视野。工作多年后，一次偶然的机会，他开始关注当地的花卉产业，并且做出开办花卉公司创业、带动当地农户共同富裕的举措。

案例作者在陈泳琳大学毕业后，始终关注他的职业发展，经常就公司发展过程中的管理实务与其进行交流，理论与实践的结合碰撞出灵感的火花，相谈甚欢。在得知陈泳琳创业后，出于职业敏感，案例作者对他的职业转型的选择、创业中所经历的酸甜苦辣、创业各个阶段需要解决的问题等产生了浓厚的兴趣，有了采编和开发管理案例的想法，并且希望付诸实践。

基于璟盛园艺的企业实际，完成相应的管理案例采编和开发，反映优秀校友的发展情况，既可以体现学校学科办学的成果，激励在校学生以此为榜样，奋发图强，又可以通过总结企业管理中的规律，在课堂教学中应用，达到理论联系实际、融会贯通的作用。

3. 管理案例主题的聚焦过程

在初步考虑采编和开发璟盛园艺的管理案例后，案例作者与陈泳琳进行了沟通，说明了来意，双方就管理案例的采编和开发达成了共识。选择了该公司作为调研对象，接下来需要进行的就是该管理案例主题的凝练。在刚开始的讨论中，主要是了解漳州市璟盛园艺有限公司的基本情况，公司的主要业务等，通过一般性的访谈沟通，在一些备选的主题方向（如战略管理、创新创业管理、运营管理、市场营销等）中进行选择。结合该公司实际，在战略管理方面，公司自创立之初基本没有发生太多的变化，战略目标始终不变，缺乏继续挖掘撰写的空间。在创新创业管理领域，从创业者的角度出发，围绕资源拼凑，也可以进行管理案例的撰写，但是其资源拼凑（包括人力资源、物力资源、外部支持资源的拼凑等）的策略基本稳定，撰写中容易成为并列式的总结型案例，缺乏发展历程的起承转合，故事性和趣味性不足。运营管理方面，漳州市璟盛园艺有限公司的基本运营流程比较清晰，主要是从相关基地进货（包括兰花、水仙花种球等），通过线上线下渠道相结合的方式，进行产品的销售，销售范围辐射全国，缺乏创新点的可挖掘之处。

最后，案例作者将该管理案例的主题聚焦为市场营销方面，这是因为，通过访谈了解到，漳州市璟盛园艺有限公司在创立后的较长一段时间，经历了市场营销方面的相关举措的调整：在公司发展的起步阶段，由于公司规模较小，陈泳琳基本靠着家里人的支持，在淘宝开设“阿嬷农场”，亲力亲为做好客服赢得消费者。在遇到公司外部经营环境变化、大宗客户减少、不法商贩扰乱市场秩序后，公司敏锐地把握到社交媒体的兴起，危中寻机，拓展社群营销，在优质的花友论坛社区进行宣传，在系统掌握电商直播技能后进行多次淘宝店铺的直播带货，此外还发挥微淘、群聊、买家秀等的作用，运用自媒体营销吸引目标消费群体。在品牌传播上，投入较大精力打造“阿嬷仙子”这一特色品牌。在市场营销的策略选择上，该公司有发展变化的过程，能体现花卉行业特色，具有典型性和代表性，撰写相关资料容易体现案例的故事性、趣味性、新颖性，因此最终聚焦市场营销这一主题。

4. 管理案例资料收集的过程

在该管理案例撰写的过程中，案例团队成员分批次、深入、系统地进行案例相关资料的全面收集。在与陈泳琳及其管理团队沟通之前，案例作者通过网络查阅了该公司的相关新闻报道，其中最典型的是2016年1月27日在福建日报刊载的《帮闽南阿嬷再造水仙花田》，该新闻报道详细报道了陈泳琳运用电商平台，帮助圆山脚下的花农们卖出10多万粒水仙球的事迹，展现了陈泳琳辞职创业、推广和普及水仙花文化、为水仙花产销模式带来改变的先进做法，该资料对于理解和凝练该管理案例所聚焦的市场营销主题词有重要的作用。

此外，案例作者还通过企查查平台了解漳州市璟盛园艺有限公司的工商登记信息、股东信息、企业经营信息、企业发展概况、知识产权等。在公司的淘宝店铺“阿嬷农场”，详细查阅了全部上架的产品信息，对每一款产品，查看了买家的评价、买家秀。在“店铺动态”栏目，通过直播回放观看了该公司三角梅、兰花、水仙花基地促销发放福利等直播视频。对于淘宝店铺中的园艺“知识课堂”“搭配推荐”等内容，也全部认真观看，初步了解了兰花、水仙花产品的基本动态，为后续的正式调研采访奠定良好的基础。

在充分查阅了漳州市璟盛园艺有限公司的相关资料后，案例作者草拟了聚焦该公司市场营销的调查问卷，围绕公司的基本情况、主营业务、产品定位、价格策略、渠道选择、促销手段等方面，拟定问卷的题目，与陈泳琳进行面谈。

问卷的题目主要包括以下内容。

1. 漳州市璟盛园艺有限公司的组织结构图。

2. 漳州市璟盛园艺有限公司各个部门、岗位的员工基本情况（年龄、学历、工作经验、专业背景等）。

3. 漳州市璟盛园艺有限公司主营产品的产品线基本情况，包括漳州水仙花种球、兰花、小盆栽、园艺资材等产品系列的构成等。公司未来产品线及产品组合的调整思路。

4. 漳州市璟盛园艺有限公司的产品价格确定的主要依据；与同类竞争对手相比，企业价格策略方面的特点。

5. 漳州市璟盛园艺有限公司的销售渠道（包括线下、线上）选择思路，主要的销售渠道及其各自份额，已有销售渠道开拓过程中存在的问题、未来销售渠道拓展的初步规划。

6. 漳州市璟盛园艺有限公司的促销策略，目前的节假日等促销方案主要内容，促销活动所取得的效果，目前存在的不足及未来产品促销的优化思路。

结合问卷的内容，拓展到对其创业经验总结、创业中遇到的困难的事件及其应对等相关问题的了解，完成该管理案例开发所需要的详细资料的收集整理工作。

除了与陈泳琳当面进行深入的访谈外，案例作者后续还通过微信、QQ、电话等方式，与陈泳琳进行沟通，补充收集一些遗漏或疏忽的信息。在面谈后，案例团队成员还亲自赴漳州市璟盛园艺有限公司基地进行实地走访，近距离了解公司日常的业务组织和安排，保证获得第一手资料。

5. 管理案例正文及使用说明的初稿撰写过程

在所有资料收集整理完毕后，案例作者及团队成员开始撰写该管理案例的正文和使用说明。管理案例初步命名为“返乡创业大学生的探索：璟盛园艺精准客户营销之路”。

确定好案例标题后，根据案例的故事线、知识线、启发思考题三者的一一对应、相互联系的脉络关系，首先将管理教学案例正文的故事线进行梳理，璟盛园艺精准客户营销并非一蹴而就，而是不断探索、优化、完善的过程，主要经历了以下几个阶段：公司开始创业时期，陈泳琳带领家人一起亲力亲为，做好客户关系维护。之后遭遇外部环境变化，订单锐减制约公司发展。陈泳琳迎难而上，外出学习充电，深耕花友论坛、加强客户关系建设赢得口碑。通过群聊、微淘、直播、买家秀推动自媒体营销，打造“阿嬷仙子”品牌。公司的精准客户营销传播在这一个个阶段中，不断摸索，得到改善。根据上述故事发展过程，确定了案例正文的各级标题，依次如下。

0. 引言

1. 公司简介

2. 起步阶段——精耕细作、“一对一”客户关系营销初见成效

2.1 先人一步，抢占电商平台商机

2.2 初入市场，提供细致服务获得认可

2.3 获得优质客户青睐，取得规模效应

3. 遭遇困难，路在何方？

4. 迎难而上，直面挑战！

4.1 认真学习，不断充电，紧跟最新动态

4.2 锚定优质社群，加强“社交媒体营销”，赢得口碑

4.3 群聊、微淘、直播、买家秀多手段集合，“自媒体营销”吸引客户关注

4.4 加强网店打造，成功入驻“极有家”

4.5 启动品牌建设，提高客户认同感

5. 展望未来——新的征程，新的奋斗

确定了案例正文的各级标题（即故事线）后，根据案例正文的一级标题，围绕“精准客户营销”，思考对应的启发思考题，以及思考题蕴含的知识点。

案例使用说明中，启发思考题包括以下4题。

1. 运用客户关系相关理论，简要评价漳州市璟盛园艺有限公司在起步阶段一对一客户关系营销的具体做法。

2. 经过起步期的快速发展后，公司遭遇了哪些困难？

3. 针对公司遭遇的困难，陈泳琳带领漳州市璟盛园艺有限公司的员工，采取了哪些措施？请运用市场营销相关理论，对这些措施进行评价。

4. 展望未来，你认为漳州市璟盛园艺有限公司还需要在哪些方面进一步完善客户营销？

根据确定好的案例故事线、知识线、启发思考题，对应完成案例正文和使用说明各部

分的撰写。

6. 管理案例的修改意见和修改过程

将该管理案例的正文和使用说明投稿参加 2018 年中国管理案例共享中心的百优案例的微案例（正文 3500 字以内）评选，虽然没有获得百优案例的荣誉，但收到案例库后续的返修通知，通知里说明，虽然没有入选第九届“全国百篇优秀管理案例”，但经过修改，达到入库标准后可以收录至中国管理案例共享中心案例库。在百优案例评选时，三个评审专家分别提出了以下意见：①案例故事朴实，情节真实，有线索，有思考，有问题。只是决策点并不太明确，教学目的也不准确。虽然提到精准营销，但小微案例在信息有限，教学时数有限的情况下，很难做到。②案例的选题非常好，但是，案例的内容中加入了作者自己的分析过程和结论，缺少了必要的决策点；在案例使用说明书上，作为短案例教学目标应该非常明确，该案例的使用说明书提出市场营销、客户关系管理，但是，并没有聚焦到某个教学单元中，导致教学目标过于宽泛；分析思路和理论分析部分过于简单。建议作者把教学目标聚焦在营销传播方面的数字化营销传播上。③本案例以漳州市璟盛园艺有限公司为案例分析对象，描述了该公司从初期的精耕细作、一对一精准营销，到后来的顺应潮流、社交媒体营销以及自媒体营销等策略，帮助学生掌握和学习精准客户营销的相关理论和知识。案例整体逻辑清晰，表述流畅。建议将题目中的“返乡创业大学生”去掉，这于内容并不十分贴切，可改成类似于“璟盛的探索”。案例使用说明中的启发思考题设置的合理性需要提高，理论依据与分析部分建议再丰富完善，形式上也建议更加丰富一些。

根据上述三个评审专家的意见，团队成员对案例进行了相应的修改，主要的修改之处包括以下几个方面。

1. 评审专家意见中指出，案例的教学目的要进一步明确。案例使用说明书中，没有聚焦到某个教学单元中，导致教学目标过于宽泛，建议把教学目标聚焦营销传播方面的有关内容。

根据该意见，进行了如下修改。

（1）将原案例题目《返乡创业大学生的探索：璟盛园艺精准客户营销之路》修改为《创业大学生的探索：璟盛园艺精准客户营销传播之路》，凸显了营销传播这一关键词。根据修订后的题目，更新了授权书。

（2）案例正文，在摘要部分，删去了原文比较空泛的表达“让读者更深入领会精准客户营销的具体思路和探索过程”，改为“让读者理解如何有效运用客户营销传播的渠道、工具，实现精准营销”，明确了教学目的。

（3）案例正文，有关的探索过程部分，在大标题和相关内容上，强调了营销传播，将其作为一条主线贯穿全文。

如原文“4.2 锚定优质社群，加强‘社交媒体营销’赢得口碑”，改为“锚定优质网络社区，推动口碑传播”。4.2 中相关内容也进行修订，强化和网络社区成员的沟通交流，说明重点关注核心社员推动口碑营销的具体做法。

（4）案例正文 4.3，在内容上增加了直播安排的有关细节和做法，以及结合直播的促销方案等，以便进行相关营销传播的分析。

（5）案例正文“4.4 加强网店打造，成功入驻‘极有家’”“4.5 启动品牌建设，提高客户认同感”，进行整合和内容修改，成为新标题“4.4 打造‘阿嬷仙子’品牌，强化营销传播，成功入驻‘极有家’”，突出品牌营销传播的作用。

（6）案例使用说明书中，教学目标与用途部分，改变原文比较空泛的写法，直接聚焦。

将教学目的修改阐述为：通过漳州市璟盛园艺有限公司精准客户营销传播之路的探索，要求学生掌握：常见的营销传播渠道及其运用；主要的营销传播工具，如何有效运用上述工具进行客户营销；数字化时代，如何整合营销传播工具，选择合适的营销传播渠道，实现精准客户营销。

（7）根据教学目的的聚焦，在教学使用说明书中，对于启发思考题重新设置，现有题目均紧密围绕营销传播（包括渠道、工具、过程等）。

（8）对使用说明书的理论依据与分析部分，进行了认真修改。在原有内容的基础上，丰富和充实，聚焦营销传播。增加突出的理论包括：营销传播渠道的相关理论、营销传播工具的相关理论、数字媒体的营销传播理论、有效营销传播步骤的相关理论。删除了泛泛而谈的客户关系营销理论的阐述等。

2. 评审专家意见中指出，决策点要进一步明确。

根据该意见，进行了如下修改。

（1）在案例正文，“4. 迎难而上，直面挑战”部分，增加了决策的过程阐述，说明了陈泳琳及其团队通过头脑风暴法商讨，互相启发，得出相关思路，并且列举了一些代表性员工的观点。

（2）在“4.1 认真学习，不断充电，紧跟最新动态”部分，增加说明了陈泳淋带领客服参加直播培训前后思想的转变，让读者能更清楚理解决策点和完整的决策过程。

3. 评审专家意见中指出，部分案例内容，加入作者自己的分析过程和结论。

根据该意见，进行了如下修改。

全文检查，将案例中看出作者观点、体现先入为主结论的部分进行修改，全部改为客观性的阐述有关事实，不事先进行评论。

（1）2.1 中，对于陈泳琳嗅觉敏锐的表述，去掉。

（2）原文标题“2.2 初入市场，提供细致服务获得认可”，这里的“获得认可”带有作者观点，因此该标题修改为“2.2 初入市场，加强客户沟通，提供细致服务”。

（3）2.2 中，对于陈泳琳人力资源管理工作养成的工作习惯，去掉原文的评论性文字，改为转述陈泳琳自己的看法，体现客观。

（4）增加了公司精准客户营销传播的有关具体做法，使得内容更加客观、体现细节。

如案例正文，“4.3 群聊、微淘、直播、买家秀多手段集合，‘自媒体营销’吸引客户关注”，在内容上增加了直播安排的详细情况，在案例使用说明中附上有关图片，同时附上直播的促销方案等。在案例使用说明中，加入了公司淘宝店铺交流群的照片等。

4. 评审专家意见中指出，分析思路和理论分析部分可以进一步丰富完善，形式上可以更丰富一些。

根据该意见，进行了如下修改。

（1）案例说明书中，理论依据与分析部分，紧密围绕“营销传播”这一关键词，增加补充了有关的理论：营销传播渠道的相关理论、营销传播工具的相关理论、数字媒体的营销传播理论、有效营销传播步骤的相关理论等。

（2）案例说明书中，理论依据与分析部分，进一步梳理清楚，先进行理论阐述，再结合案例进行分析。分析部分比原文充实较多，根据理论的知识点，结合案例实际材料，进行详细分析。

（3）案例说明书中，分析思路部分，增加了体现案例知识点的分析思路图，形式更加丰富。

同时，分析思路部分，针对每一道思考题，分点阐述分析思路，内容中体现与有关理论的充分结合，强调对学生的引导方式，对使用说明书的教师有一定作用。

5. 评审专家意见中指出，可以进一步提高启发思考题设置的合理性。

根据该意见，进行了如下修改。

原文的启发思考题确实较为简单，更多的是联系案例内容的对应阐述，对分析能力的要求有待提高。

因此，修改中，根据最终确定的案例题目，聚焦“营销传播”，全面重新设置了案例分析题：①漳州市璟盛园艺有限公司运用了哪些营销传播渠道？请对上述传播渠道的运用进行评价。②漳州市璟盛园艺有限公司是如何使用营销传播工具，实现其营销目的的？请进行评价。③从数字化营销传播的角度，分析漳州市璟盛园艺有限公司客户营销传播的全过程做法，进行相应的评价。④你认为漳州市璟盛园艺有限公司在营销传播方面还有哪些有待改进之处？请进行说明。

6. 评审专家意见，其中有一位专家建议，题目中的“返乡创业大学生去掉”，改为类似“璟盛的探索”。

根据该意见，结合对案例的理解，将原题目《返乡创业大学生的探索：璟盛园艺精准客户营销之路》修改为《创业大学生的探索：璟盛园艺精准客户营销传播之路》，理由与专家商榷如下。

（1）原文中返乡一词，确实和实际有一定不符，故去掉。

（2）案例作者认为该案例的亮点，主要在于公司负责人是一名工作多年后有志创业的大学生，通过保留这个前缀，强调文章的亮点，符合国家大众创业万众创新的倡议。

（3）增加传播二字，使得案例内容更加聚焦“客户营销传播”，体现微案例的针对性和聚焦特点。

7. 管理案例的修改结果概要

经过上述修改后，案例经过评审达到中国管理案例共享中心库的入库标准，在2018年11月6日，该案例正式入库。

修改后的案例标题为“创业大学生的探索：璟盛园艺精准客户营销传播之路”，案例正文的各级标题依次如下。

0. 引言

1. 公司简介

2. 起步阶段——精耕细作、“一对一”客户关系营销

2.1 先人一步，抢占电商平台商机

2.2 初入市场，加强客户沟通，提供细致服务

2.3 获得优质客户青睐，取得规模效应

3. 遭遇困难，路在何方

4. 迎难而上，直面挑战

4.1 认真学习，不断充电，紧跟最新动态

4.2 锚定优质网络社区，推动口碑传播

4.3 群聊、微淘、直播、买家秀多手段集合，“自媒体营销”吸引客户关注

4.4 打造“阿嬷仙子”品牌，强化营销传播，成功入驻“极有家”

5. 展望未来——新的征程，新的奋斗！

案例使用说明中，启发思考题包括以下4题。

1. 漳州市璟盛园艺有限公司运用了哪些营销传播渠道？请对上述传播渠道的运用进行评价。

2. 漳州市璟盛园艺有限公司是如何使用营销传播工具，实现其营销目的？请进行评价。

3. 从数字化营销传播的角度，分析漳州市璟盛园艺有限公司客户营销传播的全过程做法，进行相应的评价。

4. 你认为漳州市璟盛园艺有限公司在营销传播方面还有哪些有待改进之处？请进行说明。

8. 该管理案例采编及开发过程的经验

（1）案例主题的高度聚焦是撰写优秀管理案例的关键。由于是第一次进行管理案例的采编及开发，缺乏相关的撰写经验，在投稿2018年的百优案例征稿时，只是将案例主题凝练为市场营销，缺乏进一步的聚焦。该案例是微案例，正文仅有3500字，市场营销所包含的内容较多，诸如产品策略、价格策略、渠道策略、促销策略等。在案例正文字数有限、案例容量较小的情况下，“市场营销”的主题显得过大，虽然案例的标题确定为聚焦“市场营销”中的“精准客户营销”，所涵盖的内容依旧偏多，层次偏杂。由于主题偏大，在案例思考题的设计上，就相应出现不够聚焦、针对性不足的问题，思考题中既有一对一客户关系营销方面的问题，也有营销措施评价的问题。主题的不聚焦也导致案例使用说明的教学目的阐述也比较空泛，“加深学生对一对一客户关系营销、社交媒体营销、自媒体营销等概念、主要做法的理解，培养他们对客户营销方案的关键内容的分析、诊断和具体实践能力”的表述比较笼统，缺乏足够凝练，如何将上述目标落地，缺乏相应的思路，无

法提供给使用案例的教师足够的教学指导。

根据评审专家的意见，将案例的主题词调整为“营销传播”后，实现了研究主题的细化，对应的案例思考题就可以聚焦营销传播的渠道、营销传播的工具、全过程营销传播等高度集中的营销传播相关专业知识点。以此为基础，进行相应提问的设计，更加有针对性。案例的使用说明中，教学目的也可以进一步凝练为“要求学生掌握：常见的营销传播渠道及其运用；主要的营销传播工具，如何有效运用上述工具进行客户营销；数字化时代，如何整合营销传播工具，选择合适的营销传播渠道，实现精准客户营销”。上述教学目的表述，体现更加明确、具体的教学要求，操作性较强。

（2）管理案例正文，应遵循客观性表述的原则。管理案例正文中，不应加入案例撰写者个人的评价或意见，应当保持客观性和公正性。在该案例的第一稿中，很多地方的文字表达，都体现了案例作者的观点和先入为主的结论，比如“获得认可”“赢得口碑”“赢得了很多客人的认同和信任”等。在修改中，将上述这些表达都进行调整，尽量客观表述，不带入案例作者的主观感情色彩。在修改的过程中，尽可能运用转述陈泳琳对某问题看法的原句，体现其在管理决策过程中的思考和心路历程，既有故事性，又符合案例正文的客观性要求。

（3）管理案例的理论依据和分析部分应当充实。在管理案例的使用说明部分，“四、理论依据及分析”，需要将案例相关的专业理论进行系统、深入的阐述，在理论梳理完善的基础上，运用相关理论，结合案例中的实际情况，进行全面分析，该部分的内容应当充实，不能出现理论依据和分析“两张皮”的情况。在该案例的第一稿中，原有的分析部分内容比较简单，缺乏与专业理论的充分结合，修订中进行了相应的完善。同时，可以借助流程图的形式，将案例的情景线、案例的启发思考题、案例的知识点梳理在一张图中呈现，提纲挈领地展现案例的分析思路，使阅读者一目了然。

9. 该管理案例未来可以进一步完善之处

可以进一步挖掘该公司口碑传播、自媒体营销的有关做法，丰富完善相关内容。在案例正文后，增加附件，将该公司创立后的大事记进行整理，同时补充公司组织结构图、公司工作现场照片、公司产品宣传手册、海报等资料，让案例阅读者对该公司有更加全面的了解。

二、管理案例《想你所想、给你所需：A公司新生代猎头顾问培训的探索之路》

本案例采编的对象企业A公司是一家人力资源公司，案例的主题为“新生代猎头顾问的培训”。

1. 公司的基本情况

A公司成立于2006年，是一家专业的人力资源公司，总部位于上海，A公司为其福建分公司。A公司定位于做综合的人力资源解决方案提供商，主要的业务包括猎头业务和RPO业务（提供招聘项目整体外包方案），服务的行业包括地产、金融等，客户包括住宅、商业、产业小镇、养老地产、酒店、物业、信托、券商、资管等行业的企业，如龙湖地产、万达集团、碧桂园、绿都地产、旭辉集团、正荣地产、中梁地产、长安信托、华润信托、上海华信证券等知名企业。

A 公司的猎头业务涉及岗位包括工程岗、设计岗、营销岗、投拓岗、财务岗、人事岗、养老运营岗、养老投资岗、养老院长、服务总监岗、公寓总经理、公寓运营岗、小镇项目岗、理财营销岗、风控合规岗、运营管理岗、财务核算岗、行政人事岗等。

A 公司的愿景是共同成长、相伴一生。公司的业务流程如下：沟通制定招聘方案、简历初步筛选、确认候选人意向、确认意向后提供名单并进行二次筛选、客户确认面试名单、面试人选确认通知、面试协助、确认 offer、入职保障。

公司成立至今，已经为众多行业内知名企业输送了大量优秀人才，在客户和候选人中口碑较好。公司以高端人才猎聘服务为核心业务，聚焦的岗位包括中高级管理人员和技术人员。公司定位行业细分领域，深入挖掘，具有强大的人才数据库，能够为客户提供优质精准、与岗位高度匹配的候选人，根据客户需要提供定制化、专业化的招聘方案。

上海总公司的负责人刘女士是资深的人力资源从业者，A 公司的总经理陈女士在创业前在地产行业从业多年，具有丰富的企业招聘和组织发展实操经验，A 公司的行业总监廖女士具有多年的猎头经验，主要服务于地产行业，受到客户一致好评。

A 公司具有较好的员工培养机制，猎头的职业发展路径依次是：寻访员（3 个月的实习期）、助理顾问（6 个月的成长期）、猎头顾问（6 个月的晋升期）、资深顾问（12 个月）、团队经理。公司的晋升渠道十分清晰，考核指标明确，能够较好地引导顾问完成绩效考核及业绩指标，形成良好的自我提升计划。

2. 与该公司联系的缘起

案例作者与 A 公司的结缘，起于该公司与案例作者所在学院签订校企合作实践基地。2018 年，A 公司通过人力资源管理专业一位教师的牵线搭桥，与当时案例作者所在的人力资源管理系取得联系，表达希望校企合作、共赢发展的愿望。在与 A 公司总经理陈女士、行业总监廖女士深入沟通后，学院认为该公司发展势头良好，主营业务与人力资源管理专业高度契合，可以给人力资源管理专业的学生提供专业认知实习、专业综合顶岗实习、毕业实习等宝贵的实践机会，在双方协商一致的基础上，将该公司列为案例作者所在学院校企合作校外实践教学基地。

在后续的接洽中，人力资源管理系邀请 A 公司的总经理、行业总监以及猎头顾问代表来学校为学生带来猎头业务的分享，作为专业综合实习的一个环节，也安排人力资源管理专业本科三年级的学生，分批次赴 A 公司进行顶岗实习（主要工作任务包括作为寻访员进行寻访、撰写行业分析报告等）。在交流过程中，案例作者增进了对该公司人力资源业务的了解，产生了以该公司为调研对象，撰写管理案例的想法，并与公司总经理陈女士初步达成了共识。

基于 A 公司的管理实际，进行相应管理案例的采编和开发，可以体现校企合作、优势资源共享的成果，也可以通过该公司先进管理经验的总结梳理，引导学生提升专业素养、掌握管理技能在现实企业中的运用。

3. 管理案例主题的聚焦过程

在该管理案例撰写的过程中，案例作者与A公司总经理陈女士、行业总监廖女士进行了深入沟通，对于所确定的管理案例主题，最开始确定的备选主题方向包括：A公司的人力资源管理、A公司的组织转型与变革、A公司的创业历程、A公司的公司治理、A公司的猎头业务运营等，涉及人力资源管理、组织行为学、创新创业管理、公司治理、运营管理等不同分类领域。

对于上述备选主题方向，进行了相应的分析和甄选：A公司的人力资源管理方面，涉及公司的员工招聘、培训、绩效考核、薪酬管理、员工关系管理等模块，内容较多，如果围绕人力资源管理进行撰写，主题偏大，无法聚焦。组织转型与变革方面，A公司虽然在发展中经历了一定的组织调整，但整体幅度不大。创业历程方面，公司自创立以来，凭借创始人陈女士长期积累的业内人脉资源，业务量较大，经营业绩喜人，不存在太大的起伏。公司治理方面，公司的基本治理模式比较稳定，没有太多的变化。猎头业务运营方面，公司专注于地产、金融板块的中高端猎聘业务，业务流程成熟，可以调整的空间不大。

最终，案例作者将该管理案例的主题聚焦到A公司新生代猎头顾问的培养。这是因为，通过与公司总经理陈女士和行业总监廖女士的沟通，了解到公司现有的猎头人才队伍的培养过程：该公司的新生代猎头来自不同院校，专业背景差异较大，既有经管类，也有农林类和文史类，专业基础参差不齐。在公司发展初期，业务承接量较大，新生代猎头顾问的能力无法完全匹配公司的需要，每天疲于奔命而收效甚微，与候选人沟通存在心理压力、沟通不畅等问题，对猎聘相关的专业知识掌握不扎实，亟待进行精细化的培训。A公司在陈女士带领下，正视上述问题，认真进行研讨，通过头脑风暴集思广益，最终明确了培训思路，推出“精兵强将培训计划”，包括基础夯实计划、一对一带新人计划、自我训练计划、暖心活动计划，实现新生代猎头顾问的快速成长，使问题迎刃而解。由于“新生代猎头顾问的培养”相关的材料丰富，培养之前公司的窘境和培养后公司学习型组织的建立令人印象深刻，能够体现公司发展中的管理决策科学性和艺术性，具有较强的代表性和典型性，相关的场景展现能够体现案例的故事性、趣味性，因此，最终选择这一主题。

4. 管理案例资料收集的过程

在与A公司总经理陈女士、行业总监廖女士以及新生代猎头顾问代表面谈前，案例作者通过陈女士、廖女士的微信朋友圈、A公司官方网站、A公司微信公众号、相关网络新闻报道等多个渠道，全方位收集A公司的案例资料，主要包括以下几个方面：公司简介、公司客户需要的目标岗位信息、公司组织的读书分享会、内部员工辩论大赛、员工朗读会、自我提升专项训练活动的资料、公司的季度总结表彰会情况、公司举办的员工乐跑、美食聚餐会活动照片、公司组织的“电话沟通赢得候选人”沙龙交流、公司组织的行业知识分享+出单分享活动的资料、公司带领员工赴上海总公司参加的一些活动情况、公司组织的业务考核、公司公众号上的猎头行业基础知识、公司的招聘需求信息等。在查阅了上述资料的基础上，案例作者对该公司新生代猎头顾问的培养有了初步的了解。此外，案例作者还查看了企查查平台上 A 公司的工商登记信息、股东信息等。

在全面掌握 A 公司相关资料后，案例作者根据所掌握的公司实际情况，结合人力资源服务行业的特点，拟定了聚焦该公司新生代猎头顾问培养的调查问卷，问卷的题目主要涉及培养的主要方式、内容、相关培养活动的组织、培养效果的评价、培养中存在的问题及需要改进之处等。

问卷的主要内容包括以下几个方面。

1. A 公司现有新生代猎头的基本情况（猎头顾问的性别、年龄、专业背景、工作年限、个体特质等）。

2. A 公司目前对于新生代猎头培养的计划安排，包括培养的主要内容、采用的培养方法、相关培养活动的时间和地点安排、培养活动的师资来源、培养过程的全程管理要求等。

3. 根据培训评估理论，探讨 A 公司新生代猎头培养目前取得的成效，围绕反应层（参加培养活动的新生代猎头的满意度）、学习层（经过培养后新生代猎头顾问在知识、技能等方面的掌握情况）、行为层（新生代猎头顾问在培养后日常工作中行为的改变）、结果层（新生代猎头顾问在目标人选寻访工作中取得的业绩）四个维度的基本情况。

4. A 公司新生代猎头培养目前取得的成效、还存在的亟待解决的主要问题、未来推进相关工作的规划思路等。

在问卷定稿后，案例作者及团队成员分别与 A 公司总经理陈女士、行业总监廖女士、新生代猎头顾问代表（5 人）进行深入面谈。围绕问卷的内容，访谈中还拓展到对猎头顾问的职业成长路径、绩效考核、公司企业文化建设等相关内容的了解，最终完成该管理案例采编及开发所需要掌握资料的收集整理任务。

在面谈后，案例作者还通过带领学生赴 A 公司座谈交流、暑期带领学生到 A 公司社会实践、邀请总经理陈女士和行业总监廖女士担任学生人力资源专业综合实践考核评委等机会，近距离了解新生代猎头顾问一天的工作安排，与公司相关人士进行进一步的沟通，补充收集案例撰写过程中需要掌握的有关信息。

5. 管理案例正文及使用说明的初稿撰写过程

在收集完案例采编所需相关资料之后，进入了案例撰写环节，并将案例的题目初步确定为“想你所想、给你所需：福建 A 人力资源有限公司新生代猎头顾问培训的探索之路”。

根据该案例采编过程所收集的资料，梳理了 A 人力资源有限公司新生代猎头顾问培训的探索历程：公司创立初期，新生代猎头能力不足、与候选人沟通效果不尽如人意、专业知识储备不够，致使公司遭遇困境。在高管带领下，公司高度重视新生代猎头顾问的培训工作，运用头脑风暴法，确定培训需求，实施一揽子培训计划，围绕知识、技能等短板，运用讲授法、示范模拟、经验分享、读书交流活动等方法，逐项提高，使新生代猎头顾问职业素质能够满足组织发展的需求。

在明晰了案例正文的故事线后，拟定了案例正文的各级标题，依次如下。

0. 引言

1. 公司简介

2. 遭遇困难：创业初期，新生代猎头培训需求凸显

2.1 业务量激增，新生代猎头疲于奔命

2.2 沟通对象均为中高层管理者，新生代猎头压力较大

2.3 行业知识、专业知识要求高，部分新生代猎头力不从心

3. 迎难而上：进行培训需求分析，明确培训思路

3.1 运用头脑风暴法，与新生代猎头沟通，倾听培训需求

3.2 确定岗位胜任素质模型，进一步确认培训需求

4. 落地执行：根据新生代员工特点，实施“精兵强将培训计划”！

4.1 基础知识夯实计划：行业和专业知识学习

4.2 一对一带新人计划：出单分享、时间管理与客户沟通技巧指导

4.3 提升自我专项训练计划：员工辩论大赛、朗读会、读书分享会

4.4 暖心活动计划：美食聚餐、节日活动、乐跑赛、拓展训练

5. 展望未来——与新生代猎头共同成长！

根据案例正文的故事发展脉络，思考可以挖掘的启发思考题以及对应的案例知识点，考虑聚焦培训需求分析理论、培训内容相关理论、培训方法相关理论、培训评估相关理论等。案例使用说明中，启发思考题依次如下。

1. 福建A人力资源有限公司是如何进行新生代猎头顾问培训需求分析的？请结合有关理论，进行评价。

2. 福建A人力资源有限公司是怎样确定培训内容，满足新生代猎头顾问培训的需要？请结合有关理论，进行评价。

3. 请结合有关理论，分析福建A人力资源有限公司新生代猎头顾问培训的主要方法，进行相应的评价。

4. 你认为福建A人力资源有限公司新生代猎头顾问培训还有哪些有待改进之处？如何进一步提高培训的有效性？请进行说明。

6. 管理案例的修改意见和修改过程

将该案例投稿2019年的百优案例评选，虽然没有获得百优案例的荣誉，但收到案例库后续的返修通知，通知里说明，虽然没有入选“全国百篇优秀管理案例”，但经过修改，达到入库标准后可以收录至中国管理案例共享中心案例库。在百优案例评选时，评审专家分别提出了以下意见：①该案例描述了如何根据新生代员工特点，对人力资源公司猎头顾问进行针对性的培训需求分析和培训内容、方法设计。案例选题较有特色，案例正文和分析报告的写作基本规范。但案例简单地采用直白性描述，内涵和深度挖掘不够，分析运用的理论方法较空泛。②本案例以福建A人力资源有限公司为研究对象，探讨了该公司根据新生代员工特点，进行培训需求分析和培训设计。案例正文部分：选题具有典型性，对

其他企业有一定参考价值；谋篇布局基本合理；相关材料基本翔实客观；中英文摘要写作基本规范。不足之处是案例的可读性较差，趣味性、故事性和冲突性相对欠缺。使用说明部分：教学目标设定比较合理；思考讨论题与教学目标的紧密程度基本符合要求。不足之处在于理论知识点分析的深刻清晰程度不够；案例中涉及的理论太多，理论基础太多，很难做到结合案例进行深入分析，使得难以聚焦，非常发散；建议选择1~2个具体理论为主轴作为案例分析的理论依据。此外，该案例课堂计划不够全面不够合理。决策点不够突出，信息不够充分，知识点不够聚焦。

根据上述评审专家的意见，进行了相应的修改，主要的修改之处包括以下几个方面。

1. 评审专家意见中指出，案例简单地采用直白性描述，案例的可读性较差，趣味性、故事性和冲突性相对欠缺。

根据该意见，通过对话展现、情境再现等形式，进行了较大幅度的修改，提高了案例的趣味性、故事性和冲突性，具体包括以下几个方面。

（1）案例正文的引言部分，改变原来平铺直叙地介绍改进后的情况，而是用一个十分紧迫的场景故事进行导入，该场景主要描述的是该公司项目总监向总经理汇报客户的催促和公司新生代猎头工作效率的不尽如人意，用矛盾冲突的形式导入，容易引起读者的关注和阅读兴趣。

（2）案例正文部分，将原来的第二部分“遭遇困难：创业初期，新生代猎头培训需求凸显”的直白性描述进行较大幅度的修改。2.1标题由“业务量激增，新生代猎头疲于奔命”改为“疲于奔命后的困惑——时间都去哪了?”，相关的内容由原本的平淡描述改为以其中一位年轻猎头顾问小A一天疲于奔命的忙碌工作场景展现，更容易引起共鸣。

（3）案例正文部分，2.2标题由“沟通对象均为中高层管理者，新生代猎头压力较大”改为“茶水间的吐槽——‘压力山大’的沟通!”，相关的内容由原来笼统地说明沟通压力大，改为茶水间新生代猎头顾问的交流吐槽对话展现，可以较生动形象地反映出其在沟通过程中遭遇到的巨大压力及其表现，使问题更直观地体现，激发阅读者的思考和兴趣。

（4）案例正文部分，2.3标题由“行业知识、专业知识要求高，部分新生代猎头力不从心”改为“力不从心的痛苦——书到用时方恨少!”，相关的内容由原来的阐述，改为展现以下场景：专业知识掌握不到位的年轻猎头小F向李总请教专业问题的对话及表现、安慰小F的小G讲述自己不专业闹出的笑话以及小F的回应，用生动的方式提高案例的可读性。

2. 评审专家意见中指出，案例分析运用的理论方法较空泛。案例的理论知识点分析的深刻清晰程度不够；案例中涉及的理论太多，理论基础太多，很难做到结合案例进行深入分析，使得难以聚焦；建议选择1~2个具体理论为主轴作为案例分析的理论依据。知识点不够聚焦。

根据该意见，在案例正文和案例使用说明部分，都进行了较大幅度的修改，对相关理论进行删减凝练，聚焦理论点，结合案例进行分析，使案例的理论知识点分析更加深刻清晰。具体包括以下几个方面。

（1）案例正文的摘要部分，进行了修订，围绕聚焦的有关理论进行概括说明，去掉无关的内容。

（2）案例正文部分，3.2 原来的标题是“确定岗位胜任素质模型，进一步确认培训需求”，该标题修改为“梳理思路，确定培训需求”。去掉原来的有关岗位胜任力模型理论的介绍，重点聚焦 Goldstein 培训需求分析模型理论，将其作为决策点的一个重要主线，相关的内容阐述部分也重点从该理论的组织分析、任务分析、个人分析三个角度，说明决策的过程，使得分析更加到位。

（3）重新梳理了案例正文第四部分的内容，对每个小标题都进行了修订，在标题中突出了每个培训子计划的具体内容设计：4.1 基础夯实计划：知识讲解+引导自学+学习成果展示，摆脱力不从心；4.2 一对一带新人计划：示范模拟+经验分享，拒绝“压力山大”；4.3 自我训练计划：辩论赛、朗读会、读书分享会，收获成长；4.4 暖心活动计划：聚餐、节日活动、乐跑赛、拓展训练，舒缓压力疲劳。

同时，通过标题中“摆脱力不从心”“拒绝‘压力山大’”等字眼，体现了对前文第二部分问题的解决。每个小标题下的内容，也进行了修订。

修改后的案例正文内容，紧密围绕培训需求分析模型理论、培训内容分类理论、培训方法及其与培训内容适应性理论，进行有关阐述，更加聚焦和有针对性，避免理论过多、过散、分析不集中等问题。

（4）案例使用说明的第一部分“教学目的与用途”第三点，最初要求学生掌握的有三个方面内容，修订后进行聚焦，要求学生掌握的内容概括为：如何根据企业实际，进行培训需求分析；如何根据培训需求分析的结果，合理地确定有效的培训内容和培训方法。

（5）案例使用说明的第二部分“启发思考题”中，第四题题目修订为：A 公司新生代猎头顾问培训的效果如何？如何进一步提高其培训的有效性？请进行说明。

该题目相比原来的题目，更能够聚焦有关理论，体现针对性。

（6）案例使用说明第三部分“分析思路”的图，进行了修订，聚焦培训需求分析、培训内容、培训方法，去掉无关的理论阐述涉及的知识点，更加凝练、清晰。

（7）案例使用说明的第四部分“理论依据及分析”，有关的内容进行了全面的调整和梳理，去掉了胜任力模型分析理论、成人学习的相关理论、培训有效性的相关理论，使得涉及的理论不过多、过杂，更加聚焦。

（8）案例使用说明的第四部分“理论依据及分析”，聚焦上述有限的理论，结合案例进行深入分析。

如思考题 1，在分析时，从组织、任务、个人三个层面，分层次进行分析，与理论更好地对应。

思考题 2 的分析，按照培训内容分类理论中的“知识、技能、态度”分类方式，对应每一类，分析案例中在“精兵强将培训计划”及其子计划中的对应设计。

思考题 3 的分析，强化了对“培训方法及其与培训内容适应性”理论的呼应，重点分析该公司“精兵强将培训计划”中各个培训方法的有效应用。

思考题 4 的分析，严格按照培训效果评估理论的反应层、学习层、行为层、结果层四个维度，对该公司的培训效果评估进行对应探讨。

（9）案例使用说明中，对案例中涉及的培训方法，进行了修订和完善，使之更符合该公司的实际情况。

3. 评审专家意见中指出，案例课堂计划不够全面不够合理。

根据该意见，对原来比较简单粗糙的课堂计划进行了重新修订。

（1）整个案例课的课堂时间控制，由原来的 80～90 分钟，修订为 90 分钟，保证充足时间。

（2）课中计划部分，案例的讨论导入，由原来的 2～5 分钟，修订为 5 分钟，同时明确了导入部分需要讲解的完整内容：本次案例讨论的主题，明确本次案例讨论的目的、要求和具体安排，更有利于保证整个案例讨论的顺利开展。

（3）分小组讨论（30 分钟）部分，对每个小组的成员人数（6～7 人）进行了说明。

（4）小组汇报发言部分，将时间由原来的“每组 5 分钟，控制在 30 分钟”，修订为“40 分钟左右，各个小组的发言时间平均分配”，便于根据小组组数的情况进行调整。

同时考虑到现实讨论中小组组数的情况，规定汇报发言时，尽可能每个小组都完成上述 4 个启发思考题的汇报。总人数较多时，考虑到现实可操作性，可以指定每个小组汇报启发思考题中的某一题或某几题。避免小组过多、发言耗时过久等影响效果的情况发生，使得计划更有可操作性。

（5）小组汇报发言部分，明确采用小组推荐代表及随机点名相结合的形式，确定小组汇报发言人选，更有利于调动每一个成员的能动性。

（6）增加有关阐述：小组汇报发言时，其他组的每个成员均应认真听取并记录其观点，如有问题可以进行提问，加强对案例讨论过程的管理。

（7）教师归纳总结部分，时间修订为 15 分钟，明确了相关内容。

（8）课后计划部分，原有要求“如有必要，请学员以小组为单位，提交案例分析报告，给出更加具体的解决方案”，现调整为“请学员以小组为单位，根据课堂讨论结果、教师对相关知识点的讲解等，分组提交详细的案例分析报告”。

7. 管理案例的修改结果概要

经过上述修改，案例经过评审达到中国管理案例共享中心库的入库标准，在 2019 年 11 月 1 日，该案例正式入库。

修改后的案例标题为“想你所想、给你所需：A 公司新生代猎头顾问培训的探索之路”，案例正文的各级标题依次如下。

0. 引言

1. 公司简介

2. 遭遇困难：创业初期，新生代猎头培训需求凸显

2.1 疲于奔命后的困惑——时间都去哪了？

2.2 茶水间的吐槽——“压力山大”的沟通！

2.3 力不从心的痛苦——书到用时方恨少！

3. 迎难而上：进行培训需求分析，明确培训思路

3.1 运用头脑风暴法，倾听新生代猎头心声

3.2 梳理思路，确定培训需求

4. 落地执行：根据培训需求，实施“精兵强将培训计划”！

4.1 基础夯实计划：知识讲解+引导自学+学习成果展示，摆脱力不从心

4.2 一对一带新人计划：示范模拟+经验分享，拒绝“压力山大”

4.3 自我训练计划：辩论赛、朗读会、读书分享会，收获成长

4.4 暖心活动计划：聚餐、节日活动、乐跑赛、拓展训练，舒缓压力疲劳

5. 展望未来——与新生代猎头共同成长！

案例的使用说明部分，启发思考题修订为以下 4 题。

1. A 公司是如何进行新生代猎头顾问培训需求分析的？请结合有关理论，进行评价。

2. A 公司是怎样确定培训内容，满足新生代猎头顾问培训的需要？请结合有关理论，进行评价。

3. 请结合有关理论，分析 A 公司新生代猎头顾问培训的主要方法，进行相应的评价。

4. A 公司新生代猎头顾问培训的效果如何？如何进一步提高其培训的有效性？请进行说明。

8. 该管理案例采编及开发过程的经验

（1）管理案例的生动性和故事性是吸引阅读者的重要因素。管理既是一门科学，也是一门艺术。管理学是一门实践性很强的综合性学科。管理的过程，既需要遵循市场、经济、产品生命周期等规律，又需要考虑社会、心理、文化等诸多因素。管理案例作为管理故事的精华体现，更应该是科学性和艺术性完美结合的产物，必须因人、因事、因环境而异。

该管理案例的初稿，对于案例的内容，主要采用平铺直叙的风格阐述，案例中缺乏吸引人的决策故事，阅读者往往会感觉到枯燥无味。在修订后，案例导入部分用公司项目总监向总经理汇报客户的催促和公司新生代猎头工作效率的不尽如人意的场景导入，具有较强的冲突性，能够引起阅读者的兴趣。在案例正文中，一些标题也运用问句、感叹句的形式展现亟待解决的问题，引发阅读者的思考。

（2）管理案例所揭示的管理理论必须高度凝练，不能过于发散。管理案例服务于管理教学的目的，这就要求案例所蕴含的管理知识点必须高度聚焦，理论不能过多、过散。该管理案例的初稿，在案例使用说明中所设计的启发思考题，所涉及的理论包括培训需求分析模型相关理论、基于胜任力的培训需求分析模型相关理论、培训需求分析方法的相关理论、培训内容分类的相关理论、培训内容对培训方法影响的相关理论、培训方法分类的相关理论、成人学习的相关理论、培训评估的相关理论、培训有效性的相关理论，理论过多，各个理论相互之间虽然有联系，但联系不够紧密。修订之后的案例，对上述理论进行删减，最后只保留 Goldstein 培训需求分析模型理论、培训内容分类的相关理论、培训方法

及其与培训内容适应性的相关理论、培训效果及其评估的相关理论。理论聚焦后，案例使用说明的分析部分就能够结合理论进行深入分析。

9. 该管理案例未来可以进一步完善之处

A公司在新生代猎头培养方面积累了丰富的管理经验，相关的材料十分丰富，未来可以将有关的培养活动图片、活动成果、活动评价材料等进行汇编，作为案例正文的附件呈现，使案例的阅读者在阅读该管理案例时能够更直观地了解公司培养人才的举措。

三、管理案例《团队建设，一直在路上：璟盛园艺的探索之路》

本案例采编的对象企业是漳州市璟盛园艺有限公司（以下简称“璟盛园艺”），案例聚焦的主题是“团队建设”。

1. 公司的基本情况

公司的基本情况在管理案例《创业大学生的探索：璟盛园艺精准客户营销传播之路》的采编及开发过程中已经进行了详细的介绍，在此不再赘述。

2. 与该公司联系的缘起

校友是学校发展的宝贵资源，校友企业的成长代表了学校人才培养的成绩。璟盛园艺作为一家优秀的校友企业，具有很多值得研究的问题。在合作完成管理案例《创业大学生的探索：璟盛园艺精准客户营销传播之路》后，案例作者与该公司总经理陈泳琳始终保持密切的联系，就璟盛园艺公司的发展战略、主营业务、运营管理中遇到的问题、制约公司前进的瓶颈等进行深入的探讨。在和陈泳琳交谈中，陈泳琳反复提到个人时间精力有限、员工队伍不好带、员工工作积极性有待提高、工作效率不佳、员工之间沟通不够畅通等问题，引起了案例作者的注意。这些令人困扰的现象背后，所反映的本质管理问题是什么，如何破解这些问题，使璟盛园艺摆脱困境，值得深入研究。因此，案例作者产生了继续跟踪该企业，进行系列管理案例开发的想法。

3. 管理案例主题的聚焦过程

在确定继续采编和开发璟盛园艺的管理案例后，案例作者与陈泳琳沟通了主要设想，双方就系列管理案例的采编和开发达成共识。如何凝练案例主题，成为重中之重。最初，案例作者草拟了以下主题作为备选：璟盛园艺员工关系管理、璟盛园艺员工激励、璟盛园艺员工培养、璟盛园艺人力资源管理、璟盛园艺团队管理等。

璟盛园艺员工关系管理方面，涉及的内容较多，包括员工关系的建立和保持、离职员工管理等，内容较多，3500字左右的微案例无法容纳，而且重点不够突出。璟盛园艺员工激励方面，激励包括物质激励和精神激励，涉及组织不同层级的员工，内容比较复杂，作为案例主题，撰写中容易变为对员工激励做法的经验介绍，缺乏波澜起伏和可读性。璟盛园艺员工培养方面，公司现有的培养手段比较简单，主要是选派员工代表外出学习和订阅杂志供大家阅读等方式，内容容量有限，拓展的空间不足。璟盛园艺人力资源管理方面，人力资源管理包括工作岗位分析、人力资源规划、员工招聘、员工培训、员工绩效考核、员工薪酬管理、员工关系管理等模块，内容复杂，每个模块单独进行撰写，都可以自成一体，因此不宜作为主题。最后，案例作者将该系列管理案例的主题聚焦为璟盛园艺团队建设，这是因为，通过与陈泳琳的深入交流了解到，漳州市璟盛园艺有限公司在2020年以后，面对激烈的市场竞争，经历了团队管理的阵痛，最终摸索出了团队管理的有效做法。在公司创业之初，陈泳琳只雇用了两个员工，主要依靠自己和家人，工作团队小，成员之间配合良好。公司业务发展壮大后，团队建设遭遇了困境：员工能力不足（特别是主播的推销话术相对较弱）、员工之间的沟通不够、团队的工作积极性较低、团队士气低下，陈泳琳带领着公司管理者迎难而上，加强团队建设：提炼组织愿景目标、梳理岗位职责和岗位间的工作交接、通过设立“品茶时间”推动成员间充分沟通、强化收入与业绩的联系以调动团队成员积极性、引导自学和参加培训提高团队成员业务水平，团队建设取得了一定的成效，但未来依然任重道远。

璟盛园艺团队建设的过程，历经从团队涣散到多措并举提升团队凝聚力，打造高绩效工作团队，体现了发展变化的历程，典型性强，有一定的代表性，能够为同行业相关企业提供经验借鉴，案例故事的场景化展现，能够保证案例的趣味性、生动性、可读性，因此最终聚焦团队管理这一主题。

4. 管理案例资料收集的过程

在与漳州市璟盛园艺有限公司总经理陈泳琳深入面谈前，案例作者通过查阅2020年以后璟盛园艺的相关新闻、陈泳琳的朋友圈动态、璟盛园艺在淘宝开设的店铺“阿嬷农场”相关资讯、公司在网络发布的招聘信息等多种渠道，尽可能搜集公司的案例资料，主要包括以下方面：璟盛园艺线上线下销售忙的新闻报道、璟盛园艺备战双十一争夺市场的新闻报道、璟盛园艺在网络招聘平台发布的电商岗位招聘需求信息等。

在全面掌握上述资料后，案例作者根据所了解到的璟盛园艺公司2020年以来的相关情况，结合之前入库案例《创业大学生的探索：璟盛园艺精准客户营销传播之路》撰写时查阅的公司资料，根据公司园艺行业企业的特点，拟定了聚焦该公司员工团队管理的调查问卷，问卷的题目主要涉及团队管理的主要手段、内容，团队管理的相关活动安排，团队管理目前取得的成效，团队管理中存在的突出问题，公司未来团队管理的设想等。

问卷的主要内容包括以下几个方面。

1. 漳州市璟盛园艺有限公司美工、主播、客服团队的基本人员构成，包括年龄、学历、工作经验、个体特征等。

2. 漳州市璟盛园艺有限公司各个岗位员工工作职责的详细内容，员工之间工作交接的基本情况。

3. 漳州市璟盛园艺有限公司团队员工之间的互动交流情况，存在的主要问题、产生上述问题的深层次原因。

4. 漳州市璟盛园艺有限公司目前团队管理采取的主要做法，采取上述做法的理由。

5. 漳州市璟盛园艺有限公司团队士气的基本情况，团队建设中存在的突出问题。

6. 漳州市璟盛园艺有限公司未来团队建设需要改进的地方，团队建设希望最终实现的目标。

在确定好调查问卷后，案例作者分别与漳州市璟盛园艺有限公司总经理陈泳琳、公司部分员工进行了较为深入的访谈。访谈涉及问卷的所有内容，还适当拓展到公司组织文化建设、公司员工激励机制等相关内容的了解，最终完成了该管理案例采编及开发需要进行的资料收集工作。

在面谈后，案例作者还通过再次赴漳州市璟盛园艺有限公司基地走访的形式，体会美工、主播、客服一日的工作常态，与公司的有关工作人员进一步交流，补充收集案例撰写中需要掌握的资料。

5. 管理案例正文及使用说明的初稿撰写过程

在收集完所有案例资料后，案例作者与团队成员开始撰写该管理案例（包括案例正文和案例使用说明）。管理案例的标题初步命名为“团队建设，一直在路上：璟盛园艺的探索之路”。

该公司的团队建设，经历了从创业伊始的大家合作无间、关系和谐，到遭遇团队困境，员工能力不足、埋头做事交流不畅、团队士气低迷，员工安于现状不思进取，陈泳琳带头大胆探索，梳理岗位职责，明确岗位间配合关系，营造轻松氛围加强团队成员之间的沟通，强化业绩与收入之间的关系，培养团队成员提升能力，团队建设步入正轨。根据上述发展脉络，确定了案例正文的各级标题，依次如下。

0. 引言

1. 公司简介

2. 创业之初——亲力亲为，家人齐上阵，团队凝聚力强

2.1 总经理负责公司采购，成为团队引领者

2.2 团队成员身兼数职，精诚协作，工作氛围良好

3. 遭遇烦恼——团队建设困境，如何破解?

3.1 员工“力有未逮”——理想中的员工成奢望?

3.2 员工“闷头做事、交流不畅”——团队内部的充分沟通在哪里?

3.3 团队“安于现状”——呼唤团队士气和主动性!

4. 迎难而上——加强团队建设，力求有所改变

4.1 提炼组织愿景目标，明确岗位职责与岗位间配合

4.2 开启“品茶时间”，强化团队沟通与协调

4.3 加强业绩与收入的联系，以期调动积极性

4.4 精细化培养团队成员 ，提供学习成长机会

5. 展望未来——团队建设，任重道远!

案例使用说明中，启发思考题包括以下几题。

1. 璟盛园艺的发展经历了哪些阶段，每个阶段的团队有何特点?请结合有关理论，进行评价。

2. 公司进入快速发展阶段后，团队建设遭遇困境的原因是什么?请结合有关理论，进行分析。

3. 针对上述困境，陈泳琳采取了一系列措施，加强团队建设，取得的效果如何？请结合有关理论，进行评价。

4. 未来，璟盛园艺的团队建设，可能还会面临哪些问题？请结合有关理论，进行预测和分析。

6. 管理案例的修改意见和修改过程

将该案例投稿2020年的百优案例评选，虽然没有获得百优案例的荣誉，但收到案例库后续的返修通知，通知里说明，虽然没有入选“全国百篇优秀管理案例”，但经过修改，达到入库标准后可以收录至中国管理案例共享中心案例库。在百优案例评选时，评审专家分别提出了以下意见。

（1）本案例正文描述故事情节具体，并采用纵向描述故事的发展演变，布局合理，文字流畅；使用说明中问题非常聚焦，采用三个团队理论比较合理，分析思路清晰，内容比较聚焦，课堂计划设计合理，整体来说结构合理，描述清晰，内容聚焦，问题有一定的代表性。但是，案例分析的趣味性欠缺，内容特色不够。建议：在案例使用过程中，对启发思考题优化，适当增加1~2个有悬念的问题，在分析中则采用图表来描述团队演变的规律，并从该公司的团队类型出发将团队建设（创业公司的经营团队）放在公司内外的大环境中加以分析（不同的团队的建设目标等不同），体现本案例的亮点或特色。

（2）案例描述了璟盛园艺有限公司发展的各个阶段团队建设的探索过程。案例选题是以真实的管理情境为素材进行编写，是典型管理问题。案例的谋篇布局合理，可读性较强。案例的核心问题与课程教学目标、教学知识点相对应。案例写作规范。启发思考题设计紧密围绕案例的决策点，案例的理论应用合理。课堂计划合理。分析思路图描述的不是案例分析思路，是案例的理论基础。案例启发思考题，为什么都要加上“请结合有关理论”。

（3）该案例选题具有一定的典型性，描述了当前管理实践中的普遍问题。案例正文描述了璟盛园艺有限公司的团队建设过程，谋篇布局基本合理，涉及团队建设的过程与影响因素等问题，材料有一定的客观性，写作基本规范。案例使用说明中的教学目标设定基本合理，启发性思考题表述略显啰唆，所应用的相关理论涉及团队建设的阶段及影响因素等内容，但理论依据缺少参考文献支撑，课堂计划基本合理。建议在以下方面再做修改完善：①建议在案例正文中的公司基本情况部分，增加组织结构和各岗位人员的职责的简要描述，以便读者理解该公司的人员情况；②案例说明中的理论依据缺少参考文献，影响了案例的分析深度，建议将案例说明中增加参考文献，特别是经典文献，来支撑理论依据与理论分析。

根据上述评审专家的意见，进行了相应的修改，主要的修改之处包括以下方面：

（1）针对增加悬念问题的建议，对案例使用说明“二、启发思考题”，进行修订，第4题修订为：假如你是陈泳琳，未来可能还会遇到哪些团队建设的问题？你将如何调整管理举措，合理应对，以实现“渐入佳境”的效果？请进行预测和分析。

相比原来的题目，增加了分析的问题，同时将阅读者模拟为陈泳琳，使其换位思考可能面临的团队建设问题和解决思路，体现了对未知悬念的探讨，引起阅读者的关注和兴趣。

（2）在案例使用说明“四、理论依据及分析”，第 1 题的分析部分，增加“图 2 璟盛园艺的团队演变规律”，用图表描述团队演变的规律，引导读者思考。

图表内容方面，对初创阶段的初步团队意识形成，震荡阶段的团队成员能力、沟通、士气与挑战，规范化阶段的团队制度完善，展望未来（向高绩效阶段迈进）团队建设的任重道远，进行高度概括。

（3）在案例使用说明“四、理论依据及分析”第 2 题的分析中，结合该公司创业经营团队的特点，围绕其所处的环境因素分析其团队建设，主要包括：环境因素方面，漳州花卉产业发达，同行业对手众多，竞争激烈。该公司作为创业快速发展期的企业，面临严峻的挑战，主要包括人才供应、差异化优质货源支持等方面：同类企业对客服、主播、美工等的需求相似，可能存在用人方面的争夺。一些员工在学会了基本的业务操作后，也有可能选择离职、自己创业。其他企业的产品和推广方案可能存在同质化，无法形成核心竞争优势。

（4）重新撰写案例使用说明的分析思路图 1，按照“案例的情景线、案例的思考题、案例的知识点梳理”的框架进行设计，使阅读者体会案例正文的撰写情境设计、对应的案例思考题分析、相应的分析中用到的基础知识点，理解案例分析的思路。

（5）对案例使用说明“二、启发思考题”的表达，进行优化，文字更加精练、突出主要内容，去掉“请结合有关理论”的文字。

（6）在案例正文“1. 公司简介”部分，说明了公司 14 人的相应岗位以及基本的组织结构：在陈泳琳（总经理）和另一名管理者 J 总之下，各个岗位平行并立，包括：运营 1 人（负责运营方案的执行），运营助理 1 人（辅助运营），客服 3 人，主播 3 人，美工及短视频 1 人，采购 1 人，配货打包 2 人。

需要说明的是，考虑到案例正文“4. 1 提炼组织愿景目标，明确岗位职责与岗位间配合”部分，已经进行岗位职责和配合的改革举措阐述，此外案例正文的篇幅要求 3500 字，为避免上下文重复和字数超过要求，因此案例正文“1. 公司简介”部分，对岗位职责未进行深入阐述，但基本组织结构已表达清晰，读者应该可以理解。

（7）在案例使用说明“四、理论依据及分析”中，对于每个思考题的分析，在理论依据部分都体现了相应的经典理论，标注了对应的参考文献出处，参考文献较为权威，使相关的理论基础更扎实，能够更有效支撑后续结合案例的分析。

此外，案例使用说明“四、理论依据及分析”中的“理论依据”部分，原有文字表达不够规范、深入的部分，重新修订了文字表达，使相关理论的阐述更加严谨、体现深度。

7. 管理案例的修改结果概要

经过上述修改，提交后，案例经过评审达到中国管理案例共享中心库的入库标准，在 2020 年 11 月 12 日，该案例正式入库。

修改后的案例正文的各级标题不变。案例使用说明中的启发思考题修订为以下 4 题。

1. 璟盛园艺的发展经历了哪些阶段，每个阶段的团队有何特点？请进行评价。

2. 公司进入快速发展阶段后，团队建设遭遇困境的原因是什么？请进行分析。

3. 针对上述困境，陈泳琳采取了一系列措施，加强团队建设，取得的效果如何？请进行评价。

4. 假如你是陈泳琳，未来可能还会遇到哪些团队建设的问题？你将如何调整管理举措，合理应对，以实现“渐入佳境”的效果？请进行预测和分析。

8. 该管理案例采编及开发过程的经验

（1）案例使用说明中的启发思考题，必须具有悬念。启发思考题作为案例学习中需要回答的问题，应当基于相关的专业基础理论，使阅读者在阅读案例正文后，结合理论和案例中的公司实际，能够回答。启发思考题如果过于浅显，答案直接从案例正文就能够得到，就失去了启发管理思维、提升管理素养的意义。在本案例第一稿时，原有的启发思考题相对比较简单，对案例正文稍加归纳即可得出答案，没有足够的悬念，缺乏吸引力。修订后的启发思考题，更加突出未来可能调整的管理举措、对未来管理情境的预测和分析，体现对未知事件的探索，留有悬念。

（2）挖掘案例中企业所处的内外部环境，凝练案例的特色与亮点。任何一个管理案例都具有其独特之处。案例中企业的具体发展情况不同，企业所处的内外部行业、组织环境不同，造就了管理案例的多样性。在管理案例撰写中，应当挖掘每个案例企业的特点，特别是企业所处的独特环境，凝练案例特色。

在本案例的第一稿中，对这方面缺乏足够的重视，在探讨公司员工团队时，没有结合创业阶段花卉企业的特点进行分析，修订后的案例正文，联系公司所处的外部环境（公司所在地漳州市花卉产业发达，同行业竞争对手众多，行业竞争白热化）和内部环境（员工在掌握专业技能后，往往离职自立门户，内部人才流失严重）进行探讨，体现了特色和亮点。

（3）案例中公司的相关基本信息，应当展现完备。管理案例中，必须将案例所涉及公司的详细信息阐述完备，包括公司名称、所在地区、经营规模、主营业务、组织结构图、部门和岗位设置、各个岗位的工作说明书、员工管理制度、生产管理制度、财务制度、目标消费者、市场情况等。如果信息不完整，就会影响阅读者的阅读效果和对案例内容的理解。在本案例的第一稿中，对于组织结构和各岗位人员的职责的描述缺失，在后续的修订中进行了补充。

9. 该管理案例未来可以进一步完善之处

该公司在进行团队建设后，员工的能力得到提升，在具体工作场景中的表现，可以在案例中进一步展示，比如主播在淘宝直播过程中的销售语言技巧的改变、美工所制作图片的变化、客服与客人沟通方式的调整等。此外，除了客服、主播、美工岗位，其他岗位员工收入与业绩的联动方式和相关工作团队的建设也需要进一步思考，以提高员工的工作积极性，增强团队士气。

四、管理案例《不破不立：A 公司组织变革的探索之路》

本案例的采编对象企业是一家代理记账、税务、工商等业务的公司，案例的主题是“组织变革”。

1. 公司的基本情况

A 公司成立于 2005 年，主要的经营业务包括代理记账、办理税务、办理工商手续等，公司的组织结构如图 7–1 所示。

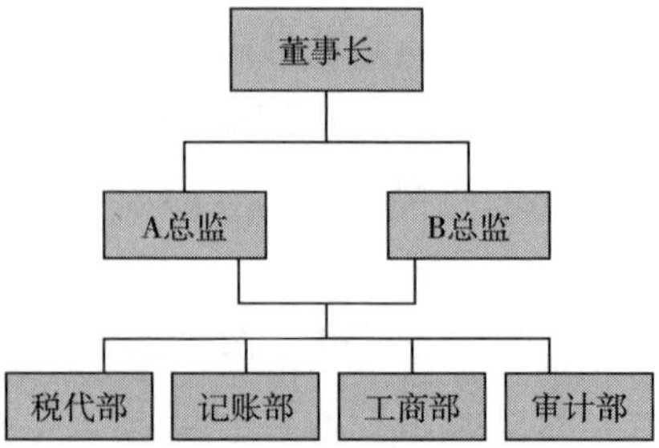

图 7–1　组织结构图

公司的税代部下设两个小组，一个小组负责税费申报，一个小组与银行合作，为企业提供税务代理和融资服务。记账部是 A 公司的核心业务部门，下设白、黑、红、蓝、黄五个小组。工商部主要负责承接工商手续办理的业务。审计部的主要业务是高新技术审计服务，有一位注册会计师。

A 公司由翁总与黄总共同创建，一次偶然的事件，翁总和黄总产生了隔阂，多年积累的矛盾爆发后，两人决定分家。黄总放弃对公司商标的争夺，带走了公司的核心骨干人才，留下翁总继续经营 A 公司。

在翁总独自管理 A 公司后，面对激烈的市场竞争和公司内部的困境，内外交困中，机缘巧合之下，翁总结识了拥有丰富的代理记账公司管理经验的何姐，将其引入公司高管团队，进行公司的管理。

2. 与该公司联系的缘起

案例作者与 A 公司的结缘，起于所指导的 2020 级会计专硕研究生胡同学本科期间在该公司实习。胡同学在 A 公司实习期间，在公司的税代部门从事辅助助理工作，初步接触了该公司的相关业务，也了解了公司高管分家、引入新合伙人、推动组织变革的过程，对公司的经营情况十分熟悉，与公司的相关工作人员建立了深厚的感情。在实习期满后，胡同学和该公司的税代部负责人依然保持着较频繁的联系，就公司情况、个人职业发展等方面进行交流。基于此，在确定参与管理案例撰写的主题时，胡同学最先想到的就是 A 公司。案例作者在向胡同学了解了该公司发展的历程、组织变革的情况后，也认为该公司适合作为研究对象，进行管理案例的采编与开发。

3. 管理案例主题的聚焦过程

在确定采编与开发A公司的管理案例后，案例作者与胡同学讨论了初步的思路。经过双方的深入沟通，列了以下主题作为该管理案例的备选：A公司薪酬制度的改革、A公司人员培养的举措、A公司员工队伍管理、A公司的组织变革等。其中，A公司薪酬制度的改革方面，公司在何姐接手后，大刀阔斧地进行了薪酬制度的改革，在出勤奖金、完成度奖金、业绩抽成、餐补、年终奖等方面，都相对于之前做出了变化，但是内容相对简单，只需要前后列表对比即可展示清楚，缺乏深入探讨的空间。A公司人员培养的举措方面，在何姐主导公司管理后，公司通过定期召开分享例会、整合部门加强沟通等方式加强了对员工的培养，这方面的做法有值得总结的经验，但内容相对简单，作为独立的主题进行探讨显得分量不足。A公司的员工队伍管理方面，公司的员工涉及不同部门、不同层级、不同学历、不同专业背景，各有其独特之处，员工队伍管理涵盖了员工的招聘、录用、培养、考核等，内容较多，缺乏聚焦，不适合作为一个独立的案例主题。最后，案例作者将A公司管理案例的主题聚焦为组织变革，这是因为，通过与胡同学的深入面谈了解到，A公司在高管分家、何姐加入后，公司面对行业竞争激烈、原有业务技术含量过低、公司缺乏竞争能力、提升专业服务水平迫在眉睫的情境，在人员结构、人员流动率、组织战略变化、新高管带来的管理理念更新、管理手段变化等驱动因素作用下，大力推行组织变革，主要包括以组织结构为重点的变革、以人为重点的变革、以工作任务和技术为重点的变革。以组织结构为重点的变革，聚焦出勤制度、部门划分；以人为重点的变革，聚焦激励机制、成员素质；以工作任务和技术为重点的变革，聚焦升级运用全新的云平台——亿企。一路走来，A公司不懈探索，经历了一开始大刀阔斧变革遭遇抵制的铩羽而归，蓝组实验循序渐进的初尝硕果，水到渠成全面推行的全公司认可，体现了组织变革的原因、遇到的阻力、克服组织变革的举措，案例具有较强的故事性、可读性、典型性和代表性。

4. 管理案例资料收集的过程

案例作者及团队成员首先查阅了网络上有关A公司的新闻报道、A公司发布的员工招聘信息、企查查平台上A公司的注册信息、工商登记信息、知识产权信息等。对于A公司所处的代理记账行业，也通过网络搜索的方式，了解该行业的发展态势、主要特点、目前发展存在的问题、未来的方向等。

在全面收集上述案例资料后，结合与胡同学的深入沟通所得，根据A公司的实际情况，拟定了聚焦该公司组织变革的调查问卷，问卷涵盖A公司组织变革的背景、组织变革的内容及其提出的缘由、组织变革的分阶段安排、组织变革遭遇的阻力、组织变革推进中的经验和教训总结、存在的问题、未来的变革方向等。

问卷的主要内容包括以下几个方面。

1. A公司在进行组织变革前的经营情况、公司发展的详细历程。

2. A公司组织变革前的基本人员构成，包括部门设置、各个部门内部的工作团队（或工作小组）员工情况（年龄、工作经验、学历、专业背景、个性特征等）。

3. A公司组织变革的主要思路，包括组织变革的基本原则、组织变革的总体目标、组织变革的主要内容、组织变革的步骤安排。

4. A 公司组织变革取得的进展，对公司绩效、群体及员工个体的影响。

5. A 公司组织变革中遇到的主要阻力、典型的事例，公司高管针对上述阻力所采取的应对策略，所取得的结果。

6. A 公司未来组织变革的基本规划、总体设想，公司相关制度需要配套完善之处。

在拟定好调查问卷后，胡同学与 A 公司税代部的负责人进行了访谈。访谈的内容除了包括上述问卷中的全部内容，还适当拓展到了 A 公司团队管理、企业文化建设等有关内容，最终完成了本管理案例采编及开发所需要的资料收集工作。

在深度访谈后，胡同学还在工作日再次回到 A 公司，以昔日实习生回访的形式，再次近距离了解 A 公司目前员工一天的工作内容，与公司税代部、记账部、工商部、审计部有关工作人员进行交流，完善案例撰写中所需要的资料。

5. 管理案例正文及使用说明的初稿撰写过程

在收集完所有案例资料后，案例作者与团队成员开始撰写该管理案例（包括案例正文和案例使用说明）。管理案例的标题初步命名为“‘壮士断腕’能否扬帆起航？——A 公司组织变革的探索之路”。A 公司在遭遇高管分家、骨干跟随高管跳槽的困境后，W 总聘请了业内资深的 H 姐上任，全面推行大刀阔斧的组织变革，遭遇抵制后，采用“蓝组实验，循序渐进”的方式进行推进，取得了不错的成效。（初稿撰写时公司有关人员姓氏均用字母代号）根据上述案例故事发展过程，确定了案例正文的各级标题，依次如下。

0. 引言

1. 高管分家，骨干离职，公司陷入困境

2. 解弦更张，H 姐上任，实施变革

2.1 散漫的员工队伍如何带领？

2.2 单一的考核指标、标准可否改变？

2.3 不理想的结账速度、税负控制水平能否提升？

2.4 大刀阔斧的变革——记账部全面推行升级版制度

3. 员工质疑，变革之路，一波三折

3.1 刚性出勤有无必要？

3.2 梯度化计薪是否合理？

4. 蓝组实验，循序渐进，初见成效

4.1 加强沟通，说明初衷

4.2 按时打卡，出勤率提高

4.3 结账速度提升，完成度喜人

5. 水到渠成，全公司推行，未来路漫漫

案例使用说明中，梳理了相应的知识点，确定对应的启发思考题，依次如下。

1. A 公司进行组织变革的原因是什么？请进行剖析。

2. 在 W 总支持下，H 姐对公司进行了组织变革，主要的内容包括哪些方面？请进行总结和评价。

3. A 公司的组织变革之路，遇到了哪些阻力？遭遇阻力的主要原因是什么？请进行分析。

4. 简要评价 H 姐面对变革阻力的应对措施。

6. 管理案例的修改意见和修改过程

将该管理案例的正文和使用说明投稿 2021 年中国管理案例共享中心的百优案例的微案例（正文 3500 字以内）评选，虽然没有获得百优案例的荣誉，但收到案例库后续的返修通知，通知里说明，虽然没有入选“全国百篇优秀管理案例”，但经过修改，达到入库标准后可以收录至中国管理案例共享中心案例库。在百优案例评选时，三个评审专家分别提出了以下意见：①该篇案例的选题具有一定的代表性，但是在设计课程知识点上不清晰，而且较宽泛。希望能加上课程的知识点。在谋篇布局上主线要清晰，人物较多且用的英文代码，影响了可读性。焦点事件显得较散，很多是在谈人事管理，组织变革的发展方向不明确，扬帆起航驶往何处？图 3 的纵坐标缺失。图 2、图 4、图 5 对应的是表格，标题“壮士”但全篇文章也没有一个男性出现，除了 W 总不知性别之外。案例使用说明中，教学目标设定不够清晰，使用课程超过了 3 门，在启发思考题和板书上都还需要再斟酌修改。②该微案例正文，选题的典型性较好，谋篇布局合理性较好，焦点事件选择的合理性较好，材料真实客观性较好，写作的规范性一般水平。该微案例使用说明，教学目标设定的合理性较好，核心理论选择的恰当性较好，分析的深度与逻辑性较好，课堂提问设计的合理性较为普通，课堂计划的合理性较好。该微案例探讨组织变革、变革阻力及其应对措施，课程使用说明中的板书计划布局、课时计划、提问逻辑等安排合理。③案例正文选题典型，谋篇布局合理，焦点事件选择合理，描述清晰，且材料真实客观，写作规范。但是案例第 1 部分高管分家和案例第 2 部分 H 姐所引入的变革调整之间从逻辑上和因果关系上似乎缺乏必然的联系，建议再思考。案例教学说明存在问题如下：a. 案例采用的核心理论选择问题：从正文来看，A 公司主要做了薪酬与考核方面的调整，用组织变革来解释这一调整，在理论适用上有些不匹配，在解释组织变革的动因上不明确。此外，组织变革在组织层面和以人为导向的变革两个内容上是重复的。建议作者再斟酌，或者从激励制度的变革角度来展开案例。b. 案例分析的逻辑性不够：由于核心理论的选择问题，从而导致案例的分析较为模糊，不够深入。比如变革的动因，从组织变革的角度来看，可能会有战略的原因等。但是对于 A 公司来讲，主要面对的是骨干流失问题，如何调动现有人员积极性，培养现有人员才是重点。但作者并未对这一焦点问题进行深入分析。相应后面的问题分析，都没有从问题的根本症结上入手。

根据上述评审专家的意见，进行了相应的修改，主要的修改之处包括以下方面。

（1）人物全部改用中文姓氏称呼，提高可读性，突出清晰的主线。

（2）改变焦点事件较散的写法，除了原文的人事管理外，正文中加入了“培养员工，整合部门，运用云平台”等体现对标组织发展目标（竞争激烈环境下提高服务专业性）的组织变革内容，体现发展方向，使全文围绕组织结构、工作任务和技术、人力资源三个方面，全面展现公司组织变革举措，使课程的知识点更清晰聚焦。

（3）图、表均按规范修订。

（4）将原有的标题“‘壮士断腕’能否扬帆起航？——A公司组织变革的探索之路”改为“不破不立：A公司组织变革的探索之路”，突出破旧立新的组织变革，去掉壮士等不合适的表达。

（5）将使用课程门数减少为3门：《组织行为学》《绩效管理》《创新思维与方法》，以第一门为最重要，聚焦教学目标。

（6）对启发思考题进行修订，第4题，修订为：简要评价何姐面对变革阻力的应对措施。在未来，A公司将如何应对进一步变革的阻力？并在案例使用说明中，根据补充的案例正文内容，修订充实对该题的分析。

（7）对板书进行修订，教师归纳总结阶段的板书，突出“管理上的启示”“实际工作中的运用”。

（8）案例正文中，通过增加相关文句阐述，增强案例第1部分高管分家和案例第2部分H姐所引入的变革调整之间的逻辑和因果关系：高管分家，骨干员工流失，带走了客户，公司业务锐减，形势严峻。同时，增加一段关于行业竞争激烈、公司低层次服务缺乏竞争力、提高服务专业性、深化账务和税务咨询迫在眉睫的情况说明。在上述背景下，提升现有员工的能力和积极性、进行管理变革就体现了必要性，案例第2部分H姐所引入的变革就显得水到渠成，案例正文的摘要中也增加了“行业竞争激烈”这几个关键词的表述。

（9）案例正文根据公司调研的实际，对组织变革的内容进行了充实，除了薪酬与考核方面、考勤制度的调整外，还增加了“培养员工，整合部门，运用云平台”等相关内容，这样使组织变革这一核心理论的选择更为合理、匹配、有针对性。

（10）在案例使用说明中，根据修订充实后的案例组织变革的内容，从人员结构、人员流动率、组织战略变化、新高管带来的管理理念更新、管理手段变化等方面，进行系统的组织变革动因分析，完善相关内容，使动因更加明确。

（11）对原有案例使用说明中，组织变革在“组织层面”和“以人为导向的变革”两个内容重复的部分进行归并整合，即：将原有组织层面（组织结构为重点的变革）的“奖酬制度”和以人为导向（以人为重点的变革）的“激励机制”，整合归并，提炼为“激励机制”，纳入“以人为重点的变革”方面进行阐述。

（12）在案例使用说明中“四、理论依据和分析”的“2. 思考题2”的分析中，还增加了“以工作任务和技术为重点的变革方面”的升级运用全新的云平台——亿企。

（13）在原有案例使用说明中，“四、理论依据和分析”的“2. 思考题2”的分析中，以组织结构为重点的变革，增加了记账部、税代部两个部门整合的内容说明。

（14）针对A公司骨干流失，调动现有人员积极性、培养现有人员的重点问题，聚焦这一问题，修订案例正文，充实相关的阐述。

通过案例正文对于组织变革的详细历程介绍（解弦更张，何姐上任，实施变革—员工质疑，变革之路，一波三折—蓝组实验，循序渐进，初见成效—水到渠成，全公司推行，获得认可—再进一步：培养员工，整合部门，运用云平台，提升服务水平），深入分析，体现对问题的聚焦探讨。

7. 管理案例的修改结果概要

经过上述修改，提交后，案例经过评审达到中国管理案例共享中心库的入库标准，在2022年1月17日，该案例正式入库。

修改后的案例标题为“不破不立：A公司组织变革的探索之路”，案例正文的各级标题如下。

0. 引言

1. 高管分家，骨干离职，公司陷入困境

2. 解弦更张，何姐上任，实施变革

2.1 散漫、能力偏低的员工队伍如何带领？

2.2 单一的考核指标、标准，可否改变？

2.3 缺乏联动的部门设置、滞后的服务平台能否改善？

2.4 大刀阔斧的变革——记账部全面推行升级版制度

3. 员工质疑，变革之路，一波三折

3.1 刚性出勤有无必要？

3.2 梯度化计薪是否合理？

4. 蓝组实验，循序渐进，初见成效

4.1 加强沟通，说明初衷

4.2 结账速度提升，完成度喜人

5. 水到渠成，全公司推行，获得认可

6. 再进一步：培养员工，整合部门，运用云平台，提升服务水平

7. 未来：征途漫漫，未完待续！

案例使用说明中的启发思考题，修改为以下4题。

1. A公司进行组织变革的原因是什么？请进行剖析。

2. 在翁总支持下，何姐对公司进行了组织变革，主要的内容包括哪些方面？请进行总结和评价。

3. A公司的组织变革之路，遇到了哪些阻力？遭遇阻力的主要原因是什么？请进行分析。

4. 简要评价何姐面对变革阻力的应对措施。在未来，A公司将如何应对进一步变革的阻力？

8. 该管理案例采编及开发过程的经验

（1）案例正文的焦点事件必须高度聚焦。在该案例初稿中，对于A公司组织变革的焦点事件描述得不够聚焦，内容比较发散，没有紧密围绕“组织变革”这一中心主题进行内容的组织，很多内容描述的是A公司人事管理的相关举措，无法充分体现组织变革的背

景、契机，组织变革推行中采取的做法，推动组织变革遇到的深层次阻力，以何姐为代表的A公司高层管理者应对组织变革阻力的解决之道，A公司组织变革的发展方向等。在案例修改稿中，以“组织变革”这一主题为主轴，重新组织案例正文的相关事件阐述，在正文中增加了培养员工、整合部门、启用云平台等体现组织变革内容的事件，特别是公司进行员工培训，公司围绕组织结构、工作任务和技术、人力资源三个方面进行组织变革的实践。通过案例正文焦点事件的重新梳理和聚焦，展现组织变革的全过程。

（2）案例使用说明中，教学目标应高度清晰，适用课程应精简。初次进行管理案例撰写的作者，往往很难在教学目标和适用课程方面进行聚焦，经常出现的情况是，教学目标中罗列了很多需要理解的知识、需要掌握的技能、需要培养的个人素养，内容很多，各个知识、技能、素养模块之间缺乏紧密的联系，比较松散。在适用课程方面，罗列了多门相互之间关系不够密切的专业课程，这不利于发挥管理案例的教学目的。

本案例在撰写初稿时也存在上述问题，教学目标没有凝练，适用课程列了《组织行为学》《绩效管理》《人力资源管理》《创新思维与方法》四门专业课。在后续的修改中，通过对适用课程和教学目标的聚焦，使管理案例在使用时能更好地发挥作用。

（3）管理案例正文的各个部分间，应该在逻辑上形成流畅的过程。管理案例正文的撰写应该体现管理探索的发展历程，有起因、经过、结果三个阶段，展现管理决策的过程，正文的各个部分之间应当有紧密的联系和逻辑上的事件发展先后关系。在本案例初稿撰写时，在案例第一部分“高管分家，骨干离职，公司陷入困境”和案例第二部分“解弦更张，H姐上任，实施变革”之间缺乏充分的过渡和衔接，让人感觉较为生硬，没有体现两个部分事件之间的逻辑因果关系。修订后，在案例中增加了相关事件的说明：高管分家、骨干员工离职影响了公司业务，同行业竞争激烈，公司的业务层次偏低，竞争力不足，面临内外交困的严峻形势，在此背景下，进行组织变革成为必然的选择。

9. 该管理案例未来可以进一步完善之处

限于微案例3500字的限制，该管理案例正文中对于克服组织变革阻力的举措并没有完全展开进行阐述，未来可以在“4.1 加强沟通，说明初衷”部分增加从全公司层面对员工所进行的思想工作，与现有的小陈的典型个案描写相结合，全面说明工作的推行。“6. 再进一步：培养员工，整合部门，运用云平台，提升服务水平”部分，也可以进一步充实，增加公司培养员工的具体做法、典型案例，体现组织变革的人员素质提升。

五、管理案例《顺势而为谋发展：科技型企业福建百秾生态科技有限公司的战略转型升级之路》

本案例的采编对象企业是福建百秾生态科技有限公司，案例的主题是“组织的战略转型升级”。

1. 公司的基本情况

福建百秾生态科技有限公司（以下简称“百秾公司”）成立于2014年，公司创始人陈南川是园艺专业科班出身，在创办该公司之前，在台企从事兰花研发培育多年，经验丰富。公司的主营业务是兰科植物的育种、种苗培育、种植与销售，业务范围涵盖花卉种苗、中药材、园艺资材、兰花、金线莲、石斛、国兰、杂交兰、黄花倒水莲、观音串、盆栽等。

公司以标准化的方式进行订单农业生产，储备品种丰富，公司员工中有专人专门负责新品种技术研发。公司设有无菌组培接种车间、瓶苗培养室、智能温室、无菌瓶苗驯化棚、小苗选育培养棚、高标准栽培大棚，建有“铁皮石斛”栽培基地，具有优越的生态栽培环境。公司培育的兰花品系不仅在广东、云南、上海等国内多个省市销售，还拓展到澳洲、东南亚等国外市场。

2015 年公司被诏安县政府认定为“农业产业化县级龙头企业”。2015 年 11 月，在第七届海峡两岸现代农业博览会暨第十七届海峡两岸花卉博览会上，公司选送的几个兰科植物作品荣获“国兰组”银奖 1 个，“食用药用花卉组”银奖 1 个、铜奖 2 个。

2016 年 4 月，公司的“珍稀养生植物的产业化生产项目”在首届“海峡硒都”青年创业创新大赛中荣获二等奖。2016 年 5 月公司被诏安团县委授予“青年就业创业见习基地”。2016 年 9 月，公司荣获福建省科学技术厅颁发的“福建省科技型企业”证书。2016 年 11 月至 12 月，在第八届海峡两岸现代农业博览会暨第十八届海峡两岸花卉博览会上，百秾公司选送的多个兰科植物作品及相关产品在“食用药用花卉组”“种子种苗与资材”“国兰组”共荣获金奖 2 个、银奖 2 个、铜奖 8 个的佳绩。“观赏类兰花（国兰及杂交东亚兰）产业化生产项目”在“2016 年度漳州市青年英才优秀创业项目”大赛中荣获涉农组一等奖。“富硒珍稀养生植物产业化生产”项目荣获第三届“创青春”福建省青年创新创业大赛现代农业成长组优秀奖。

2017 年 9 月，百秾公司选送的 5 个兰花系列产品参加第九届中国花卉博览会荣获银奖 1 个、铜奖 1 个。2017 年 11 月，公司选送的兰花产品在第 19 届海峡花博会中荣获 2 金 2 铜的好成绩。

2018 年 5 月，诏安团县委授予公司“乡村振兴青年创业基地”，陈南川成为县“大宣讲”讲师团成员。2018 年 6 月，公司创始人陈南川在第七届“福建青年创业奖”评审中，荣获“青年创业贡献奖”。2018 年 11 月公司团队项目在第五届创青春福建省青年创新创业大赛中荣获乡村振兴计划成长组一等奖。2018 年，公司赴第 20 届海峡两岸花卉博览会参展，获得两金的佳绩，公司成为福建省农业科学院作物研究所科技示范基地，福建省团队科技特派员示范点，国家林业和草原局“兰花产业国家创新联盟”理事单位。

2019 年公司赴第 21 届海峡两岸花卉博览会参展，获得两银一铜的佳绩。同年公司成为福建省农业科学院 618 协同创新院现代农业分院，获批“特色兰科植物高效培育科技示范基地”，成为福建省农业科学院科学技术奖一等奖合作单位。2019 年 5 月公司创始人陈南川获得“福建青年五四奖章”。

2020 年 8 月公司被评为“漳州市守合同重信用企业”，2020 年 9 月公司被评为“全省十佳花木种植企业”，2021 年公司入库福建省高新技术企业。

2. 与该公司联系的缘起

案例作者与福建百秾生态科技有限公司的结缘，起于该公司的总经理陈南川。陈南川是福建农林大学新型农民大专班的优秀学员，在农林大学继续学习期间，他勤学好思，积极进取，取得了优异的成绩。陈南川是园艺专业科班出身，1999 年从漳州农校学习毕业，毕业后在企业从事兰花培育和研发工作，在职不忘学习，通过继续教育，取得海南大学园林专业的毕业证书。作为一名专业基础扎实、有情怀、有能力的“知识型新农人”，陈南川创办百秾公司、带领公司团队发展高优现代农业、锐意进取所取得的成绩有目共睹，引起了案例作者调研的兴趣。

作为一家农业企业，福建百秾生态科技有限公司主营业务具有行业代表性，公司发展态势良好，经营战略选择得当，以该公司为调研对象进行管理案例的采编及开发，具有典型性，能够很好地揭示这一类型农业企业的经营战略决策规律，总结成功经验，为同行业其他相关企业提供有益的借鉴。

3. 管理案例主题的聚焦过程

在确定采编及开发福建百秾生态科技有限公司的管理案例后，案例作者通过查阅公司的相关资料以及与陈南川总经理的初步沟通，列出了以下主题作为该管理案例的备选：福建百秾生态科技有限公司的市场营销、陈南川创办福建百秾生态科技有限公司的创业历程、福建百秾生态科技有限公司的企业社会责任履行、福建百秾生态科技有限公司的经营战略等。

其中，福建百秾生态科技有限公司的市场营销方面，公司在创业初期，主要依靠陈南川参加各种花卉展览、展销会等形式进行产品的推广，后期打响产品知名度后，顺应新时代的形势，拓展运用视频号、抖音等新媒体平台进行宣传，总体的营销手段比较简单，缺乏可以深入探讨的空间。陈南川的创业历程，经历了初期的种种困难，打开局面后市场行情受挫的窘境，多措并举走出低谷的不懈努力，创业过程一波三折，具有较好的故事性。但是，如果只是将创业历程作为案例主题，虽然有发展历程的变化，但缺乏一根主线，相关材料显得较为分散，不够凝练。公司的社会责任履行方面，陈南川在公司发展之余，不忘带动当地乡亲，通过创办诏安县华韵兰花专业合作社，吸引农户加入，为农户提供兰花的种苗、技术、产销支持，共同富裕，成为佳话，相关的事迹被新闻报道。从撰写管理案例的角度来说，公司社会责任的履行相关事迹相对简单，内容比较有限，不适合采编及开发案例。

最后，本人将管理案例的主题聚焦为公司的战略转型升级，这是因为，通过与陈南川总经理的当面沟通了解到，该公司在发展过程中，经历了经营战略的数次转型升级：创业之初，公司采用专门化战略，集中资源聚焦杂交兰市场进行开拓。市场知名度打开后，公司审时度势，适时地进行转型，转化为差异化和联合竞争战略：差异化方面，坚持优质高价，与其他竞争对手拉开差距；联合竞争方面，与福建省农业科学院合作获得技术攻关资源，与客户合作联合育种共享成果，与外部机构（如福建青创）合作获得创业资金、政策支持和智力指导，渡过难关，实现高质量发展。公司进入平稳发展阶段后，进一步调整竞争战略，深耕布局，转为低成本和多元化战略：低成本方面，通过“科研单位+公司+合作社+农户”模式和先进技术的运用，扩大兰花种苗的经营规模；形成成本优势；多元化方面，在产品系列上拓展到铁皮石斛保健品系列，在营销手段上拓展到新媒体运用。综上所述，公司整个竞争战略的转型升级过程，内容充实，跌宕起伏，故事性强、趣味性强，具有典型性和代表性。

4. 管理案例资料收集的过程

在与福建百秾生态科技有限公司总经理陈南川进行深入的访谈前，案例作者通过陈总的微信朋友圈、陈总爱人陈少云的微信朋友圈、福建百秾生态科技有限公司的视频号、抖音账号、相关网络新闻报道、陈南川助理所提供的公司发展大事记文档（包括公司各个阶段所取得的荣誉）、企查查平台等多种渠道，全方位收集了案例资料，对公司的主要经营业务、目标消费者、主要竞争对手、公司各个发展阶段的运营手段、所取得效果、存在的不足，未来的有待完善之处等有了较为全面的认识。

在全面掌握上述资料的基础上，案例作者根据所掌握的已有情况，结合该公司花卉行业的特点，拟定了聚焦该公司战略转型升级的调查问卷。问卷主要涉及竞争战略的主要内容、选择该竞争战略的原因、竞争战略落地的主要举措、竞争战略执行中遇到的困难和解决的方法、竞争战略转型升级的原因、转型升级的效果和有待改进之处等。

问卷的题目主要包括以下几个方面。

1. 福建百秾生态科技有限公司初创之际选择聚焦杂交兰市场的主要理由，做出上述管理决策的主要过程（包括咨询的业内专家、所获得的意见建议等）。

2. 福建百秾生态科技有限公司负责人陈南川对大花蕙兰、蝴蝶兰市场的竞争态势及未来发展走向的分析。

3. 福建百秾生态科技有限公司负责人陈南川对杂交兰市场的优势、劣势、机遇、挑战等方面的理解。

4. 福建百秾生态科技有限公司在创业之初所选择的竞争战略类型、主要特点、该竞争战略落地的主要做法、所取得的成绩等。

5. 福建百秾生态科技有限公司在创业伊始开拓市场时运用的主要办法，所取得的成效等。

6. 在发展到一定阶段后，福建百秾生态科技有限公司进行战略转型升级的主要契机、转型升级的方向选择及其理由、获得的绩效提升等。

7. 福建百秾生态科技有限公司转型升级后竞争战略落地的主要举措、所取得的效果等。

8. 福建百秾生态科技有限公司竞争战略转型升级中遇到的主要困难、应对上述困难的解决对策、最终取得的成效、存在的问题等。

9. 未来，福建百秾生态科技有限公司竞争战略转型升级的主要规划、基本思路、总体原则、最终目标等。

在问卷定稿后，案例作者与该公司总经理陈南川进行了一次深入的访谈。访谈主要围绕上述问卷中的内容，同时还拓展到公司员工管理、团队建设、市场营销等相关内容，最终完成了该管理案例采编及开发的资料收集整理工作。

除了进行问卷访谈，案例作者还亲自赴漳州市诏安县福建百秾生态科技有限公司生产基地进行一线调研，近距离了解公司兰科植物的育种、种苗培育、种植的全过程，与公司有关工作人员进行沟通，补充收集案例撰写所需要的相关资料。

5. 管理案例正文及使用说明的初稿撰写过程

在收集完所有案例资料后，案例作者与团队成员开始撰写管理案例（包括案例正文和案例使用说明）。管理案例的标题初步确定为“顺势而为谋发展：科技型企业福建百秾生态科技有限公司的战略转型升级之路”。回顾福建百秾生态科技有限公司一路的发展历程，公司从创立之初资金、资源匮乏选择专攻杂交兰细分市场创出天地，到遭遇环境变故陷入困境后，公司采用差异化的竞争策略，追求产品优质高价站稳脚跟，进而寻求与科研院所联合攻克虫害，与客户联合育种。稳步发展之后，公司转而推行低成本战略和多元化战略，开源节流降低生产成本，多渠道开拓客户资源，赢得发展。根据上述故事的脉络，确定案例正文的各级标题，依次如下。

0. 引言

1. 公司简介

2. 专攻杂交兰细分市场，初尝甜头

2.1 科学调研分析，选定目标细分市场

2.2 充分发挥技术优势，参加展会开拓市场

3. 遭遇窘境，如何克服困难？探索中前行

3.1 高质优价还是降价、降低标准？

3.2 竞争优势在哪里？——“人无我有，人有我特”

3.3 与科研院所合作，攻克病虫害

3.4 与客户联合育种，参加创新创业比赛争取外部支持

4. 渡过难关，开始深耕布局：开源节流与多元化并行

4.1 多措并举，降低生产成本

4.2 多渠道开拓客户资源，打造品牌美誉度

4.3 拓展产品线，发展铁皮石斛保健中药材的生产

5. 居安思危，转型升级之路仍未结束！

案例使用说明中，启发思考题依次如下。

1. 福建百秾生态科技有限公司选择专攻杂交兰细分市场这一专门化战略的影响因素是什么？

2. 遭遇窘境后，福建百秾生态科技有限公司战略转型的动因是什么？如何评价？

3. 渡过难关后，福建百秾生态科技有限公司开源节流与多元化并行的战略转型升级决策是否合理？为什么？

4. 面对未来福建百秾生态科技有限公司可能会遇到的问题，如果你是陈南川，会如

何进行下一步的战略转型升级？简要说明你的思路。

6. 管理案例的修改意见和修改过程

将该管理案例的正文和使用说明投稿中国管理案例共享中心的平时案例的微案例（正文 3500 字以内）征集，收到案例库后续的返修通知，三个评审专家分别提出了以下意见：①本案例以福建百秾生态科技有限公司为对象，介绍了该企业战略转型过程。案例企业有一定的典型性，但案例设计和写作方面存在问题，具体体现在：a. 案例性质为“微案例”，即字数不能太多，那么就应该更加聚焦于某一个具体的知识点，只有这样才能在有限的篇幅中讲清楚一件事，使之产生教学价值。但本案例没有聚焦，结果就是面面俱到但都不聚焦；b. 案例应聚焦于《战略管理》某一知识点，不可能还兼顾《组织行为学》，这会使得案例更加无法集中。因为思路不清，故而案例涉及的知识点有专门化战略、低成本战略、联合竞争战略等，无法聚焦于某一特定知识点的教学。②本案例聚焦热点，写作规范，建议入库。③该案例以百秾生态科技有限公司为研究对象，探讨其作为一个科技型企业如何进行战略转型升级。全文描写细致，故事性强，但仍有以下问题有待商榷：a. 在案例正文中，建议关键词部分不要出现企业的名称，而是一些学术专有名词；b. 正文中引言、公司简介等内容过于简短，全文也只有三千多字，建议各部分均进行补充，且建议增加一些人物补充对话和故事；c. 使用说明中，分析思路部分后面的思考题 1 至 4 是上面启发思考题 1 至 4 的补充和分析思路，建议将前面的标题进行统一，否则容易引起歧义，如启发思考题的分析思路 1 至 4，如此更加严谨，后文中出现的地方均补充完整；d. 建议在板书设计中将一张图划分为能够实际操作在投影或黑板上的多个更为细致的内容。此外，课堂板书设计的图建议标注上图的顺序。

根据上述评审专家的意见，进行了相应的修改，主要的修改之处包括以下方面。

（1）在案例正文中进一步聚焦知识点，增加相关的故事性，将故事讲透彻。

（2）在案例使用说明中，重点突出《战略管理》课程的知识点，《组织行为学》仅作为相关课程（涉及组织战略转型的知识点）。

（3）案例正文中，关键词不出现企业名称，改为增加“战略管理”学术专有名词。

（4）案例正文中，引言增加字数，以陈南川与员工对话形式导入，增强故事性和生动性。

（5）公司简介部分，扩充字数，增加有关公司发展最新情况的介绍。

（6）案例正文中，“2.1 科学调研分析，选定目标细分市场”，以对话的形式呈现陈南川与几位业内前辈交流的内容，体现故事性和生动性，自然地展现陈南川选择目标细分市场的决策过程。

（7）案例正文中，“2.2 充分发挥技术优势，参加展会开拓市场”，以陈南川与妻子陈少云的对话形式展现，体现其面对资金、人才、知名度、销售渠道等方面的困难、进行有效决策的历程。水到渠成地展现夫妻运用技术优势将家里房间改建为组培工作室、参加各种农产品推介会进行推销打开市场的结果。

（8）案例正文中，“3.1 高质优价还是降价、降低标准？”，用老顾客对陈南川坚持高质优价的评论语言，尽可能形象生动地展现陈南川的差异化战略选择。

（9）案例正文中，“3.4 与客户联合育种，参加创新创业比赛争取外部支持”，用陈南川主动与老客户沟通联合育种的对话，说明陈南川联合竞争战略的基本思路，用老客户打趣式赞扬陈南川的话语，尽可能生动地展现其决策被采纳的结果。

（10）为了避免引起歧义，案例使用说明中，“三、分析思路”中，均统一表述为“案例的启发思考题”，表明是针对“二、启发思考题”对应的分析，同时后文中出现的部分（如“四、理论依据和分析”“六、课堂提问逻辑”等），均统一表述为“启发思考题”，全文统一。

（11）课堂板书设计的图，已经标注图的顺序（板书 1、板书 2、板书 3）。

（12）板书设计中，已经将一张图划分为能够实际操作在投影或黑板上的多个更为细致的内容，即分为板书 1、板书 2 和板书 3 三个部分。

按上述内容修改后，提交审核，收到新的反馈意见如下。

本案例描述了百稌公司在发展过程中从采取专门化战略，到运用差异化和联合竞争战略，到转型为成本控制与多元化战略的历程。案例内容丰富，故事性强，但仍有以下问题有待商榷。

①建议统一案例正文中的标题长度，这样有助于提高案例正文的美观感。

②案例适用课程部分建议聚焦到课程具体的知识点，目前的写法较为宽泛。

③建议对案例正文中的标题文字和启发思考题的表述进行修改，这主要是考虑到目前的正文标题文字已经十分明确地给出了企业所采取的战略类型，这样不利于学生自己去思考和提炼企业所采取的战略类型。因此，建议对案例正文的标题进行修改，同时在启发思考题部分增加问学生公司采用了什么样的战略类型。

④案例使用说明中的案例分析部分出现的部分信息在案例正文中没有体现，例如“铁皮石斛保健品”，建议将这些信息补充到案例正文中。其他信息建议仔细自查。

⑤关键要点描述过于宽泛和空洞，建议进行修改。

⑥案例使用说明中缺乏参考文献的支撑。建议作者重新梳理具体知识点和案例的典型分析要点，才能更好地应用在课堂教学中。另外，建议还是聚焦战略管理，无须再强调《组织行为学》，目前使用的知识点也没有组织行为学的内容。再有，如果是微案例，可以有一些企业背景的简介作为附录放到正文后面。

根据专家意见，进行了以下修改。

（1）统一案例正文中的各级标题长度，各级标题一般 10~12 字，保持美观。

（2）案例适用课程部分聚焦到课程具体的知识点，主要适用于《战略管理》课程的战略转型知识点教学。

（3）对案例正文中的标题文字表述进行修改，去掉如“专攻”“目标细分市场”“开源节流”“多元化”“多渠道”等暗示组织战略类型的文字。

（4）对案例启发思考题表述进行修改，增加问学生公司采用了什么样的战略类型，引导学生自行思考和提炼企业所采取的战略类型。附件的“分析思路”“理论依据和分析”

也对应进行修改。

(5) 案例正文中增加“铁皮石斛保健品”的相关产品介绍信息，与使用说明保持一致。

(6) 重新撰写关键要点，围绕知识点、能力点进行梳理阐述。

(7) 案例使用说明中，已经补充相关的参考文献，在“七、相关附件”后。

(8) 聚焦“战略转型升级”这一核心知识点，重新修订案例使用说明中的具体知识点和案例的典型分析要点，体现对企业转型发展阶段的聚焦。

(9) 案例使用说明中，修订启发思考题，体现对“战略转型升级”知识点的聚焦。案例使用说明的分析思路部分，对应4个启发思考题，相应的知识点分别是：企业资源能力理论、战略转型升级的动因理论、战略转型升级的作用理论、动态环境竞争理论，体现理论的聚焦，避免讨论很大的战略类型比较空泛的情况。

(10) 案例使用说明的理论依据和分析部分，根据最新的启发思考题，对相应的理论依据和分析进行了修订，体现微案例聚焦“战略转型升级”相关知识点、集中聚焦的特点。

(11) 案例使用说明的关键要点部分，将案例的知识点聚焦提炼为：组织战略转型升级的动因、组织战略转型升级的作用机理。

(12) 案例正文中，在最后增加正文附件，将有关福建百秾生态科技有限公司背景的相关简介（包括文字和图片），作为附录放到正文后面。

7. 管理案例的修改结果概要

经过上述修改，提交后，案例经过评审达到中国管理案例共享中心库的入库标准，在2022年10月31日，该案例正式入库。

修改后的案例正文各级标题如下。

0. 引言

1. 公司简介

2. 另辟蹊径，聚焦杂交兰市场

2.1 调研分析，选定目标创业领域

2.2 技术优势，参加展会开拓市场

3. 遭遇窘境，艰难探索中前行

3.1 坚持高质优价，绝不贱卖

3.2 力求“人无我有，人有我特”

3.3 与科研院所合作，攻克虫害

3.4 联合育种，参加比赛寻支持

4. 渡过难关，开始深耕布局

4.1 多措并举，有效降低生产成本

4.2 开拓客户资源，打造品牌美誉度

4.3 拓展产品线，发展保健中药材生产

5. 居安思危，转型升级之路继续！

案例使用说明中的启发思考题，修改为以下4题。

1. 福建百秾生态科技有限公司选择聚焦杂交兰市场，这一战略决策是否合理？

2. 遭遇窘境后，福建百秾生态科技有限公司战略转型升级的动因是什么？

3. 渡过难关后，福建百秾生态科技有限公司开始深耕布局，请评价这次战略转型升级的作用。

4. 面对未来可能遇到的问题，如果你是陈南川，会如何进行下一步的战略转型升级？简要说明你的思路。

8. 该管理案例采编及开发过程的经验

（1）管理案例的知识点应该高度聚焦。管理案例作为服务于教学目标的重要手段，必须体现专业知识点的融合运用。在管理案例正文的撰写过程中，撰写者应该对案例背后所反映的专业知识点有充分的理解，确保知识点高度凝练，而不是过于分散、不聚焦。管理案例的教学目标，必须与管理案例知识的覆盖面高度契合，最终培养学生分析问题、解决问题的实务技能。

在本管理案例的初稿撰写，探讨该公司竞争战略转型时，涉及专门化战略、低成本战略、联合竞争战略等，在撰写时并没有从战略转型升级的核心知识点入手进行组织，导致内容比较零散、缺乏系统性，修改后紧密围绕组织战略转型升级的动因、组织战略转型升级的作用机理进行案例内容的组织，避免出现上述问题。

（2）管理案例中，场景式的展现能够增强案例生动性。管理案例聚焦典型企业的管理事件，通过案例反映企业管理理论的应用。在管理案例正文的撰写中，应当注意文字表达的生动性和引人入胜性，在保证真实事实的前提下，通过人物对话、团队讨论、集体开会、不同利益相关者争论等各种管理决策中的场景展现，尽可能调动阅读者的兴趣，引导其对管理案例的深层次思考。

（3）管理案例正文的各级标题，应尽可能统一长度，提高美观度。管理案例正文的一级标题、二级标题，在内容上应该充分体现案例故事的发展经过，包括起因、经历的变化历程、最终的结果，反映案例故事的起承转合。在形式上，管理案例的撰写者也应当精心设计，各级标题的长度尽可能一致，不要出现一些标题很长而一些标题很短的情形，从标题的结构上，也尽可能实现“对仗”，比如同为动宾结构，或者同为主谓结构。在本案例初稿的撰写时，案例作者在这方面缺乏充分的考虑，在修订案例时，按照形式的美观要求进行了调整，如“3.1 坚持高质优价，绝不贱卖”“3.4 联合育种，参加比赛寻支持”。

（4）管理案例正文的标题，不宜直接体现启发思考题的线索。管理案例作为教学案例，服务于教学的目标。案例教学的过程，需要教师引导学生通过梳理案例正文的故事主线，运用所学的专业理论，寻找案例所体现的知识线。这就决定了案例正文的各级标题，不能出现案例使用说明启发思考题回答问题的关键词，避免先入为主地对学生进行引导，使学生缺乏思考的空间。

在本案例初稿撰写时，在案例正文的标题中，出现了“专攻”“目标细分市场”“开源节流”“多元化”“多渠道”等暗示组织战略类型的文字，在后续修订时去掉了这些关键词。

（5）管理案例使用说明中的关键要点，内容要明确具体。关键要点作为管理案例使用说明中的一个组成部分，内容应当充实、具体，不能泛泛而谈。在本案例初稿撰写时，关键要点部分的文字如下：本案例的关键是，理解组织战略转型升级的动因，掌握影响因素及其作用机理，分析每个阶段战略选择的合理性。

修订后，关键要点的内容进行充实，聚焦“知识、能力”的培养目标，围绕“本案例的关键知识点”“本案例的关键能力点”进行撰写，具体文字如下。

本案例的关键知识点：组织战略转型升级的动因、组织战略转型升级的作用机理。本案例的关键能力点：①理论联系实际的实务技能：培养学生能够根据现实企业的实际，基于竞争战略理论，将相关知识点应用于战略转型升级的决策工作，推动企业竞争优势的增强，提高自身的战略管理实务技能。②系统、全面地诊断、分析的能力：培养学生能够综合考虑企业实际情况和发展阶段，全面、系统地统筹规划战略转型升级总体方案，全面统筹分析，取得较好效果。③提升学生勇于担当、爱岗敬业、不懈探索的管理创新热情和综合素质，为所在组织及当地的发展贡献力量。

（6）管理案例正文的附录，应尽可能丰富，方便阅读者理解案例。管理案例的正文篇幅有限，因此，为了方便案例阅读者全面地理解案例相关公司的基本情况，可以在案例正文附录尽可能地增加有关资料，做到图文并茂，比如公司历年大事记、公司工作场所的图片、公司员工活动的图片、公司主要产品的宣传海报、公司产品促销活动资讯、公司基本规章制度、公司所获得的荣誉证书等。

9. 该管理案例未来可以进一步完善之处

案例正文中，“3.1 坚持高质优价，绝不贱卖”部分，可以再增加一些陈南川做出优质高价决策的原因分析，体现决策的过程。“3.2 力求‘人无我有，人有我特’”部分，可以适当增加有关寻求特色的决策依据，体现决策的探索。案例使用说明的关键要点部分，除了知识、技能方面的目标，还可以增加课程思政育人方面的目标。

六、管理案例《合作之道的实践创新：万嘉超市合伙制的探索》

本案例的采编对象企业是福建百年万嘉超市管理有限公司，案例聚焦的主题是“合伙制”。

1. 公司的基本情况

万嘉超市隶属于福建百年万嘉超市管理有限公司，该公司创立于2000年，公司旗下包括万嘉便利店（即本案例的主体万嘉超市）、万嘉生鲜超市、便利客（新零售品牌）、福建誉太物流等。公司主营业务为零售便利，生鲜超市作为辅助业务。

公司自创立起一直秉承“顾客至上、服务第一”的经营原则，坚持“品质第一、服务第一、便捷第一”的经营理念，旨在满足顾客“省时便利，一站购齐”的日常需求，赢得了广大消费者的好评。经过20多年的发展，万嘉超市已经遍布福州，是福州地区规模较大的连锁便利品牌。在深耕福州之余，公司还将门店开到厦门、泉州、漳州、宁德、莆田等福建省内其他地区。

公司发展态势良好，先后获得福建省连锁50强、福建省著名商标、福州市知名商标、海西百强连锁企业、福建省诚信单位、2020联商“最具投资价值零售品牌”等荣誉称号。

2. 与该公司联系的缘起

案例作者与万嘉超市的结缘，起于福建省批发零售行业协会的牵线搭桥，案例作者所在的福建农林大学经济与管理学院，拥有福建省商务研究基地（海峡商业管理研究中心）这一科研平台，案例作者担任该平台的副主任一职。该平台与福建省批发零售行业协会有十分密切的科研、社会服务的合作关系。福建省批发零售行业协会作为政府、行业龙头企业、中小企业交流的平台，以服务政府主管部门和福建省批发零售行业企业为目标，定期组织各种行业内部的交流、论坛、参观考察。通过该协会的沟通，案例作者与万嘉超市的负责人杨总取得了联系，表达了希望采编及开发基于该企业实际的管理案例的初衷，得到了杨总的认可和支持。

作为一家业绩喜人的零售行业代表性企业，万嘉超市在福州家喻户晓，知名度很高，消费者对该品牌十分认可。以该企业为调研对象进行管理案例的采编及开发，总结其成功的管理经验，能够体现典型性和代表性，为同行业其他企业提供有益的借鉴，价值较大。

3. 管理案例主题的聚焦过程

在确定以福建百年万嘉超市管理有限公司为研究对象进行管理案例的采编及开发后，案例作者与团队成员通过网络查阅了公司的相关资料，并且和公司的杨总、陈总进行了沟通，初步考虑将以下主题作为该管理案例的备选：万嘉超市的员工培养、万嘉超市的合伙制、万嘉超市的物流配送、万嘉超市的选址、万嘉超市的销售渠道等。

其中，万嘉超市的员工培养方面，根据了解得知，公司高度重视员工队伍的建设，2016年成立了万嘉商学院，获得同行业培训交流冠军的荣誉。公司对新入职的员工进行系统化的培训，对在职员工提供精心设计的培训课程，围绕店铺运营管理等核心内容，邀请业内知名讲师进行内训。店长及以上级别的员工离职率很低，公司总部甚至6年来没有人离职，在业内成为佳话。公司在员工培养方面有成功的经验，但是相关的内容相对比较明确，缺乏变化的过程，故事性和矛盾冲突性不足，作为管理案例撰写的主题不够吸引人。

万嘉超市的物流配送方面，公司运用先进的仓储管理系统，实现产品化、精细化的仓储管理，物流配送工作效率较高。公司的成功经验曾经作为典型案例在同行业论坛中进行交流分享，考虑到案例作者的专业背景，对物流与供应链管理的研究并不十分擅长，无法深入地进行案例的剖析，因此不选择该主题。

万嘉超市的选址方面，具有一套比较严格的标准，由董事长杨总亲自培养开拓门店的市场部人员，对列入考虑的地址，公司会派人在不同时间段观察人流量等信息，杨总也会亲自考察。门店开店后如果在营收、成长等财务业绩指标方面无法达到标准，就会被淘汰。相关的案例资料比较简明、清晰，缺乏变化，作为管理案例撰写吸引力不足。

万嘉超市的销售渠道方面，公司除了深耕线下门店销售，还与饿了么等平台开展到家业务合作。有关资料比较有限，信息容量不足，缺乏亮点。

最后，本人将管理案例的主题聚焦为合伙制，这是因为，通过与福建省批发零售行业协会以及万嘉超市的杨总初步沟通了解到，该公司在机缘巧合之下，推出的内部外部相结合的合伙制，为公司的发展注入了活力：在推行合伙制前，公司遭遇员工离职率高、货品丢失率高、店面监管难、拓店速度慢的问题。与此同时，杨总为前来求职的堂哥介绍了开拓门店的任务，许诺找到合适的门店一起投资开店，这次无心之举取得了不错的效果，启发了杨总外部合伙制的思路，公司开始与地理位置优越的在营超市（包括一些夫妻店）合作，双方协商收益分配比例，将这些门店纳入万嘉旗下。外部合伙发展之后，杨总发现门店员工由于收益有限，工作积极性不高，由此开始由外到内，推出内部员工合伙制，使得门店店长以及核心骨干与公司的利益紧密捆绑在一起，极大地调动了他们的能动性。如上所述，万嘉超市合伙制的探索有发展的历程体现，有管理者的决策思考，也体现了公司不同利益相关者之间的角色定位，内容比较充实，有波澜有故事性，在零售行业也有较强的代表性，可以为同行业的其他企业提供较好的借鉴。

4. 管理案例资料收集的过程

在与万嘉超市的董事长杨总、经理陈总面谈前，案例作者通过杨总、陈总的微信朋友圈、万嘉的公众号“万嘉超市福建”、福建百年万嘉超市管理有限公司的官方网站、相关新闻报道、企查查平台等多个渠道，全面收集万嘉超市的案例资料，主要包括以下方面：公司简介、发展历程、风采展示（包括员工培训、户外团建、公司年会、员工生日会照片等）、业态展示（包括便利客、万嘉便利、万嘉生活超市、福建百年万嘉物流中心等）、公司新闻（如公司参加中国便利店大会、参与接待外地连锁经营协会前来考察交流、与厦门太古可口可乐公司签约成为战略合作伙伴等）、岗位招聘信息（包括区域运营经理、主管、文员、会计、门店店长等）、行业新闻、门店的促销活动信息、公司的工商登记和股权信息等。

在查阅了上述资料的基础上，案例作者对公司的基本情况有了初步的了解。以此为基础，结合该公司的实际，同时充分考虑零售行业的特点，案例作者拟定了聚焦万嘉超市合伙制的调查问卷，问卷主要涉及合伙制产生的主要背景情况、外部合伙制的适用对象、合伙人的利益分配规定、合作协议细则、内部合伙制的员工利润分配系数、公司投资比例、外部合伙人投资比例、推行中遇到的困难、解决上述困难的办法。未来对于合伙制的可改进之处等。

问卷的题目主要包括以下几个方面。

1. 万嘉超市的组织结构图、主要部门划分、各个岗位的主要工作职责和胜任条件。

2. 万嘉超市员工的基本情况（包括性别、年龄、工作经验、专业背景等详细信息）。

3. 万嘉超市的门店数量、门店的区域分布等资料。

4. 万嘉超市各个门店的主要商品品类、品牌名称及其价格等。

5. 万嘉超市合伙人制度推出之前，在经营管理上取得的进展、存在的主要问题、产生上述问题的深层次原因等。

6. 万嘉超市推出外部合伙人制度的主要契机，管理层推出该制度的管理决策过程。

7. 万嘉超市外部合伙人制度的详细内容，包括外部合伙人的对象选择、合作双方各自的股份比重、出资总额、利润分成、关店时回收金额等方面的详细规定。

8. 万嘉超市外部合伙人制度推行后，所取得的管理绩效，包括对公司绩效改善、员工工作积极性提升、员工队伍稳定等方面的影响。

9. 万嘉超市推行内部合伙人制度的主要原因，内部合伙人制度的管理决策过程等。

10. 万嘉超市内部合伙人制度所面向的内部员工类型、成为内部合伙人的准入条件、合伙的出资比例、分红构成等详细制度。

11. 万嘉超市内部合伙人制度推行后所取得的成效、存在的不足之处等。

12. 未来，万嘉超市合伙人制度需要进一步优化改善的地方。

在问卷定稿后，案例作者带领研究生与万嘉超市的董事长杨总、经理陈总进行了深入的面谈。访谈中除了上述问卷的内容外，还拓展了解了公司运营模式、市场营销手段、物流配送服务、员工队伍建设等方面的情况，最终完成了本管理案例采编及开发所需要的所有资料的收集工作。

在面谈后，本人还参观了该公司的物流中心，现场了解员工的日常工作，带领学生到万嘉超市各门店，近距离观察门店店员的服务，获得第一手资料。

5. 管理案例正文及使用说明的初稿撰写过程

在上述资料收集后，本人与团队成员开始撰写管理案例（包括正文和使用说明）。管理案例的标题初步确定为“合作之道的实践创新：万嘉超市合伙制的探索”。万嘉超市的杨总在直营模式遭遇员工离职率高、货品丢失率高、店面监管难等问题后，一次偶然的机缘，开始考虑外部合伙制，吸收外部合伙人，公司经营蒸蒸日上，而后由外到内，基于激励员工的初衷顺势推出“内部合伙制”，最终形成一套系统的合伙制，推动公司业绩再创新高。根据上述案例故事的发展轨迹，确定了案例正文的各级标题，依次如下。

0. 引言

1. 遭遇难题，因缘际会，“合伙制雏形”浮出水面

2. 顺理成章，因地制宜，外部合伙应运而生

2.1 广纳外部合伙人，携手新开业超市的运营

2.2 与在营超市建立合作，“化敌为友”

3. 由外至内，延伸扩展，内部合伙初具规模

4. 内外合伙结合，明晰责权利，合伙制发展迅速

5. 隐忧存在，未来继续砥砺前行！

根据上述案例正文的各级标题，思考相应的启发思考题和知识点，最终确定案例使用说明中的启发思考题，依次如下。

1. 万嘉超市实施外部合伙制的原因是什么？请进行分析。

2. 万嘉超市的合伙制，由外部推广到内部员工合伙制，主要的原因是什么？

3. 请分析万嘉超市合伙制的优点、缺点、适用条件。

4. 假如你是杨总，未来在推行合伙制中，还会遇到哪些问题？你将如何应对？请进行预测和分析。

6. 管理案例的修改意见和修改过程

将该管理案例的正文和使用说明投稿中国管理案例共享中心的平时案例的微案例（正文3500字以内）征集，收到案例库后续的返修通知，三个评审专家分别提出了以下意见。

（1）本案例以万嘉超市为研究对象，探讨了合伙制的问题。正文谋篇布局合理，事件选择具有一定的典型性；使用说明理论运用较为恰当，分析也比较深入。但是二者存在的共同问题是：写作的规范性还需提高，存在格式不规范、图表不够美观的情况。

（2）选题一般。语言太过平淡。案例分析的逻辑线不够清晰，这与究竟定位于哪一门课程有关。案例作者说课程“适用于《人力资源管理》《绩效管理》《创新思维与方法》等课程”，但最合适的课程可能就是《公司治理》，目前作者案例分析理论中也有部分用到公司治理相关理论，如利益相关者理论。

（3）正文摘要部分内容提炼条理性不够，语言不够流畅，建议重新提炼该案例最为精华的部分，重新表述。正文故事性不够强。引言过于简单，无法引人入胜；事件描述过于平铺直叙，章节之间的衔接有些生硬；建议重新梳理该事件，重要部分详写，其他部分可以略写，书写过程中注重文章的故事性。该案例的特别之处在于万嘉超市的合伙制，虽然正文中说了很多具体的做法，但是没有进一步提炼万家超市的合伙制到底是怎么样的，建议可以结合图形展示万嘉超市的合伙制。启发性思考问题衔接不够紧密，深入度不够。使用说明不够规范，缺少课堂计划等部分。

根据上述评审专家的意见，进行了相应的修改，主要的修改之处包括以下方面。

（1）根据专家意见，对照写作规范，全面修改格式，对图表进行重新美化，保证图表的美观。

（2）加强正文故事性的描述，避免语言太过平淡的问题。

（3）根据专家意见，重新定位适用的课程，在案例使用说明中，表达如下：本案例主要适用于《组织行为学》《管理学原理》《公司治理》等课程的教学。

（4）正文摘要部分重新提炼，对万嘉超市面临的困境进行详细梳理，引出杨总在偶然事件启发下引入外部合伙制，之后由外到内，推动内部合伙制的制度设计，体现条理和层次，最后说明该案例能为相关企业的合伙制设计提供一定的借鉴，提高整段文字的流畅性。

（5）将原有过于平淡的引言，改为故事性的表述，用“杨总获得全国商业优秀企业家称号后获得同行赞扬、杨总感谢之余回忆一路创业艰辛、万嘉超市合伙制探索历程”的故事，增强吸引力，达到引人入胜、吸引阅读的目的。

（6）针对原有事件描述过于平铺直叙、章节之间衔接有些生硬的问题，进行修改，突出重点（详写），非重点部分略写，主要包括以下方面。

①“1. 遭遇难题，因缘际会，‘合伙制雏形’浮出水面”，该部分用“货品丢失、营业员离职、督导困难、人事经理让杨总在离职申请书签字”的故事导入，冲突性强，引入问题。

②“1. 遭遇难题，因缘际会，‘合伙制雏形’浮出水面”，将“杨总堂哥来求职、而后杨总让其找店面开超市、启发杨总合伙制雏形”的故事详写。

③在“2.1 广纳外部合伙人，携手新开业超市的运营”部分，增加章节间衔接句“超市赚取的利润，堂哥能参与分成，自然就有了主人翁心态，用心地参与到超市经营中，带来的效益是公司督导经理不可比拟的。这给了杨总极大启发”，使过渡更加自然，引出外部合伙制在公司的推行。

④在“2.1 广纳外部合伙人，携手新开业超市的运营”部分，增加章节衔接句“因为对于合伙人没有太多限制，该制度推出后，新开业超市数量激增”，说明店面快速增长，引出下一段随着超市数量增加、市场容量不断饱和、拓店速度慢下来的结果，使过渡更加顺畅。

⑤在“2.2 与在营超市建立合作，‘化敌为友’”部分，增加“高管向杨总抱怨位置好的店铺被夫妻店占据、其店面生意不好”的故事，引出杨总受到的启发，引出与这些店铺合作、将其作为外部合伙人的举措，实现自然过渡。

⑥在“2.2 与在营超市建立合作，‘化敌为友’”部分，增加“按照这个理念，杨总亲自出马谈下了第一家超市的合作。至此与在营超市的合作拉开了序幕”承上启下，引出下文与在营超市合作。

⑦在“3. 由外至内，延伸扩展，内部合伙初具规模”部分，增加“员工对在公司发展前景有更多期望”的故事，由此引出杨总思考对内部员工应关注其需求、开始内部合伙制探索的内容。

⑧在“4. 内外合伙结合，明晰责权利，合伙制发展迅速”部分的开始，增加一段“在外部合伙和内部合伙制度已确立的情况下，每月如何进行利润分成呢？杨总将内外部制度进一步结合起来，形成公司最终的合伙制模式。”

(7) 在案例正文，进一步提炼万嘉超市合伙制的基本规定，具体体现在附录中，并且以图形（万嘉合作制框架图）（结合文字）的形式展示。

(8) 针对“启发性思考问题衔接不够紧密”的问题，修订案例启发思考题，具体包括以下方面。

第 2 题与第 1 题外部合伙制的衔接，修订为：万嘉超市将外部合伙制推行到内部员工合伙，根本原因是什么？

第 3 题与前面两道题的衔接，修订为：在全面梳理万嘉超市内外部合伙制经验的基础上，分析万嘉超市合伙制的优点、缺点、适用条件。

第 4 题与前面题目衔接，修订为：假如你是杨总，你会如何解决目前合伙制中存在的缺点，并进一步深化合伙制的改革？请进行分析。

(9) 针对“启发性思考问题深入度不够”的问题，在案例使用说明中，根据最新修订后的启发思考题，在“四、理论依据和分析”中，充实分析，体现深入度。

(10) 针对“使用说明不够规范，缺少课堂计划等”问题，修订课堂计划，严格按照使用说明规范撰写。

提交后，后续陆续收到有关案例一级和二级标题过长、缺乏凝练、排版格式需要调整等问题，对应进行了逐一修改。

7. 管理案例的修改结果概要

经过多轮修改，最终提交后，案例经过评审达到中国管理案例共享中心库的入库标准，在2022年11月15日，该案例正式入库。

修改后的案例正文各级标题进行了个别字眼的微调和文字的精简，正文中的内容进行了完善，修订后的最终版案例正文标题如下。

0. 引言

1. 因缘际会，“合伙制雏形”浮出水面

2. 顺理成章，外部合伙应运而生

2.1 携手新开业超市

2.2 与在营超市合作

3. 由外至内，内部合伙初具规模

4. 内外合伙结合，发展迅速

5. 隐忧存在，砥砺前行！

案例使用说明的启发思考题修订结果如下。

1. 万嘉超市实施外部合伙制的原因是什么？请进行分析。

2. 万嘉超市将外部合伙制推行到内部员工合伙，根本的原因是什么？

3. 在全面梳理万嘉超市内外部合伙制经验的基础上，分析万嘉超市合伙制的优点、缺点、适用条件。

4. 假如你是杨总，你会如何解决目前合伙制中存在的缺点，并进一步深化合伙制的改革？请进行分析。

8. 该管理案例采编及开发过程的经验

（1）案例分析定位的课程应当明确，案例分析的逻辑线应清晰。管理案例聚焦具体管理问题的分析，教学目的应当十分明确，这反映在管理案例适用的课程上，也应当高度集中，不能同时适用于多门专业课程。在本案例初稿撰写时，对案例分析定位的课程不够明确，“人力资源管理”“绩效管理”“创新思维与方法”等课程之间的关联度也不够强。这导致了案例分析的逻辑线不够清晰，缺乏一条主线贯穿始终。

（2）管理案例正文的摘要部分应当字斟句酌，高度凝练。管理案例的正文摘要是案例的重要组成部分，对案例的主要管理事件发展始末应当交代清楚，语句精简但又不能遗漏关键内容。摘要还应提炼出案例所反映的主要专业知识点及其应用，说明对其他相关企业的借鉴意义。达到上述要求，需要案例撰写者精心推敲摘要部分的文句，反复修订完善，最终提炼精华。

（3）管理案例正文的各章节之间衔接应当自然顺畅。管理案例的故事性是其引人入胜之处，案例正文的各个章节应当行文流畅，展现案例故事的起因、经过、结果，在故事发展中遇到的问题、解决的手段、解决中遇到的阻碍、最终的决策等。案例正文的各个章节之间，要体现发展变化的关键环节，变化的过程，需要自然地衔接语句。

在本案例初稿撰写时，在这方面存在欠缺，导致案例阅读起来显得生硬，修订后增加了货品丢失、员工离职的导入案例，增加相关章节之间的衔接句，交代每一步决策的前期思考和背景，使得案例内容更加有说服力和趣味性。

9. 该管理案例未来可以进一步完善之处

在管理案例正文附录部分，增加有关万嘉超市以及福建百年万嘉超市管理有限公司的发展大事记、公司图片、公司组织结构图、公司举办的各种活动的照片、公司所取得的荣誉称号、相关新闻报道、公司宣传片、微视频等，使案例阅读者对公司有更充分的认识。

七、管理案例《福州快点办商务服务有限公司的企业文化探索之旅》

本案例的采编对象企业是福州快点办商务服务有限公司，案例的主题是“企业文化建设”。

1. 公司的基本情况

福州快点办商务服务有限公司主要业务包括代理公司注册、行政审批、财务记账、商标办理、知识产权、人力资源、品牌营销、软件开发、金融等、品牌设计服务、互联网技术服务、投融资服务等。公司以“互联网+”思维整合创业者、服务商各方资源，定位于为客户提供一站式服务的赋能生态全方位平台，已经服务的客户超过 30000 家，因为服务质量高，经常收到客户的表扬锦旗。公司设有营销中心、财税中心、人事行政中心、客户成长中心、商学院、财务中心、技术中心，现有员工 200 多人。公司在长乐、福清、莆田、三明、平潭、泉州、江西、江苏设有分公司，业务覆盖 12 个地区。

福州快点办商务服务有限公司的核心价值观是：创新、匠心、靠谱、成长、利他。公司现为中国中小企业协会理事单位、专精特新中小企业，在发展过程中，公司经历了代理公司（让代办更轻松）到财税公司（让财税更轻松）、企服公司（让经营更轻松）、赋能生态平台（企业服务平台）的逐步升级。公司在微信公众号、公交巴士等媒介投入宣传广告，品牌知名度较高。公司提供研习生定向培养计划，包括专业知识、实操技能、岗位体验、管理见习等内容，全面提升研习生职业素养。公司对员工进行精细化的绩效考核，定期举办针对销售人员的百万侯评选，培训员工。

2. 与该公司联系的缘起

案例作者与该公司的结缘，起于该公司的高管陆宋权。陆宋权是福建农林大学 2008 级人力资源管理专业的毕业生。在大学就读期间，陆宋权勤奋好学，积极参加学校组织的各项活动，担任学生干部，掌握了人力资源管理专业的基本理论，培养了团队合作、沟通协调的综合素质，受到同学、教师的一致好评。大学毕业后，陆宋权在企业从事多年的人力资源管理工作，担任管理职位的经历培养了他的管理能力，增长了他的见识，开阔了他的视野。在工作多年后，机缘巧合之下，他与福州快点办商务服务有限公司的创始人张炳煌一拍即合，成为张炳煌的合作伙伴，共同经营该公司。

作为校友，陆宋权为人热心，经常返校为学弟学妹分享职场工作经验和心得体会，作为大学生职业生涯规划大赛的评委参与评审，与学院联系签订校企合作实践基地。在这些活动中，案例作者经常与其交流，逐渐对其所在的福州快点办商务服务有限公司产生了浓厚的兴趣，有意进一步深入挖掘公司素材，采编及开发管理案例。

基于福州快点办商务服务有限公司的实际，进行相应的管理案例采编与开发，能够反映优秀校友的创业历程，体现学校人才培养的成果，引导在校学生以陆宋权为榜样，在未来的职场中锐意进取、取得辉煌的成就。案例中能够体现相应的管理知识点，通过课堂教学，在应用中实现理论联系实际、加深对理论理解的教学目标。

3. 管理案例主题的聚焦过程

在确定采编与开发福州快点办商务服务有限公司的管理案例后，案例作者与陆宋权进行了初步探讨，将以下主题作为该管理案例的备选：福州快点办商务服务有限公司的人力资源管理、福州快点办商务服务有限公司的品牌营销、福州快点办商务服务有限公司的创新创业探索和福州快点办商务服务有限公司的企业文化建设。

其中，福州快点办商务服务有限公司的人力资源管理方面，公司在员工甄选招聘、员工培养、员工绩效考核等方面，形成了一套自己的特色管理手段，但是人力资源管理所涉及的模块较多，包括招聘、培训、考核、薪酬管理、劳动关系管理等，如果以人力资源管理为主题进行案例的撰写，容易缺乏凝练、中心不明确。福州快点办商务服务有限公司的品牌营销方面，公司运用传统媒介（包括企业宣传手册、覆盖面较广的移动公交等）进行宣传，“福州代办哪家强，专业注册快点办，注册公司九块钱，代理记账 199，商标注册 699，省钱省心有木有”的广告语深入人心。在新型媒介方面，公司通过微博平台、微信公众号、抖音平台等载体进行大力宣传，在目标消费者心中塑造了专业、高质量的服务提供商形象。相关的资料比较丰富，但是缺乏变化的过程，显得波澜不惊。福州快点办商务服务有限公司的创新创业探索方面，公司的创始人张炳煌从其他行业闯荡多年，到选择代理记账行业创办快点办，进而不断优化升级业务、满足客户的个性化需求，创业的过程具有故事性，但是作为一篇 3500 字的微案例，正文的容量无法容纳创业历程的全面展示，不适合作为微案例的主题。

最终，案例作者将福州快点办商务服务有限公司管理案例的主题聚焦为企业文化建设的探索，这是因为，通过与陆宋权的交流了解到，该公司所提炼的核心价值观“创新、匠心、靠谱、成长、利他”是其企业文化的核心内容，相关的字眼在公司工作场所的墙面、公司手册、公司宣传海报等载体上以醒目的红色字体反复出现。公司在企业文化建设过程中，也经历了从简单到复杂、从不全面到完善的探索过程：初创期提出企业理念愿景、引导员工认真做事，构建公司制度保障，到发展期精益求精、倡导工匠精神、打造平台，员工和企业共同“成长”，完善期引导员工助人为乐、利己利他、加强与客户的互动，互惠共享、关心离职员工，创新期强化客户服务、水到渠成开发新业务、摸索员工“创客化”合伙制、打造赋能平台。该企业文化的探索过程体现了管理事件的发展，有起承转合，故事性和趣味性强，在行业内具有一定的代表性和典型性，具有采编及开发的价值。

4. 管理案例资料收集的过程

在与福州快点办商务服务有限公司的创始人张炳煌、公司高管陆宋权深入面谈前，案例作者通过张炳煌、陆宋权的微信朋友圈、福州快点办商务服务有限公司的微信公众号、官方网站、有关新闻报道、企查查平台等，了解公司的基本业务、业务的办理流程、成功案例、服务的客户情况、公司组织的各种活动（包括员工培训、户外拓展训练、公司每年的表彰大会等），对公司的企业文化内容也有了初步认识：匠心，强调希望员工能够独立承担该岗位工作，成为业务能手，成为业务专家，在业务上帮助、指导他人，成为榜样模范，带领他人或团队共同成长。靠谱，强调希望员工凡事有交代，件件有着落，事事有回音，对于领导交办的重点事项，有专业的表现，能够提出自己的思考，自动自发地开展工作，不需要领导跟催，获得领导的信赖。创新，强调能够对工作方式、方法进行优化，能够对产品进行改善或创新，能够对管理方法、商业模式进行颠覆。成长，强调能够主动学习，每个月参加公司学习 2 次，能够主动传帮带，1 对 1 分享自身经验，能够主动和所有人分享自身经验并成为一名讲师。利他，强调能够主动帮助部门内部小伙伴成长，能够赢得客户的好评与感谢，体现在客户感谢信、锦旗、客户的转介绍等。

在掌握了上述资料的基础上，案例作者结合对该公司的了解，同时考虑了代理记账行业的特点，拟定了针对该公司企业文化建设的调查问卷，问卷涵盖该公司企业文化建设的主要内容、载体、相关的企业文化传播方式、取得的成效、存在的问题、未来进一步改善之处等。

问卷的题目主要包括以下几个方面。

1. 福州快点办商务服务有限公司的发展历程所经历的主要阶段、每个阶段公司业务的显著特点、该阶段公司的经营状况及需要解决的问题等。

2. 福州快点办商务服务有限公司主要面向的客户群体，对于客户的精准画像。

3. 福州快点办商务服务有限公司给客户细分群体提供能够满足他们需求或者解决其问题的产品或服务。

4. 福州快点办商务服务有限公司的重要合作伙伴。

5. 福州快点办商务服务有限公司的核心资源。

6. 福州快点办商务服务有限公司企业文化的符号层（公司外观、工作场所布置等）、制度行为层（公司基本规章制度、员工手册、公司特有的制度、公司的组织风俗、员工行为规范等）、理念层（公司的经营哲学、企业精神、企业风气、企业目标等）方面的基本情况。

7. 福州快点办商务服务有限公司企业文化建设的基本思路，企业文化建设所取得的主要成效，企业文化建设还存在的突出问题等。

8. 福州快点办商务服务有限公司未来商业模式创新的规划，与之相适应的企业文化建设的规划思路。

在问卷定稿后，案例作者带领学生与公司的创始人张炳煌、高管陆宋权、商学院的负责人邹碧生、公司员工代表等进行了深入的访谈。访谈中除了了解上述问卷中的内容，还拓展涉及公司的运营管理、发展战略定位等相关内容。

在面谈后，案例作者还参观了公司的办公场所，近距离感受公司员工的日常工作流程和工作状态。

5. 管理案例正文及使用说明的初稿撰写过程

在收集完所有案例资料后，案例作者与团队成员开始撰写该管理案例（包括案例正文和案例使用说明）。管理案例的标题初步命名为“靠谱、匠心、成长、创新、利他——福州快点办商务服务有限公司的企业文化建设之道”。案例正文的各级标题依次如下。

1. 公司概况

2. 提出企业理念、愿景，如何落地？——呼唤实践中的摸索

3. 如何表述企业文化的基本要求？——企业“靠谱”，客户放心

3.1 员工做事认真

3.2 公司制度富有保障

4. 如何诠释企业文化的更高要求？——精益求精，独具“匠心”

4.1 精细化绩效考核，培养业务能手

4.2 发扬工匠精神，引导员工追求卓越

5. 如何保证企业文化的长期激励？——企业和员工共同“成长”

5.1 推行师徒制和商学院内训，传帮带分享经验

5.2 实行内部岗位资格考试，明确晋升标准

6. 如何打造企业文化的理想境界？——锐意求变，勇于“创新”

6.1 强化客户服务，水到渠成开发新业务

6.2 摸索员工“创客化”合伙制，打造赋能平台

7. 如何保证企业文化的全面建设？——秉持“利他”之心

7.1 员工之间助人为乐，利己利他

7.2 与客户加强互动，互惠共享

7.3 关心离职员工，“人走茶未凉”

8. 未来——隐忧犹在，尚需完善！

案例的启发思考题为以下 4 题：

1. 福州快点办商务服务有限公司的企业文化建设，经历了几个阶段？

2. 福州快点办商务服务有限公司的企业文化，包含哪些层次的内容？

3. 福州快点办商务服务有限公司是如何推进企业文化的宣传、传播？请进行分析。

4. 未来，福州快点办商务服务有限公司面对复杂多变的环境，如何推进企业文化的新一轮建设？请说明你的思路。

6. 管理案例的修改意见和修改过程

将该管理案例的正文和使用说明投稿中国管理案例共享中心的平时案例的微案例（正文 3500 字以内）征集，收到案例库后续的返修通知，三个评审专家分别提出了以下意见。

（1）本案例以福州快点办商务服务有限公司为对象，描述了该公司企业文化建设的探

索。从案例正文来看，①需要重新思考这个案例的设计和决策点。②案例正文有太多主观性评价，比如“企业文化建设，离不开核心价值观的提炼和落地实践”，又如“在这一指导思想下，员工习惯自觉做好工作，了解行业最新政策，帮助客户合理筹划”，不是案例正文的撰写方式。从案例使用说明来看，①教学目标设计不清，这个案例到底要传递什么知识点不聚焦，现在所呈现的写法“掌握企业文化的内涵及构成、企业文化建设的主要阶段、企业文化传播的技巧”不是这篇案例可以实现的。②启发思考题的设计，比如“1. 福州快点办商务服务有限公司的企业文化建设，经历了几个阶段？2. 福州快点办商务服务有限公司的企业文化，包含哪些层次的内容？”，学生是直接在案例正文可以找到答案的。“3. 福州快点办商务服务有限公司是如何推进企业文化的宣传、传播？请进行分析。4. 未来，福州快点办商务服务有限公司面对复杂多变的环境，如何推进企业文化的新一轮建设？请说明你的思路”学生根据现在的信息又无法回答。

（2）现代管理之父德鲁克指出，管理学本质上是人文学科，管理的人文性最生动活泼、也最集中地体现在企业文化中，企业文化要突出人、刻画人性。本案例的不足之处正在于对人的突出不够，对人性的刻画不够。建议进行以下方面的修改：①对企业创始人（或现任核心领导者、领导团队）的价值观相关故事的叙述。任何企业的文化都与其创始人的价值观有深刻的联系，在为数众多的企业中，创始人的价值观决定了企业的价值观，决定了企业文化的核心内容。在案例正文中，没有看到对企业创始人的专门描写，没有叙述创始人价值观与企业价值观的关系。给人以调研和正文描写不全面的感觉。案例正文是比案例使用说明更重要的内容，至少重要性不亚于案例说明。②文化是由鲜活的人物身体力行做出来的，在案例正文的叙述中，重点和完整的人物没有看到，看到的只是某个事件发生时，某个人物说了什么。这种重事轻人的写法在企业文化案例中是不合适的。会导致管理者的故事讲述不完整，零碎化。管理案例是一个具有可读性、引人入胜的故事。案例的人物描写、故事性要大大强化。

（3）首先，正文书写上，过于平铺直叙，正文故事性不够强，建议加强。正文及摘要中都提到了企业的理念及愿景，但似乎只是稍微介绍了理念和愿景是什么，感觉可有可无，稍显突兀。如果要融入理念及愿景，建议进一步梳理其与企业文化之间的关联。其次，企业文化建设是一个比较常见的话题，但是正文部分主要介绍了案例企业每一部分的企业文化是什么，难以体现出该案例的特殊之处。且每个企业的企业文化都有所不同，因此值得读者借鉴的不是案例企业具体的企业文化，而是案例企业是如何推行自己的企业文化，如何克服推行过程中的困难等经验。最后，思考题设置逻辑性不强。从正文描述上来看“靠谱、匠心、成长、创新、利他”可以是企业不同方面平行的企业文化的要求，没有体现出阶段与层次，所以导致在使用说明部分问题分析的过程中，条理性也不够强。建议结合案例企业的企业文化建设特殊之处，重新设计思考题。

根据专家意见，进行了以下修改。

（1）对案例正文中的主观性评价进行修改，改为客观表述。如“企业文化建设，离不开核心价值观的提炼和落地实践”“在这一指导思想下，员工习惯自觉做好工作，了解行业最新政策，帮助客户合理筹划”等表达，分别修改为：“有了理念、愿景，还需要核心价值观的提炼和落地实践”“故事最容易让人理解。有了这个指导思想，大家都自觉做好工作，做事可信可靠。”

（2）在案例使用说明中，进一步梳理教学目标，修订为“（1）掌握企业文化的结构，理解企业文化的特质。（2）运用上述企业文化的专业知识，结合企业实际，克服推动中的困难，有效组织企业文化的建设，提高相关的实务技能。”体现对知识点的聚焦和技能的要求。

（3）重新修订启发思考题，避免启发思考题在案例正文直接找到答案或根据现有信息无法回答、无意义的情况。修订后的 4 个启发思考题如下。

①创始人张炳煌的价值观对该公司企业文化的建设有什么影响？

②福州快点办商务服务有限公司的企业文化内容，具有哪些特色？

③福州快点办商务服务有限公司在推动企业文化贯彻、落地中，有哪些经验？

④未来，福州快点办商务服务有限公司将面对怎样的环境？企业文化的新一轮建设将要克服哪些困难？请预测和分析。

（4）在案例正文中，专门增加对企业创始人张炳煌的价值观相关故事的叙述，通过对企业创始人张炳煌的专门描写，体现创始人张炳煌价值观与企业价值观的关系。

①在案例正文引言中，体现张炳煌回想自己在装修、保险、餐饮、家具等行业一路创业艰辛的内容，展现其价值观形成的基础，增加故事性。

②在案例正文“2. 提出企业理念、愿景，如何落地？——呼唤实践中的摸索”，从客户的对话呼声，引出张炳煌“高效、省钱、专业才能对得起客户信任”的价值观，以及其顺势提出的“更快、更省、更专业”的公司理念和“用 10 年时间帮助 10 万+有梦想、有创新、敢冒险的人轻松创业”的公司愿景。

③在案例正文中，“3. 2 公司制度富有保障”，增加张炳煌要求从“制度上下功夫”的表达，体现其个人价值观，同时引出其要求定期查账、确保靠谱的企业价值观。

④在案例正文中，5. 2 增加张总的表述“员工晋升方面，不是领导说了算，而取决于是否达标”，展现其个人价值观，引出公司内部岗位资格考试，明确晋升标准的做法。

⑤在案例正文中，7. 1 增加张炳煌秉承成人成己价值观的表述“我们会用的一定是乐于奉献、利他的人”，7. 2 增加张炳煌“只有秉承共存、共赢、共享理念，站在客户角度，才能做好‘利他’”的价值观表述，同时引出强调员工利他、与客户互惠共享的企业价值观。

⑥在案例正文中，7. 3 增加张炳煌“我们牵挂离职员工，他们做过贡献，对公司很宝贵”的价值观表述，引出该部分离职员工俱乐部、符合条件离职员工发放伴手礼等做法。

（5）在案例正文中，大力增强案例的人物描写、故事性，将相关故事讲述完整，增加案例的可读性和生动性，具体体现在以下几个方面。

①在“3. 1 员工做事认真”，完整地讲述“买水”故事，体现小邹认真严谨的特点，同时自然导入通过该故事引导员工“凡事有交代，事事有着落，事事有回声”。

②在 4.1 增加张炳煌和高管陆宋权品茗中探讨公司发展的故事，用对话体现人物特点，导入对公司绩效考核精细化修订，引导员工精益求精、独具匠心的做法。

③在 5.1 增加商学院负责人小邹和张炳煌沟通推行师徒制的对话，体现故事性，展现张炳煌和小邹的人物特点。

④在 6.1 增加客户邀约陆宋权参与业务会议的故事，以对话呈现，自然体现公司“强化客户服务，水到渠成开发新业务”的创新做法，同时体现陆宋权锐意创新的个人特点。

⑤在 7.1 增加张炳煌和陆宋权讨论各组工作遇到难题时推动互助的故事，顺势引出以晨会汇报进度、各小组互助的做法。

（6）改变正文平铺直叙的写法，增强故事性。

（7）在案例正文第二部分，对于企业理念和愿景重新梳理，同时说明其与企业文化的关联（理念和愿景是企业文化理念层最根本内容，核心价值观也属于理念层，有了理念和愿景还需要核心价值观提炼落地）。

（8）在案例正文 3.1、4.1、5.1、6.1、7.1、7.2、7.3 等部分，通过相关企业故事的讲述，说明企业推行企业文化的探索过程（通过高管开会讨论、中高管沟通、高层倡导、与客户交流等形式），在该过程中，体现了困难的克服和经验的积累，而非简单罗列公司企业文化建设的做法。

（9）在案例正文描述中，体现“靠谱、匠心、成长、创新、利他”的阶段和层次关系：靠谱是基本要求，匠心是更高要求，成长是长期要求，创新是理想境界，利他是全面要求。

（10）在案例使用说明中，根据快点办企业文化建设特殊之处，重新设计思考题，体现层次条理性。“四、理论依据和分析”部分，根据最新的思考题，梳理相关理论，深入进行分析。

提交后，收到的反馈意见如下：修改后的案例故事性有了很大的提升，选择的理论也更加聚焦，但还存在一些问题可以进一步完善。第一，思考题第 1 题从目前正文的内容来看不太能体现出张炳煌的价值观，建议修改第 1 题的问法或在正文中增加可以体现张炳煌价值观的内容。第二，使用说明中的板书缺少图名。

根据该反馈意见，将启发思考题的第 1 题修改为：创始人张炳煌的个人特质对该公司企业文化的建设有什么影响？更符合案例正文相关体现的内容。在案例使用说明的“三、分析思路”“四、理论依据和分析”中，有所完善。使用说明中的板书，补充图名“图 2 案例板书”。

再次提交后，收到内审专家的意见：①案例标题过大，企业文化建设并非是企业价值观的展示，而是包括企业理念系统、制度行为系统、物质及标识符号系统等为核心内容，加之开展企业文化的传承与弘扬等实践活动在内的一项系统工程。该案例未能全面系统地描述公司的企业文化建设，主要呈现了公司的价值观体系，未能体现“企业文化建设”应有之义。②案例标题过长，缺乏凝练；标题过多，段落之间缺少联系；故事过于简单，缺少主线。③案例内容不够新颖，缺少特色。④企业文化建设由于涉及的内容众多，建议对案例正文围绕一条主线进行系统设计，增加细节，客观描述该公司企业文化建设的实例。

根据上述内审意见，对该案例再次进行了修改，主要修改之处包括以下几个方面。

（1）案例标题修订为《福州快点办商务服务有限公司的企业文化探索之旅》。对案例结构进行重新设计和梳理，案例正文以企业文化探索之旅为主线，分为企业文化的初创、企业文化的发展、企业文化的完善、企业文化的创新四个阶段。各个阶段前后紧密相连，避免割裂的“流水账和豆腐块”。

（2）案例正文的各级标题均进行了修订，使得标题更加简洁，减少细碎的小标题。

（3）根据调整后的案例主线，修订了案例摘要。

（4）案例正文中，企业文化的初创、企业文化的发展、企业文化的完善、企业文化的创新四个阶段，每个阶段都有上下过渡段，前后联系密切，成为一体，避免割裂。案例正文中的内容也进行了完善。

（5）案例使用说明，修订了启发思考题，修改后的启发思考题，包括以下 4 个小题。

a. 创始人张炳煌的个人特质对该公司企业文化建设产生了怎样的影响？

b. 从初创、发展、完善到创新阶段，福州快点办商务服务有限公司各阶段的企业文化具有怎样的特点？

c. 福州快点办商务服务有限公司在推动企业文化传播中，有哪些值得学习的经验？

d. 未来，福州快点办商务服务有限公司将面对怎样的环境？企业文化的新一轮探索将要克服哪些困难？请预测和分析。

（6）案例使用说明中，第四部分“理论依据和分析”部分，分析部分进行了完善，使得分析与修改后的案例正文、相关的理论更加紧密结合。

7. 管理案例的修改结果概要

经过上述修改，提交后，案例经过评审达到中国管理案例共享中心库的入库标准，在 2022 年 11 月 21 日，该案例正式入库。

修改后的案例标题为《福州快点办商务服务有限公司的企业文化探索之旅》。正文各级标题如下。

0. 引言

1. 公司概况

2. 企业文化的初创

2.1 提出企业理念、愿景

2.2 引导员工认真做事

3. 企业文化的发展

3.1 精益求精，倡导工匠精神

3.2 打造平台，员工和企业共同“成长”

4. 企业文化的完善

4.1 引导员工助人为乐，利己利他

4.2 关心离职员工，“人走茶未凉”

5. 企业文化的创新

5.1 强化客户服务，水到渠成开发新业务

5.2 摸索员工“创客化”合伙制，打造赋能平台

6. 未来——隐忧犹在，尚需探索！

修订后的案例启发思考题包括以下 4 题。

1. 创始人张炳煌的个人特质对该公司企业文化建设产生了怎样的影响？

2. 从初创、发展、完善到创新阶段，福州快点办商务服务有限公司各阶段的企业文化具有怎样的特点？

3. 福州快点办商务服务有限公司在推动企业文化传播中，有哪些值得学习的经验？

4. 未来，福州快点办商务服务有限公司将面对怎样的环境？企业文化的新一轮探索将要克服哪些困难？请预测和分析。

8. 该管理案例采编及开发过程的经验

（1）管理案例的启发思考题应该有一定的挑战性和难度。启发思考题作为管理案例教学的重要工具，旨在引导学生运用所学的管理专业理论，结合案例实际进行问题的分析，探究产生问题的深层次原因，提出切实可行的解决方案。这一目的就要求思考题不能过于简单，如果直接可以在案例正文中找到答案，就失去了启发思考的作用。在本案例初稿撰写时，案例作者在这方面考虑不周，最初的思考题缺乏挑战性，难度不足，修订后解决了该问题。

（2）管理案例撰写中切忌“重事轻人”。管理决策的主体是人，管理者的管理风格、领导作风、个人价值观对其管理手段的运用、管理结果的呈现具有重要的影响。因此，在管理案例的撰写中，应该对案例中的关键人物（如做出管理决策的管理者、参与相关事件的重要员工等）进行细致的人物刻画，通过语言、动作、神态、心理活动等多维度展现其个人特质，提高案例的可读性。在本案例初稿撰写时，案例作者对快点办负责人张炳煌的个人价值观缺乏挖掘，导致企业文化的建设缺乏源头，修订后增加了有关张炳煌创业过程形成的个人价值观及其以此为基础凝练的公司价值观，使企业文化建设的探索显得水到渠成。

（3）管理案例正文撰写切忌变成工作总结，不宜运用平行式结构。管理案例基于企业一定的管理情境，反映企业管理决策的探索过程，体现管理知识的运用。因此，管理案例的范式不同于一般企业的工作总结，切忌将企业所取得管理成就进行简单的罗列。在管理案例正文的行文安排方面，也不适合运用“平行式结构”，即案例正文各组成部分之间没有前后因果逻辑关系。在本管理案例初稿撰写时，没有体现企业核心价值观“创新、匠心、靠谱、成长、利他”之间的逻辑关系，相关内容并列地呈现，缺乏管理事件的探索历程展示，特别是在推行企业文化中遇到的困难、采取的手段没有交代，影响了案例的阅读效果。

9. 该管理案例未来可以进一步完善之处

在管理案例正文附录中，增加福州快点办商务服务有限公司发展中的历年大事记，同

时增加一些企业内部培训、团队活动、年会、表彰大会、一对一拜师仪式、每日晨会等活动的现场照片，让案例阅读者对该公司企业文化建设的举措有更直观的感受。

八、管理案例《口袋精酿的乡村创业探索——基于利益相关者的商业模式创新之路》

本案例的采编对象企业是福建口袋精酿啤酒有限公司，案例主题聚焦于“基于利益相关者的商业模式创新”。

1. 公司的基本情况

福建口袋精酿啤酒有限公司位于福建省福州市闽清县塔庄镇茶口村，公司占地面积20亩，投资1000多万元，引进了先进的数字化酿造设备。公司内设展厅活动区、酿造区、原料种植基地区，将精酿啤酒的酿造工艺和工厂周边的田园风光相结合，打造集工业观光、休闲旅游为一体的新业态。公司的酿造工厂成为精酿啤酒观光体验工厂，游客可以品酒、休闲和社交，在周边的土地上种植了茉莉、啤酒花、洛神花、百香果等精酿啤酒的原料植物，吸引了很多游客慕名而来。

2. 与该公司联系的缘起

案例作者与该公司的结缘，起于该公司的总经理孙世海。孙世海大学毕业于福建师范大学，毕业后因为喜欢喝酒因缘巧合之下开了酒馆，结识了一群志同道合的朋友，大家商议之后决定投身精酿啤酒行业，创办福建口袋精酿啤酒有限公司。2020年，孙世海参加了福建省农业经理人培训班（第二期），案例作者作为授课教师与其结识。作为一名受过高等教育的新农人，孙世海管理视野开阔，做事沉稳有魄力，他一手创办的福建口袋精酿啤酒有限公司引起了案例作者的兴趣。通过查阅相关资料了解到，精酿啤酒在国内还属于冉冉升起的朝阳产业，发展前景光明。这样一家融入地域特色、三产融合的公司，究竟有怎样的商业模式秘籍，值得深入的探讨。

基于口袋精酿啤酒有限公司的实际，进行管理案例的采编与开发，能够梳理总结该公司商业模式创新的秘诀，体现优秀农业经理人创新创业的热情和拼搏精神。该公司不同于一般的啤酒酿造公司，在带动周边农户、推动当地经济发展中做出了较大贡献，具有研究的重要价值。

3. 管理案例主题的聚焦过程

在确定以福建口袋精酿啤酒有限公司为管理案例的采编及开发对象后，案例作者以“口袋精酿”为关键词，在网络上搜集该公司相关的新闻报道，并且关注了该公司的微信公众号，了解了公司的主打产品、获得的奖项、促销信息等，初步考虑将以下主题作为该管理案例的备选：口袋精酿的目标市场定位、口袋精酿的品牌营销、口袋精酿的创业历程、口袋精酿商业模式的创新。

其中，口袋精酿的目标市场定位方面，主要面向讲究生活品质、追求精酿独特口味、崇尚创新和独特的中高端消费人群。口感单一的工业啤酒难以满足这些消费群体的需求，而口袋精酿啤酒“传统又创新”的文化、多变的口味、醇厚的口感、个性的酒标等特征正好迎合这一消费群体的需求。由于公司创立之初在这方面的定位策略就十分明确，相关内容缺乏变化的过程，不适合作为管理案例的主题。

口袋精酿的品牌营销方面，公司的品牌名字口袋，源自哆啦A梦的口袋，“口袋虽小，口袋里的世界却很大，我们一直寻找的，或许就在自己的口袋里，装进口袋，饮入口中”是公司的广告宣传语。公司通过微信公众号、淘宝店铺、团队成员的微信朋友圈、线下合作的零售商家进行品牌营销，取得了不俗的成绩。由于品牌营销的手段比较简单，缺乏多元化的方式导入，如果作为管理案例的主题，内容相对单薄。

口袋精酿的创业历程方面，公司创业从一开始确定公司名字，到选址废弃粉干厂，结合本土特色推出一田茉莉小麦、洛神红艾、玳玳香橙西打、果汁酸艾尔、乌梅拉格，与福建师范大学团队合作将米浆水用于制作啤酒，创业过程比较顺利，缺乏遭遇的困难、挫折等问题的分析，作为案例主题进行撰写，故事性和生动性不足。

最后，案例作者将管理案例的主题聚焦为口袋精酿商业模式的创新探索，这是因为，该公司在商业模式的多个要素上都进行了有效的创新，巧妙地整合了相关资源，实现了绩效的最优化：在价值主张创新方面，公司将价值主张凝练为“把想到酿成味道，提供有差异化、有特色的个性化精酿啤酒，进而提供一体化的精酿啤酒文化高品质体验”，实现了个性化；在合作伙伴创新方面，公司将政府、高校、当地村民都纳入重要合作伙伴，资源共享，合作共赢；在核心资源创新方面，公司利用本地的特色花果如茉莉花、啤酒花、金橘、百香果、洛神花等，创造出一田茉莉小麦、洛神红艾、玳玳香橙西打、果汁酸艾尔、乌梅拉格等具有地方特色的精酿啤酒，区别于其他精酿品牌啤酒，真正实现“把想到酿成味道”；在收入来源创新方面，公司基于消费者的体验需求、趣味性需求、便利性需求，拓宽收入渠道；在商业模式创新上，口袋精酿有其独特的思考和探索，相关内容比较充实，故事性强，符合管理案例主题的甄选原则。

4. 管理案例资料收集的过程

在与口袋精酿总经理孙世海进行深入沟通前，案例作者通过孙世海的微信朋友圈、口袋精酿的微信公众号、相关网络平台等多个渠道，了解该公司的案例资料，主要包括以下方面：公司简介、公司主要的产品、产品限时促销方案、公司荣获的奖项和各种荣誉称号、有关领导来公司市场调研的新闻等。此外，案例作者还查阅了大量有关精酿啤酒行业的资料，了解该行业的发展现状。

在掌握上述资料的基础上，案例作者拟定了聚焦该公司商业模式创新的调查问卷，问卷主要涉及该公司商业模式的九大要素基本内容、商业模式创新的主要举措、创新中遇到的问题、相应的解决思路、未来的商业模式创新探索等。

问卷的题目主要包括以下几个方面。

1. 福建口袋精酿啤酒有限公司的组织结构图，公司的部门及岗位设置，各个岗位员工的工作职责及招聘要求等。

2. 福建口袋精酿啤酒有限公司在创业之初的价值主张、公司的细分客户群体及其画像。

3. 福建口袋精酿啤酒有限公司在创业伊始的客户关系、主要的渠道通路、收入来源、重要的合作伙伴、关键业务、核心资源、成本结构。

4. 福建口袋精酿啤酒有限公司在发展到一定阶段后，商业模式进行创新的背景、契机、主要的创新思路。

5. 福建口袋精酿啤酒有限公司商业模式创新后的价值主张、公司细分客户群体、渠道通路、收入来源、重要的合作伙伴、关键业务、核心资源、成本结构等。

6. 未来，福建口袋精酿啤酒有限公司的发展战略规划，公司商业模式进一步创新的主要思路。

在问卷定稿后，案例作者与口袋精酿负责人孙世海进行深入交流。在交流中除了沟通问卷中的内容外，还涉及公司的发展战略定位、市场营销方式的选择等相关内容，最终完成了该管理案例的相关资料收集工作。

5. 管理案例正文及使用说明的初稿撰写过程

在收集完所有案例资料后，案例作者与团队成员开始撰写该管理案例（包括案例正文和案例使用说明）。管理案例的标题初步命名为“口袋精酿的乡村创业‘魔法’——基于利益相关者的商业模式创新之路”。

福建口袋精酿啤酒有限公司在商业模式创新上，从创业之初就开始了不懈的探索：挖掘精酿啤酒独特的卖点，另辟蹊径选址废旧粉干厂，与当地政府密切合作，引入高校技术力量探索当地米浆水废物利用于啤酒酿造，将本土茉莉花、啤酒花、金橘、百香果、洛神花等原料融入啤酒酿造打造独特口感，与周边农庄古厝联动，发展“田园风光体验式工厂”赢得消费者欢心。在全面梳理上述案例故事的基础上，确定了案例正文的各级标题，依次如下。

0. 引言

1. 开办酒吧结识合伙人，精酿啤酒创业提议一拍即合

2. 选址废弃粉干厂，获得当地政府和村民大力支持

3. 与高校“合力碰撞”，巧用米浆水，优化啤酒花种植

4. 融合本土特色元素，“把想到酿成味道”

5. 联动周边农庄古厝，“田园风光体验式工厂”成为亮点

6. 未来：打牢基础，乡村创业继续创新前行！

案例启发思考题包括以下5题。

1. 相对于其他啤酒企业，口袋精酿的价值主张的创新点是什么？

2. 创业中，当地政府、村民、高校作为重要的利益相关者，对口袋精酿的发展起到怎样的作用？

3. 请对口袋精酿依托所在地产品创新的主要做法，进行总结和评价。

4. 口袋精酿联动周边发展休闲体验的思路，对于其收入来源的创新有哪些？

5. 未来，口袋精酿需要在哪些方面进一步创新，以保持竞争力？请预测和分析。

6. 管理案例的修改意见和修改过程

将该案例投稿2022年的百优案例评选，虽然没有获得百优案例的荣誉，但收到案例库后续的返修通知，通知里说明，虽然没有入选“全国百篇优秀管理案例”，但经过修改，达到入库标准后可以收录至中国管理案例共享中心案例库。在百优案例评选时，评审专家分别提出了以下意见。

（1）该案例选题具有一定典型性，通过对乡村创业实践故事，关注当下中国国情。如果题目能更加凝练、客观中立会更好；案例正文谋篇布局基本合理，故事主线清晰，素材和主线结合不够紧密；材料真实客观，建议补充一些附录资料帮助理解案例故事；写作比较规范；教学使用说明中教学目标涉及知识点太多，启发思考题不够聚焦，基于微案例篇幅有限，选取的基础理论知识点建议更加聚焦，并且跟案例密切联系；案例分析要由表及里，层层递进；课堂计划设计建议借助一些表格方式呈现。

（2）本案例以福建口袋精酿啤酒有限公司为对象，描述了该公司基于利益相关者的商业模式创新过程，通过选址废弃粉干厂、与高校合作、融合本地元素、联动周边农庄古厝发展“田园风光体验式工厂”等举措，实现价值主张、重要合作伙伴、核心资源、收入来源等商业模式要素的创新，提升企业竞争优势，推动当地乡村振兴。案例选题具有一定的典型性，核心焦点事件选择恰当，但过于分散，案例谋篇布局合理，材料客观真实，写作较为规范。案例使用说明部分，教学目标的设定较为笼统，核心理论选择恰当，五个主要问题的设计逻辑合理，案例分析深度需要加强，与依据理论的融合性还需加强，课堂计划合理。

（3）本文描述了口袋精酿的乡村创业过程。案例选择具有典型性，语言生动活泼，较具可读性，文章内容层层递进，逐步引出其商业模式相关内容，代入感较强。同时，本文教学目标设置、课堂计划设计较为合理，一定程度上有利于学生对于商业模式相关知识点的掌握，提升学生创新能力与责任担当。但本文仍有以下不足：案例正文部分：本文谋篇布局合理性有待进一步完善，当前的未来展望部分，对已有情况总结略有不足。同时，展望内容虽体现了要吸引年轻人回乡，但对于商业模式创新的展望略有不足。案例使用说明部分：本文的分析深度与逻辑性略有不足。启发思考题的3与4有待进一步完善可能会更好，可能会更有利于学生发散思考与教师聚焦引导；核心理论选择的恰当性略有不足。本文意在围绕商业模式进行探讨，但在问题分析的多处引入多个理论进行分析，可能不利于理论的聚焦。

根据上述评审专家的意见，进行了相应的修改，主要的修改之处包括以下方面。

（1）针对“题目能更加凝练、客观中立会更好”的建议，将案例题目修订为“口袋精酿的乡村创业探索——基于利益相关者的商业模式创新之路”，保持中性客观表达。

（2）针对素材和主线结合不够紧密的问题，在案例正文第2部分、第3部分、第4部分、第5部分开篇，均增加承上启下的过渡语句，保证素材和主线结合紧密。

（3）在案例正文附录，补充较多图片资料，帮助阅读者理解案例故事。图片资料主要包括：附件一：口袋精酿啤酒观光体验工厂、星创天地、工作场所照片。附件二：口袋精酿啤酒部分产品及周边产品照片、宣传海报。附件三：口袋精酿啤酒旗下零售合作商家照片。附件四：口袋精酿啤酒品牌文化、产品宣传照片。

（4）将教学使用说明中的理论知识点进行聚焦，围绕“商业模式要素的创新”这一主线，选择“商业模式要素——价值主张的创新理论、商业模式要素——重要合作伙伴的创新理论、商业模式要素——核心资源的创新理论、商业模式要素——收入来源的创新理论、商业模式创新与竞争优势理论”，与案例紧密联系。

（5）修改了启发思考题的第3和第4题，体现聚焦知识点。

（6）案例分析在原有基础上进行了完善，分析由表及里，层层深入。

（7）课堂计划中的课中计划采用了表格方式呈现。

（8）针对“核心焦点事件过于分散”的问题，如上文所述，已经在案例正文第2部分、第3部分、第4部分、第5部分开篇，均增加承上启下过渡语句，使各个焦点事件前后串联，与主线紧密联系。

（9）针对“案例分析深度需要加强，与依据理论的融合性还需加强”的问题，在案例使用说明“四、理论依据和分析”，增加了理论联系案例实际的融合性分析。

（10）针对“教学目标设定较为笼统”的问题，完善启发思考题，强化专业理论、能力、情感三方面的教学目标聚焦。

（11）案例正文的未来展望部分（6. 未来：打牢基础，乡村创业继续创新前行！），用孙世海的语言，增加了对已有情况的总结。

（12）案例正文的未来展望部分，增加了对商业模式创新的展望，即“口袋精酿的商业模式，还需要进一步创新。比如，我们的目标客户能不能再挖掘，客户关系能不能再加强，渠道通路能不能再开拓，收入来源能不能再增加，这些都是未来的挑战！”

（13）围绕“商业模式要素的创新”这一主线，选择“商业模式要素——价值主张的创新理论、商业模式要素——重要合作伙伴的创新理论、商业模式要素——核心资源的创新理论、商业模式要素——收入来源的创新理论、商业模式创新与竞争优势理论”作为核心理论，理论较为聚焦，并且结合理论进行案例分析，增强分析的深度和逻辑性。

提交后，收到的内审反馈意见如下。

该案例经过修改后，质量实现了提升，但是存在以下问题可以进一步提升：第一，案例涉及的知识点过多，虽然作者用商业模式创新要素来统筹，但是各个知识点之间稍显割裂，建议作者删减知识点，围绕一个最多两个知识点来进行介绍即可。第二，根据聚焦后的知识点，对应调整案例启发思考题、案例分析逻辑和案例正文内容。

根据上述内审意见，对案例再次进行了修改，包括以下方面。

（1）进一步梳理和删减知识点，最终主要围绕“商业模式画布理论”知识点进行介绍。

（2）对应调整案例的部分启发思考题表述。

（3）案例分析逻辑也进行了相应的调整，具体表现在以下方面。

①相对于其他啤酒企业，口袋精酿的价值主张有何创新？——该思考题对应的案例知

识点为“商业模式画布理论——价值主张创新”。

②创业中，当地政府、村民、高校作为重要的利益相关者，对口袋精酿的发展起到怎样的作用？——该思考题对应的案例知识点为“商业模式画布理论——重要合作伙伴创新”。

③口袋精酿依托当地资源，“把想到酿成味道”，请对此做法进行评价。——该思考题对应的案例知识点为“商业模式画布理论——核心资源创新”。

④请对口袋精酿联动周边、发展休闲、体验的思路进行分析。——该思考题对应的案例知识点为“商业模式画布理论——收入来源创新”。

⑤未来，口袋精酿需要在哪些方面进一步创新，以保持竞争力？请预测和分析。——该思考题对应的案例知识点为“商业模式创新与竞争优势理论”。

（4）案例使用说明中，第三部分分析思路，进行了阐述的修订。

（5）案例使用说明中，第四部分理论依据和分析，对于理论依据和分析，进行完善修订。

（6）案例正文中，根据聚焦后的案例知识点，进行正文对应的内容完善，以加强与知识点的联系。

7. 管理案例的修改结果概要

经过上述修改，提交后，案例经过评审达到中国管理案例共享中心库的入库标准，在2022年12月29日，该案例正式入库。

修改后的案例标题为《口袋精酿的乡村创业探索——基于利益相关者的商业模式创新之路》。正文各级标题如下。

0. 引言

1. 开办酒吧结识合伙人，精酿啤酒创业提议一拍即合

2. 选址废弃粉干厂，互惠互利，政府和村民大力支持

3. 与高校“合力碰撞”，巧用米浆水，优化啤酒花种植

4. 融合本土特色元素，“把想到酿成味道”

5. 联动周边农庄古厝，“田园风光体验式工厂”成为亮点

6. 未来：打牢基础，乡村创业继续创新前行！

修订后的启发思考题包括以下5题。

1. 相对于其他啤酒企业，口袋精酿的价值主张有何创新？

2. 创业中，当地政府、村民、高校作为重要的利益相关者，对口袋精酿的发展起到怎样的作用？

3. 口袋精酿依托当地资源，“把想到酿成味道”，请对此做法进行评价。

4. 请对口袋精酿联动周边、发展休闲、体验的思路进行分析。

5. 未来，口袋精酿需要在哪些方面进一步创新，以保持竞争力？请预测和分析。

8. 该管理案例采编及开发过程的经验

（1）管理案例的知识点应该高度聚焦，切忌发散。管理案例的撰写者在撰写案例正文

前，应该明确该管理案例故事所揭示的知识点。作为教学案例，知识点不能过多、过散，否则将很难运用于相关专业课的教学中，也不利于引导学生进行深入的案例研讨。在本案例初稿撰写时，教学目标中涉及较多的知识点，导致相关的启发思考题也比较发散，缺乏主题的凝练。

（2）管理案例正文的各个部分，均应该紧密围绕案例主题。在该管理案例初稿撰写时，在案例最后一部分“6. 未来：打牢基础，乡村创业继续创新前行！”，在对未来展望时，缺乏对商业模式创新方面的内容，没有与案例的主题紧密相关，修订后增加了和商业模式创新相关的设想，实现了主题的聚焦。

9. 该管理案例未来可以进一步完善之处

在管理案例正文的附录中，增加一些关于精酿啤酒行业的介绍，口袋精酿的主要竞争对手基本情况，也可以以列表的形式进行展示。在管理案例使用说明中，融入更多前沿的商业模式理论分析。

九、管理案例《因时而变，随事而制：麦拓猎头目标市场选择的探索之旅》

本案例的采编对象企业是福建麦拓人力资源管理有限公司，案例的主题聚焦“目标市场选择”。

1. 公司的基本情况

福建麦拓人力资源管理有限公司位于福建省福州市台江区富力中心，目前的主要业务是地产、金融、游戏、新能源四个领域的猎头服务。公司以高度的专业精神和职业操守，为相关领域的企业提供人才寻访、测评、背景调查及专家网络等服务。

2. 与该公司联系的缘起

案例作者与该公司的结缘，起于该公司的总经理陈代梁。陈代梁2007年毕业于福建农林大学旅游管理专业，毕业后在企业从事人力资源管理工作多年，积累了丰富的管理经验和人脉资源。凭借优秀的管理素养和个人能力，他开办了福建麦拓人力资源管理有限公司，投身猎头服务领域。

陈代梁在经营麦拓的同时，与校友保持密切的互动，通过校友介绍，案例作者与其认识。交流中，陈总对人才寻访、企业发展商业模式选择、客户定位等方面的见解给案例作者留下了深刻的印象。作为一家猎头公司，麦拓初期以服务地产领域的客户为主，而后经历了开拓金融市场、互联网（游戏）板块的过程，这样一家高质量的本土优秀人力资源管理公司，值得深入探讨。

基于福建麦拓人力资源管理有限公司的实际，采编与开发相关的管理案例，能够系统梳理该公司经营成功的秘诀，揭示优秀企业的成长规律，展现以陈代梁为代表的人力资源从业者锐意进取、开拓创新的创业精神，体现优秀校友的业绩，具有研究的重要价值。

3. 管理案例主题的聚焦过程

在确定以福建麦拓人力资源管理有限公司为管理案例的采编及开发对象后，案例作者以“麦拓”作为关键词，收集网络上该公司的相关新闻信息，认真浏览了公司的官网，了解了公司的发展历程、主要服务的客户、获得的业内奖项等，初步考虑了将以下主题作为该管理案例的备选：麦拓的目标市场选择、麦拓的营销策略、麦拓的人力资源管理、麦拓的商业模式探索。

其中，麦拓的营销策略方面，公司依靠陈代梁从事人力资源管理者多年积攒的人脉资源进行市场开拓，所提供的高端人才寻访等业务产品比较稳定，收费也按照行业惯例，因此营销策略方面可以深入挖掘的、呈现变化的内容并不多，不适合作为管理案例的主题。

麦拓的人力资源管理方面，公司的人员构成比较简单，猎头顾问按照等级分为寻访员、助理顾问、顾问、团队长、合伙人五个层级，晋级的标准主要是工作业绩，结合能力的考查，对公司人员的招聘、培训、绩效考核的方式比较明确，缺乏可以进一步探讨的空间，不适合成为管理案例的主题。

麦拓的商业模式探索方面，公司在价值主张方面，致力于在细分赛道上为客户提供最高质的人力资源服务。在合作伙伴方面，与校友企业、过去从业积累的任职企业形成较好的关系。在核心资源方面，公司依托创业者陈代梁及主要合伙人的人力资源。麦拓在收入来源、成本结构、重要合作、关键业务等方面并没有突出的创新，缺乏故事性，可读性不足，不符合管理案例主题选择的标准。

最后，案例作者将管理案例的主题聚焦为麦拓的目标市场选择，这是因为，该公司在目标市场的选择上，经历了不断优化、调整的过程，最终取得了较好的效果：公司在初创时采用无差异的策略，没有进行目标市场细分，什么行业都做，导致业务不精、收益不佳的结果。在经历公司合伙人调整等阵痛后，面临生存压力，陈代梁与公司员工集思广益，最终确定聚焦地产赛道，取得不错的效益。随后的市场风云突变，房地产行业业绩下滑，陈代梁适时转换赛道，做出转型金融和游戏板块目标市场的决策，走出困境。随着业务的发展，麦拓尝试了开设厦门分公司，为公司未来走出福建迈出了第一步。上述各个阶段的目标市场选择定位，背后的商业逻辑是什么？反映了陈代梁怎样的市场细分、市场定位策略都值得深入的分析与探讨，相关的故事情节比较生动、饱满，富有话题性，因此可以作为管理案例撰写的主题。

4. 管理案例资料收集的过程

在与陈代梁进行面谈沟通前，案例作者通过陈总的微信朋友圈、福建麦拓人力资源管理有限公司的官方网站、相关网页等多个渠道，全面了解麦拓的基本资料，主要包括以下几个方面：公司简介、主要部门及组织结构图、公司的目标细分市场、公司所服务的主要客户名单、公司所取得的荣誉称号（如网易游戏年度 TOP 猎企伙伴、莉莉丝游戏 2021 年度优秀合作伙伴等）、与公司相关的新闻报道等。此外，案例作者还查阅了大量有关猎头行业的背景资料，梳理猎头行业的发展现状。

在掌握上述资料的基础上，案例作者拟定了聚焦麦拓公司目标市场定位的调查问卷，问卷主要涉及该公司目标市场选择的依据、做出上述选择的决策过程、目标市场选择前后的经营情况对比、目标市场选择的探索过程中遇到的困难、对于困难的解决方法、未来在目标市场选择上的规划、公司未来发展的总体思路等。

问卷的题目主要包括以下几个方面。

1. 福建麦拓人力资源管理有限公司在创业之初的基本情况，包括公司人员构成、主要的业务范围、面向的目标客户等。

2. 福建麦拓人力资源管理有限公司在目标市场选择上经历的主要探索历程，该历程中每个阶段公司的经营情况、需要解决的问题、确定的目标细分市场及其主要依据。

3. 福建麦拓人力资源管理有限公司在目标市场选择上的管理决策过程、管理决策中经历的困难、应对上述困难的解决方法（相关事件的发展脉络）。

4. 福建麦拓人力资源管理有限公司目标市场定位所取得的成效，包括公司经营业绩方面、公司员工工作积极性方面、公司所收获的客户满意度方面等。

5. 未来，福建麦拓人力资源管理有限公司目标市场定位可能会进行的调整，进行上述调整的依据，公司的总体发展规划、战略目标。

在问卷定稿后，案例作者与福建麦拓人力资源管理有限公司的陈代梁进行了较为深入的面谈交流。在交流中，进一步明确了该公司目标市场选择的决策过程和管理理念。在交流中，除了与陈代梁沟通问卷中的相关调查内容，案例作者还就公司猎头的甄选与培养、公司客户资源的进一步挖掘、公司品牌建设的思路等，与陈代梁进行了愉快的交流，双方均受益匪浅，最终完成了该管理案例的相关资料收集工作。

5. 管理案例正文及使用说明的初稿撰写过程

在收集完所有案例资料后，案例作者与团队成员开始撰写该管理案例（包括案例正文和案例使用说明）。管理案例的标题命名为“因时而变，随事而制：麦拓猎头目标市场选择的探索之旅”。福建麦拓人力资源管理有限公司在目标市场的选择上，经历了逐步摸索的历程：公司创立之初粗放式经营，各个赛道所有目标客户都服务，遭遇合伙人退出的团队危机后，陈代梁吸收学妹加入，团队痛定思痛，综合考虑决定聚焦房地产赛道，在房地产行业陷入低迷后，陈代梁带领团队开辟金融、互联网版块，公司发展稳中有升，进而创办厦门分公司拓展市场。上述探索的过程，相关的内容可以进行梳理，最终确定的案例正文各级标题，依次如下。

0. 引言

1. 创业伊始，各行业均涉猎，遭遇团队危机

2. 学妹加入，从粗放到聚焦地产赛道，初尝甜果

3. 优质合伙人加盟，开辟金融、互联网版块，渐入佳境

4. 成立厦门分公司，深耕布局，迎难而上

5. 未来：探索之旅，一直在路上

聚焦目标市场选择的知识点，确定案例的启发思考题，包括以下 4 题。

1. 麦拓创业之初，遭遇团队危机的教训是什么？

2. 在这一阶段，麦拓猎头选择房地产行业作为猎头业务的目标客户市场，是如何进行选择和确定的？

3. 麦拓猎头选择从房地产行业转战到金融、互联网行业，你觉得这种转变是否合理，为什么？

4. 麦拓猎头选择进一步开拓非福州地区市场，可能存在什么风险？需要如何应对？

6. 管理案例的修改意见和修改过程

将该案例作为2023年的平时案例投稿，收到三位评审专家的审稿意见。

（1）目标市场选择是企业市场经营策略的重要内容，是企业制定市场营销组合策略的前提和依据，也是《市场营销》和《战略管理》较为重要的内容之一。本案例以麦拓公司在四个发展阶段对于目标市场选择的探索过程为主线进行阐述，对相关企业具有一定的借鉴意义。正文修改意见可适当减少对话内容，同时增加部分附录材料。在案例使用说明方面，教学目标设定合理，课堂教学计划较为合适，建议在具体案例分析部分增加部分前沿理论，同时钻石模型可以采取图示法；课堂计划可考虑细化师生互动的内容，考虑到此案例结尾处带有决策性案例，可考虑辩论式的课堂教学；此外考虑提供部分数字化教学资源。总体来看，案例质量较好，同意入库。

（2）第一，案例正文讲了案例企业不同阶段转变目标市场的故事，但是对案例的描述过于云淡风轻，缺乏对企业基本的介绍，案例中没有反映该企业特征的资料来支撑案例的关键事件。第二，案例正文讲述了该企业四个阶段目标市场的选择，对于猎头公司而言，这更多的是一个企业战略决策的问题。第三，对案例思考题的分析不足，分析方法的使用还需完善。比如，作者使用SWOT分析企业开拓福州外市场的风险和应对策略，但是S、W、O、T列举的各项过于泛泛。

（3）《因时而变，随事而制：麦拓猎头目标市场选择的探索之旅》案例正文可读性好，不过能体现市场营销“专业性”的内容和信息少，企业实施市场细分、目标市场、市场定位的整个过程更像“拍脑袋决策”，缺乏科学的讨论、分析过程。案例既然聚焦于营销领域，建议“思考题1”不要从“团队人力资源有效管理理论”角度去分析。案例正文“4. 成立厦门分公司，深耕布局，迎难而上”中提到“在陈总眼里，厦门分公司只是麦拓布局全国的第一步试水。走出福建的想法……”以及“5. 未来：探索之旅，一直在路上”中“麦拓要在福建之外的其他城市成立分公司”，这些内容给读者的感觉“厦门不是福建的”，然而在“启发思考题4”讲的“4. 麦拓猎头选择进一步开拓非福州地区市场”更准确些。案例题目“因时而变，随事而制”取得好，但案例使用说明没有能够很好地结合“时”和“事”去分析。

根据上述评审专家的意见，进行了对应的修改，主要的修改之处包括以下方面。

（1）根据专家意见，案例正文“2. 学妹加入，从粗放到聚焦地产赛道，初尝甜果”适当减少对话。

（2）案例正文后面增加附录附件，包括：企业简介、企业名称含义、企业经营理念与服务目标、品牌优势、业务内容、成功案例、企业组织结构图、麦拓公司网站链接。在案例正文附录中补充了企业基本资料的介绍，反映企业的特征，支撑案例的关键事件。

（3）案例使用说明中，思考题3的钻石模型采用图示法进行分析。

（4）案例使用说明中，对原有理论进行充实完善，增强理论的前沿性。

（5）案例使用说明中，建议的课堂计划部分，细化师生互动，设计一个辩论题“既然麦拓从房地产退出进入了金融和互联网企业，那么麦拓是不是从一开始就选择金融和互联网企业会更好呢?”，抽取学生代表辩论。

（6）案例正文后面的附件中，增加“附件四：猎头行业介绍视频”的数字化教学资源。

（7）案例使用说明中，思考题4运用SWOT分析企业开拓福州外市场的风险和应对策略，对原有S、W、O、T列举的内容进行深入和充实，避免过于泛泛。

（8）案例正文“2. 学妹加入，从粗放到聚焦地产赛道，初尝甜果”，修订完善了决策的过程，通过讨论可能的目标细分市场、业务组组长提出房地产市场的理由、陈代梁结合校友资源和实际调研的过程展示，体现科学的讨论、分析过程。

（9）“思考题1”不再从“团队人力资源有效管理理论”角度去分析，而是聚焦无差异营销策略的知识点分析，聚焦营销领域。

（10）案例正文中，对原有的厦门、福州的表达进行调整，调整后的表达如下：在陈代梁眼里，厦门分公司只是麦拓走出福州的第一步试水。接下来进一步走出福建。避免给读者“厦门不是福建的”的错觉。

（11）对原有案例使用说明进行修订，使其能够更好地结合“时”和“事”去分析，案例使用说明中，“第四部分 理论依据和分析”部分，每个思考题都根据麦拓公司当时的具体情况，结合“时”和“事”去分析。

提交后，收到的评审反馈意见是：案例正文“2. 学妹加入，从粗放到聚焦地产赛道，初尝甜果”修改为“2. 校友加入，从粗放到聚焦地产赛道，初尝甜果”。修改稿基本按照评审建议做了完善，建议修改后入库。

根据上述反馈意见，进行了修订，修订后的案例正文和使用说明再次提交中国管理案例共享中心库。收到的评审反馈意见如下：该案例经过修改后，质量实现了提升，但是目前的突出问题是，案例使用说明中的分析不够深入，建议作者进一步强化结合理论和材料的分析，同时建议在每个部分补充图表，从而梳理分析逻辑。板书部分，建议作者重新绘制，更清晰展现分析逻辑和知识点。

对照上述评审意见，进行了以下修订：①在案例使用说明中，“四、理论依据和分析”部分的每一道题，充实了相应的分析，使得相关的理论更好地融合案例材料实际问题的分析中。②案例使用说明中，每个部分补充和完善了图表，包括：创业伊始分析图、麦拓STP战略分析图、麦拓钻石模型图、SWOT分析图，从而更好地梳理案例分析的逻辑。③案例使用说明的板书部分，重新进行绘制，以便更清晰地展现分析逻辑和知识点。

7. 管理案例的修改结果概要

经过上述修改，提交后，案例经过评审达到中国管理案例共享中心库的入库标准，在2023年6月7日，该案例正式入库。

修改后的案例标题为《因时而变，随事而制：麦拓猎头目标市场选择的探索之旅》。

正文各级标题如下。

0. 引言

1. 创业伊始，各行业均涉猎，遭遇团队危机

2. 校友加入，从粗放到聚焦地产赛道，初尝甜果

3. 优质合伙人加盟，开辟金融、互联网版块，渐入佳境

4. 成立厦门分公司，深耕布局，迎难而上

5. 未来：探索之旅，一直在路上

修订后的启发思考题包括以下 4 题。

1. 麦拓创业之初，遭遇团队危机的教训是什么？

2. 在这一阶段，麦拓猎头选择房地产行业作为猎头业务的目标客户市场，是如何进行选择和确定的？

3. 麦拓猎头选择从房地产行业转战到金融、互联网行业，你觉得这种转变是否合理，为什么？

4. 麦拓猎头选择进一步开拓非福州地区市场，可能存在什么风险？需要如何应对？

8. 该管理案例采编及开发过程的经验

（1）管理案例正文应该展示管理决策的过程，体现管理智慧。管理案例作为现实企业管理故事的总结，在案例中应当详细地展现相关的管理者完整的决策过程，包括决策基于的客观事实、决策时可能的备选方案、从备选方案中做出最终选择的依据等。如果没有进行全面的展示，只是描述最终的结果，就容易给人随意决策、不够严谨的印象。

在本案例初稿撰写时，案例的初稿只是交代了陈代梁在创立麦拓后由一开始的不分细分市场到后续聚焦房地产赛道，之后转为互联网和游戏赛道的发展过程，但对于每次转变中陈代梁的心路历程、决策过程没有进行展示，案例显得比较单薄。在修订中，案例正文增加了“从粗放经营到讨论可行的细分目标市场、讨论中对于房地产市场的分析、对于金融行业的理解、陈代梁与校友沟通及进行实际调研”等相关内容，体现科学的讨论、分析过程，说明了每次细分目标市场的决策都是经过深思熟虑做出的，而不是草率行事，充分体现“因时而变，随事而制”的特点。

（2）管理案例使用说明，尽可能图文并茂，体现分析逻辑。在该管理案例初稿撰写时，在案例使用说明中更多的是用文字进行阐述，内容相对较多，阅读时容易让人感觉疲劳，同时不容易梳理出案例分析的逻辑。针对上述问题，在案例修订时，在案例使用说明中增补了创业伊始分析图、麦拓 STP 战略分析图、麦拓钻石模型图、SWOT 分析图，通过图片与文字的配合，使阅读者更加清晰案例分析的逻辑思路。同时，在案例使用说明的板书部分，对原有比较简单的板书进行了完善，增强了逻辑性和可读性。

9. 该管理案例未来可以进一步完善之处

在管理案例正文的附录中，增加有关福建省猎头行业的基本情况和竞争态势分析、麦拓主要的竞争对手情况分析。通过对比的方式，展现麦拓的优势、劣势、机会和面临的挑战。

十、管理案例《志存“糕”远：好利来的品牌创新探索之路》

本案例的采编对象企业是好利来企业投资管理有限公司，案例的主题聚焦“品牌创新”。

1. 公司的基本情况

好利来企业投资管理有限公司是一家行业内知名的食品企业，旗下拥有“好利来”烘焙品牌。公司在全国70多个城市拥有近千家直营连锁烘焙店和现代化食品工业园。连锁门店的主营业务是生产与销售蛋糕、面包等中西点烘焙产品。食品工业园主要负责月饼、汤圆、粽子等产品的生产与销售。好利来企业投资管理有限公司自创立以来，一直致力于为消费者提供美味、健康的食品，其连锁门店的设计风格时尚清新，购物环境优雅，深得消费者青睐。2022年中国品牌力指数C-BPI研究结果显示，好利来高居2022年蛋糕甜品中国品牌力指数第一名，企业实力雄厚，发展态势良好。

2. 与该公司联系的缘起

撰写该公司案例的起源，是案例作者所带的三位硕士研究生的提议。福建农林大学经济与管理学院注重培养学生理论联系实际、进行企业管理案例研发的能力，鼓励学生参与管理案例的撰写。三位学生在收集相关企业资料的过程中，对好利来企业投资管理有限公司产生了浓厚的兴趣，在与其进行讨论的过程中，案例作者也初步查阅了有关新闻素材，深感该公司作为一家优秀的本土烘焙企业所探索的管理实践背后的智慧。基于好利来的实际情况，采编和开发高质量的本土企业管理案例，写好中国故事，发出中国声音，具有重要的意义。

3. 管理案例主题的聚焦过程

在确定以好利来企业投资管理有限公司为管理案例的采编及开发对象后，案例作者进一步收集了网络上有关该公司的新闻报道，包括各大招聘平台上该公司的招聘信息、小红书等自媒体平台上有关好利来的讨论等。初步考虑了将以下主题作为该管理案例的备选：好利来的品牌创新、好利来的客户关系管理、好利来的产品创新、好利来的员工队伍管理。

其中，好利来的客户关系管理方面，公司通过线上微博、小红书等自媒体平台与客户进行充分互动，线下各门店安排颜值高、服务态度好的年轻销售员为客户提供贴心、周到、细致的服务，还开通会员，充值可以享受相关优惠。公司在客户关系管理方面的举措深入人心，有口皆碑，但是整体缺乏变动，可以深入挖掘的决策过程有限，不适合作为管理案例的主题。

好利来的产品创新方面，公司从最初的传统蛋糕等产品，升级后推出了半熟芝士、双层芝士蛋糕、小樽雪团、舒芙蕾、北海道蛋糕、奶酥、冰山熔岩巧克力、巧克力慕斯等产品，改变了在消费者心目中产品外观土气、缺乏吸引力的印象。产品创新后，好利来获得了较好的发展。在写管理案例时，如果仅聚焦产品创新，可能无法从根本上总结公司取得良好业绩的经验，公司的产品创新是和其相应的市场细分、品牌定位、品牌形象管理联系在一起的。因此，直接将产品创新作为该管理案例的主题，显得比较单薄，探讨的空间不大。

好利来的员工队伍管理方面，公司在推出黑天鹅、半熟芝士等爆品的同时，按照年轻人喜欢的风格重新装修了各大连锁门店，配备了年轻有活力、工作态度好的门店员工，为客人提供无微不至的贴心服务，赢得消费者的认可。虽然有关的新闻报道较多，但这些报道一般只是对现象的简单陈述，缺乏深入分析公司员工队伍的情况，由于是基于二手资料撰写该管理案例，考虑到资料的可得性，员工队伍管理作为案例主题缺乏可操作性。

最后，案例作者将管理案例的主题聚焦为好利来的品牌创新，这是因为，该公司在品牌创新方面，进行了系统性的探索，最终收获了理想的成效：公司创立之初聚焦产品质量，面临激烈的市场竞争，公司重新进行品牌定位，将细分市场锁定为年轻消费群体。在明确定位的基础上，根据年轻客人的偏好，投入较多资源，推出半熟芝士等爆款产品。公司还积极尝试与其他品牌跨界联名的创新方式，推出一系列富有创意、美味可口的联名限定款产品，按照时尚、新颖的风格重新装修门店，收获了目标消费群体的关注和共鸣。在品牌创新上，公司依托全过程的品牌管理稳步推进，从采购环节到售后环节，全方位打造公司卓越品牌。综上所述，好利来在品牌创新过程中进行的探索，内容较为丰富，具有发展变化的曲折，故事性和趣味性较强，符合管理案例主题的选择标准。

4. 管理案例资料收集的过程

由于本案例是基于二手资料进行编写，案例作者与团队成员在确定了案例主题后，全面地收集好利来企业投资管理有限公司的资料，主要包括以下几个方面：公司近三年的主要新闻、好利来蛋糕官网、好利来微博、天猫上的好利来旗舰店、大众点评等美食网站对好利来烘焙产品的评价、好利来的小红书账号、小红书等自媒体平台上有关好利来的话题(包括好利来必买清单、好利来必吃榜单等)、知乎平台上对好利来的讨论等。此外，案例作者还查阅了大量有关烘焙行业的背景资料，包括烘焙行业的发展历史、趋势等。

在上述二手资料全面收集的基础上，案例作者还向身边的亲朋好友询问其对好利来品牌的总体印象及评价，最终完成了该管理案例的相关资料收集工作。

5. 管理案例正文及使用说明的初稿撰写过程

在收集完所有案例资料后，案例作者与团队成员开始撰写该管理案例（包括案例正文和案例使用说明）。管理案例的标题命名为“志存‘糕’远：好利来的品牌创新探索之路”。案例正文的各级标题依次如下。

0 引言

1 公司概况

2 新秀崛起，好利来品牌老化遭遇危机

3 初试锋芒，“爆品”引领行业潮流

4 力争上游：产品款式持续创新

5 跨界联名，赢得消费者青睐

6 改头换面，线下门店升级展风采

7 保驾护航，管理制度优化改进

7.1 审时度势：从直营模式到加盟制，严把标准要求

7.2 全程管控：从采购到售后，精细化生产管理

8 未来：强敌林立，挑战严峻

案例启发思考题包括以下 4 题。

1. 好利来产品创新针对的目标消费群体是谁？产品创新是否具有特色？

2. 请总结好利来形象创新的特色。未来，好利来还可以如何进一步形象创新？

3. 好利来在管理创新上选择的是哪种类型的创新？其管理创新的特点是什么？

4. 未来，好利来应如何进行品牌传播，提升企业核心竞争力？

6. 管理案例的修改意见和修改过程

将该案例作为2023年的平时案例投稿，收到三位评审专家的审稿意见。

（1）目前案例正文平铺直叙，只是介绍了公司的发展历史，缺乏矛盾和冲突。问题设置过于简单。而且几个问题针对的知识点较为发散。

（2）案例以好利来集团为研究对象，描述了该企业品牌创新的探索过程，选题有一定的典型性。案例是微案例，在谋篇布局上能比较清晰描述在新秀崛起、品牌老化遭遇危机后，研发“爆品”引领行业潮流，产品款式持续创新，跨界联名赢得消费者青睐，线下门店升级，管理制度优化改进等过程，但是案例描述以平铺为主，焦点事件的选择不够突出，如焦点人物创始人公司总裁罗红在品牌创新路径中的困惑、思考和运作描述较少，即阐述过程中缺少品牌创新决策点的描写。案例材料较真实客观，可以围绕好利来品牌的各阶段发展情况增加一些支撑材料。案例教学目标设定较合理，主要适用于“市场营销”课程中“品牌创新”知识点的教学。但课堂提问设计的合理性有待加强，需要围绕“品牌创新”的相关知识点展开，如思考题第 1 题“好利来产品创新针对的目标消费群体是谁？产品创新是否具有特色？”是产品创新问题，没有围绕品牌，建议可以改成“品牌定位”相关的问题。第 2 题“请总结好利来形象创新的特色。未来，好利来还可以如何进一步形象创新？”是提问好利来整个企业的形象创新还是产品创新？或是品牌提升？围绕教学目标不够明确。第 3 题有关管理创新问题也比较大，没有围绕品牌问题展开。案例的思考题与教学目标逻辑性有待加强，提问围绕品牌展开不够聚焦，从而导致核心理论选择的恰当性不够，分析的理论深度与逻辑性有待加强。案例的课堂设计较详细。

（3）案例正文整体上客观、生动，存在的主要问题：在结构上分为 8 个部分，板块过多，内容上不够均衡，建议重新梳理布局。使用说明部分，建议知识点要聚焦，管理创新是比营销更大的一个知识点，理论内容涉及颇多，不能用一个案例就涵盖。建议这一知识点要调整为和营销相关的内容，聚焦于营销活动；板书设计用脑图是好的方法，但是脑图要清晰，凸显重点和逻辑，建议进行调整。

根据上述评审专家的意见，进行了针对性的修改，主要的修改之处包括以下几个方面。

（1）案例正文中增加公司发展历程中的决策过程，体现一定的矛盾、冲突直至最终问

题的解决。如在修改后的案例正文“3 乘风破浪，打造‘爆品’推动创新”部分，增加了该公司推出黑天鹅系列产品配套贵宾待遇赢得关注、但发展有待完善最终缩减黑天鹅门店数的历程，体现需要解决的问题。

以此为契机，引出下文罗红儿子继承衣钵、做出走品牌年轻化路线的决策并到日本拜访甜品匠人、三顾茅庐获得支持打造爆款半熟芝士的内容。

（2）案例使用说明的思考题进行重新设置，聚焦品牌这一主线，围绕品牌创新相关知识点（品牌定位、品牌形象、全过程品牌管理、品牌传播等理论），进行问题的提问，实现知识点的聚焦。

（3）针对“焦点事件的选择不够突出，如焦点人物创始人公司总裁罗红在品牌创新路径中的困惑、思考和运作描述较少，即阐述过程中缺少品牌创新决策点的描写”的问题，增加了罗红进行品牌创新中的决策过程，体现了相应的思考。比如在修订后的案例正文“4.1 跨界联名：增添品牌活力，赢得消费者青睐”部分，增加了跨界联名决策的决策思考。

（4）在案例正文的附件部分，围绕好利来品牌的各阶段发展情况增加了支撑材料，包括：好利来各阶段发展情况表、好利来品牌联名策略（联名对象和联名展示）一览表、好利来全国门店分布图、黑天鹅蛋糕基本情况、好利来主题门店案例。

（5）案例使用说明部分，思考题 1 修改为“请分析好利来的品牌定位针对的目标消费群体”，围绕品牌定位设计问题，体现聚焦。

（6）案例使用说明部分，思考题 2 修改为“请总结好利来的品牌形象创新的特色。未来，好利来还可以如何进一步品牌形象创新?”，围绕品牌形象创新设计问题，体现聚焦。

（7）案例使用说明部分，思考题 3 修改为“好利来品牌管理的特点是什么?”，围绕品牌管理设计问题，体现聚焦。

（8）案例使用说明部分，在“四、理论依据与分析”部分，在理论依据和案例分析部分都进行充实，分析的理论深度与逻辑性得到加强。

（9）案例正文重新梳理，布局由原来的 8 个部分，调整为 6 个部分，使内容更加均衡。

（10）案例的使用说明部分，重新设计思考题，知识点更加聚焦，具体见上文。思考题 4 围绕品牌管理进行出题，知识点和营销相关，聚焦于营销活动。

（11）案例使用说明部分，重新修订了课堂提问，重新设计了板书，使内容更加清晰、突出重点。

提交后，收到的评审反馈意见是：①案例按照之前的评审意见进行了认真修改，正文整体上结构较为合理，写作的规范性较好。使用说明部分原来存在的主要问题为知识点较散，经过调整后知识点得到了聚焦，核心理论选择为营销创新部分的内容，分析恰当，课堂整体设计全面，建议入库。②案例使用说明中教学目标未体现课程思政目标。目前的品牌理论较为普通。因为是二手案例，更加需要增加理论的实践性，目前的提问都比较大而广泛。建议结合品牌营销的最新理论，设计 1~2 个问题。

根据上述反馈意见，进行了修订，修改之处主要包括以下方面。

（1）案例使用说明中，教学目标中增加有关课程思政目标的表述：感受到大众创业、万众创新的时代主旋律，体会以罗红父子为代表的企业家追求品牌价值、锐意创新的创新创业热情和使命担当，培养经世济民、诚信服务、德法兼修的职业素养，激发创业激情，实现课程思政育人的目标。

（2）结合品牌营销的最新理论“品牌营销下的4D模型”，重新设计思考题，思考题1和思考题4都进行重新设计。修改后的思考题1为：请分析好利来针对目标消费群体采取的品牌定位策略；修改后的思考题4为：在品牌创新过程中，好利来采用了哪些品牌营销策略？如果你是好利来的决策者，未来你将如何进一步实现品牌的创新营销？

在案例使用说明中，“四、理论依据与分析”，针对修订后的思考题1和思考题4，进行了对应的理论以及结合案例的分析。

修订后的案例正文和使用说明再次提交中国管理案例共享中心库。收到的评审反馈意见如下：①案例使用说明“一、教学目的与用途”部分的第3行多了两个字‘适用’，删除。案例教学目的建议补充培养学生哪些方面的能力。②“四、理论依据与分析”部分“1. 思考题1的理论依据及分析过程”，建议把思考题1（思考题2~4）的主要内容在标题中描述清楚。根据上述意见再次进行修改。

7. 管理案例的修改结果概要

经过上述修改，提交后，案例经过评审达到中国管理案例共享中心库的入库标准，在2023年6月16日，该案例正式入库。

修改后的案例标题为《志存“糕”远：好利来的品牌创新探索之路》。正文各级标题如下。

0 引言

1 公司概况

2 新秀崛起，好利来品牌老化遭遇危机

3 乘风破浪，打造“爆品”推动创新

4 内外兼修，全面提升品牌形象

4.1 跨界联名：增添品牌活力，赢得消费者青睐

4.2 改头换面：线下门店升级展风采

5 保驾护航，全过程品牌管理

5.1 从直营模式到加盟制，严把标准要求

5.2 从采购到售后，精细化生产管理

6 未来：强敌林立，挑战严峻

修订后的启发思考题包括以下4题。

1. 请分析好利来针对目标消费群体采取的品牌定位策略。

2. 请总结好利来的品牌形象创新的特色。未来，好利来还可以如何进一步品牌形象创新？

3. 好利来品牌管理的特点是什么？

4. 在品牌创新过程中，好利来采用了哪些品牌营销策略？如果你是好利来的决策者，未来你将如何进一步实现品牌的创新营销？

8. 该管理案例采编及开发过程的经验

（1）管理案例使用说明部分，知识点应当高度聚焦。管理案例使用说明的思考题设置、分析思路、理论依据与分析部分，应当聚焦某一领域的知识点，围绕一条主线进行设计，切忌面面俱到、不得要领。

在本管理案例的初稿撰写时，4 个启发思考题对应的案例知识点分别是：产品创新及市场细分理论、形象创新及品牌联合理论、管理创新理论、品牌传播理论，没有主题的聚焦，对应的四个案例知识点（即所运用的理论）视角也比较分散，没有围绕“品牌创新”这一案例主题展开，导致教学目的不够明确，理论分析的逻辑性有待加强。

经过几轮修改后，最终确定的案例启发思考题分别对应市场定位和细分理论、品牌形象创新及品牌联合理论、全过程品牌管理理论、品牌营销下的 4D 模型理论，围绕“品牌创新”这一主轴，实现了理论的聚焦。

（2）管理案例正文的版块不宜过多，应保持布局的合理。由于本管理案例是基于好利来的二手资料进行撰写，公开发布的有关好利来的资料较为丰富，因此案例作者及团队没有选择微案例（案例正文需要控制在 3500 字以内），而是选择常规案例（案例正文字数不做限制）。在案例初稿撰写时，案例正文的大标题有 8 个，结构上分为 8 个版块（不包括引言）。版块过多，不同版块之间内容上不够均衡，影响了阅读者对案例的理解和主要内容把握。修订时，根据有关评审专家的意见，最终将案例正文精炼为 6 个版块（不包括引言）。

9. 该管理案例未来可以进一步完善之处

本管理案例是基于公开收集的二手资料，缺乏对于公司高管的访谈。未来，可以进一步创造条件，获得与该公司高管或相关职能岗位负责人的沟通机会，进一步充实案例内容。

十一、管理案例《从贴牌代工到自创品牌——“蝶恋花”中式爆米花的创业探索之旅》

本案例的采编对象企业是蝶恋花（福州）食品有限公司，案例的主题聚焦“品牌建设”。

1. 公司的基本情况

蝶恋花（福州）食品有限公司（以下简称“蝶恋花”）成立于 2013 年，公司主营业务是爆米花生产。公司的研发团队致力于提升产品质量，精进生产工艺，拥有领先行业水平的爆米花生产设备，生产车间为封闭式无菌车间，环境整洁。蝶恋花（福州）食品有限公司所生产的爆米花已经通过 ISO 9001 和 ISO 22000 食品安全管理体系认证以及英国零售商协会 BRC 全球食品标准认证，产品类型多样化（包括湿爆爆米花、气爆爆米花等），产品口味多元化（包括经典奶油味、黄油风味、焦糖风味、焦糖海盐风味、芝士风味、番茄风味、烧烤风味等），满足了消费者的个性化需求。公司自创蝶恋花品牌售卖爆米花，同时还为家乐福、罗森、永旺、天虹、永辉等国内外知名大型零售商提供贴牌代工，获得好评。蝶恋花的爆米花裹糖均匀，入口 3 秒即化，吃不到玉米渣，酥脆程度堪比薯片，深受消费者喜爱，畅销全国各地。

2. 与该公司联系的缘起

案例作者与蝶恋花（福州）食品有限公司的结缘，起于福建省批发零售行业协会的平台对接，案例作者担任福建省商务研究基地（海峡商业管理研究中心）科研平台副主任。该平台与福建省批发零售行业协会在科研、社会服务等方面合作较为深入。通过与该协会陈秘书长的沟通，案例作者表达了希望调研一家在行业内具有影响力、企业管理水平较高的优秀企业。陈秘书长根据案例作者的需求，结合协会下属会员企业的实际情况，推荐了蝶恋花（福州）食品有限公司作为调研对象。

作为一家发展态势良好的国内爆米花标杆企业，蝶恋花（福州）食品有限公司凭借高质量的产品赢得众多粉丝，以该企业作为调研对象进行管理案例的采编及开发，总结公司成功的经验，具有较大的借鉴意义。

3. 管理案例主题的聚焦过程

在确定以蝶恋花（福州）食品有限公司为管理案例的采编及开发对象后，案例作者以“蝶恋花”作为关键词，进一步收集该公司的相关资料，包括该公司在网络上的新闻报道稿，朴朴等线上平台上该公司自营产品“追剧神器”的销售信息，天虹、永辉等知名零售巨头售卖的蝶恋花（福州）食品有限公司为其贴牌代工的产品情况，公司所获得的各项荣誉等。在信息收集后，初步考虑了将以下主题作为该管理案例的备选：蝶恋花从贴牌代工到自创品牌的创业探索、蝶恋花的市场营销策略、蝶恋花的客户关系管理、蝶恋花的商业模式探索。

其中，蝶恋花的市场营销策略方面，根据经典的市场营销 4P 理论，市场营销策略包括产品策略、价格策略、渠道策略、促销策略。蝶恋花（福州）食品有限公司的产品不断推陈出新，既有经典的传统口味，又有迎合年轻消费者偏好的芝士、芥末、辣条口味等。在价格方面，“追剧神器”定位低端市场、主打物美价廉量大，“玉米炸了”“玉米爆爆”面向 25~35 岁的女性白领，聚焦高端市场，主打更健康、添加少。渠道方面，公司主要依靠线下零售门店和线上电商平台销售其自有品牌产品和贴牌代工产品。促销方面，公司会根据产品特点和时令，适时推出一些促销活动。由于市场营销策略所包含的内容较多，如果将其作为管理案例撰写的主题，在主题把握上可能会存在不够聚焦、重点不突出等问题。

蝶恋花（福州）食品有限公司的客户关系管理方面，公司的负责人左总十分重视客户对产品的反馈，产品包装上曾经贴有左总联系方式的二维码，广泛收集客户的意见，但这方面的内容相对比较简单，缺乏深入拓展的可能性。

蝶恋花的商业模式探索方面，公司在价值主张方面，定位为提供最美味的爆米花产品。在核心资源方面，主要依靠左总及公司研发团队不断精进的工艺。在合作伙伴方面，玉米和食用油供应商、各大知名零售商、线上电商平台等都是重要的合作者。不管是早期的贴牌代工，还是之后选择的自创品牌，蝶恋花的商业模式相对比较稳定和成熟，缺乏变动的过程和进一步探讨的空间，故事性有待加强，不符合管理案例主题选择的标准。

最后，案例作者将管理案例的主题聚焦为蝶恋花（福州）食品有限公司从贴牌代工到自创品牌的创业探索，这是因为，该公司在创业之初，出于成本和生存的考虑，通过审慎的思考最终选择为永辉、新华都、日本永旺等零售商以及影院贴牌代工，保证了资金的及时回笼，避免了库存的积压。在公司发展到一定阶段后，通过公司高管层的头脑风暴，最终一致决定自创品牌，在自创品牌的过程中，蝶恋花（福州）食品有限公司又经历了从"追剧神器"到"玉米爆爆""玉米炸了"的品牌定位和打造。纵观上述创业历程，左总及其管理团队依赖手边的有限资源，在既定条件下，根据公司实际，进行相应的管理决策，每一次转型背后的管理逻辑及管理智慧、经历的艰难曲折，都值得深入的探讨。

4. 管理案例资料收集的过程

在与左总进行面谈前，案例作者通过左总的微信朋友圈、对接人福建省批发零售协会陈秘书长所推送的蝶恋花（福州）食品有限公司新闻报道、企查查平台等多个渠道，尽可能收集有关蝶恋花（福州）食品有限公司的资料。此外，案例作者还查阅了爆米花行业的市场调查报告，了解爆米花产品的由来及其发展历程等资料。

在掌握上述资料的基础上，案例作者拟定了聚焦蝶恋花（福州）食品有限公司的调查问卷，问卷主要涉及该公司创立之初的基本情况、公司选择贴牌代工的主要理由、贴牌代工合作的零售商及影院情况、打造自主品牌的主要原因、自主品牌取名的决策过程、自主品牌产品的目标市场细分客户画像、产品的价格、包装、口味等方面的调整过程、在这过程中遇到的主要困难、解决的主要思路、目前还存在的亟待解决的难题、蝶恋花（福州）食品有限公司未来的品牌建设规划等。

问卷的题目主要包括以下几个方面。

1. 蝶恋花（福州）食品有限公司的组织结构图，公司的门店全国分布情况、公司的主要产品清单（产品名称、外观、口感特色、价格等）等。

2. 蝶恋花（福州）食品有限公司的部门及岗位分布、各个主要岗位的工作职责及任职资格。

3. 蝶恋花（福州）食品有限公司在创立之初选择贴牌代工的决策依据、决策的详细过程等。

4. 蝶恋花（福州）食品有限公司选择为其贴牌代工的企业、选择上述这些企业合作的主要理由、合作过程中的沟通情况等。

5. 蝶恋花（福州）食品有限公司选择创立自主品牌的主要契机、确定自主品牌市场定位的主要决策过程等。

6. 蝶恋花（福州）食品有限公司选择创立的主要自主品牌，从"追剧神器"到"玉米爆爆""玉米炸了"，各个品牌的不同定位情况，面向的细分消费群体画像等。

7. 蝶恋花（福州）食品有限公司发展至今，品牌建设所取得的主要成绩，还存在的突出问题，未来需要进行的品牌建设优化等。

在问卷定稿后，案例作者带领团队与蝶恋花（福州）食品有限公司的左总进行了详细的面谈。面谈的地点选择在位于闽侯的公司厂区。面谈前，左总带领案例作者及团队成员参观了爆米花生产车间，了解完整的生产流程及主要产品。在面谈交流中，针对问卷中的主要内容，案例作者及团队成员与左总进行了深入的沟通。除了问卷中的有关调查内容，案例作者还就公司的发展战略选择、未来商业模式创新的可能性等与左总进行了探讨，最终完成了该管理案例的相关资料收集工作。

5. 管理案例正文及使用说明的初稿撰写过程

在收集完所有案例资料后，案例作者与团队成员开始撰写该管理案例（包括案例正文和案例使用说明）。管理案例的标题命名为“从贴牌代工到自创品牌——‘蝶恋花’中式爆米花的创业探索之旅”。蝶恋花（福州）食品有限公司在创立之初，主要通过为其他企业贴牌代工发展业务，公司高度重视产品质量和工艺改进，产品广受认可。在公司稳步发展后，公司负责人左总开始考虑自创品牌，推出性价比较高的、适合观剧场景的“追剧神器”，不断拓展产品口味，实现差异化。之后进一步延伸产品线，推出“玉米炸了”“玉米爆爆”等聚焦都市白领的新产品，赢得市场认可。根据公司在品牌发展上的探索历程，确定了案例正文的各级标题，依次如下。

0. 引言

1. 吃货创业，严控产品质量，贴牌代工闯出名堂

1.1 优化工艺，确保产品质量

1.2 贴牌代工，倾听消费者反馈

2. 打造自主品牌，推出“追剧神器”，赢得青睐

2.1 关联消费场景，创立自有品牌

2.2 口味推陈出新，满足差异化需求

3. 延伸品牌线，推出“玉米炸了”“玉米爆爆”

3.1 精细化消费者画像，把握需求偏好

3.2 升级产品设计，塑造潮牌形象

4. 未来：线上运营，挑战犹存，继续探索

聚焦品牌定位、品牌传播等相关理论，确定了案例启发思考题，包括以下 4 题。

1. 蝶恋花卖产品阶段，贴牌代工成功的秘诀主要是什么？

2. 相对竞争对手，蝶恋花在打造“追剧神器”品牌时，是如何进行品牌差异化定位的？

3. 如何评价蝶恋花在“追剧神器”品牌打造后，进而推出“玉米炸了”品牌的举措？

4. 针对线上运营遇到的困难，蝶恋花应如何做好品牌传播，迎接挑战？

6. 管理案例的修改意见和修改过程

将该案例作为 2023 年的平时案例投稿，收到三位评审专家的审稿意见。

（1）案例选题具有现实意义。案例正文谋篇布局合理，案例使用说明整体框架思路清晰。写作较为规范，文从字顺，是一篇较好的教学案例论文。建议入库。

（2）案例整体选材较为常规，在正文的写作过程中缺乏亮点和创新点，相关内容没有突出案例企业的差异化。案例使用说明选取的理论框架相对普通，未结合最新的相关文献与理论前沿进展，未很好地突出案例的时效性。

（3）案例描述了“蝶恋花”爆米花公司从贴牌代工到自主创立品牌的探索历程，案例比较新颖，具有一定的研究价值和现实意义；正文逻辑比较清晰，思考题设置具有逻辑性，建议对重点内容进行突出体现，结合理论深入分析案例。案例适用对象应该再精确一些，涉及的知识点太多，建议围绕核心理论再做聚焦。例如本案例用于讲解品牌传播理论就比较牵强，如果专门聚焦到产品策略或者产品组合就比较贴切。明确本案例教学目标的知识点以后，就需要调整案例正文，聚焦主题，描述事实，方便过程中知识点的引出和讨论。课堂谈论提问逻辑部分需要思考，建议进行修改调整，案例说明中的课堂计划需要调整。

根据上述评审专家的意见，进行了针对性的修改，主要的修改之处包括以下几个方面。

（1）在案例正文第四部分，增加线下扩张的“点亮百城计划”内容，这是蝶恋花公司运营中的亮点，体现了企业的特点。

（2）案例使用说明中，在第 3 个思考题中，融入了最新的品牌组合理论的内容，进行案例分析，结合最新相关理论进展，突出案例的时效性。

（3）案例使用说明中，对重点内容进行突出体现，结合理论深入分析案例：思考题 1 中，结合产品策略理论，深入分析蝶恋花在贴牌代工阶段取得成功的秘诀，围绕产品概念的四个层次进行深入分析。思考题 2 中，运用产品差异定位理论，深入分析蝶恋花打造“追剧神器”时的产品差异定位思路。思考题 3 中，运用品牌组合理论，深入分析蝶恋花在打造“追剧神器”后，推出“玉米炸了”品牌的举措。思考题 4 中，结合品牌传播理论，深入分析蝶恋花线上线下的品牌传播情况。案例的使用说明理论分析部分，围绕核心理论，进行了聚焦。

（4）案例适用对象修改为：本案例适用于经管类专业本科生、全日制硕士研究生和 MBA、MPACC 的上述课程教学，更加聚焦和精确。

（5）案例的使用说明中，思考题 4 修改为“针对线上运营和线下扩张遇到的困难，蝶恋花应如何做好品牌传播，迎接挑战？”，增加线下扩张部分的内容分析。

（6）调整案例正文，聚焦主题：案例正文“2.1 关联消费场景，创立自有品牌”部分，增加对产品定位原因的说明。修订后的标题“3.1 把握需求偏好，扩展产品宽度”增加了扩展产品宽度的介绍，修订后的标题“3.2 升级产品设计，延伸产品深度”增加了延伸产品深度的介绍。修订后的标题“4. 未来：线上运营，线下扩张，挑战犹存，继续探索”增加了线下扩张的蝶恋花“点亮百城计划”。通过事实的充实描述，方便讨论过程中知识点的引出和讨论。

提交后，收到的外审专家反馈意见是：根据前期意见做了大幅修改，可以入库。结束外审后，案例进入内审环节，内审专家的反馈意见是：本案例依然存在如下问题：案例特征的进一步挖掘，当前的教学目标涉及市场营销的产品策略、品牌差异化定位、品牌组合、品牌传播等，导致案例的特征过于分散，建议作者围绕如何从贴牌到创牌这一核心点开展，揭示食品领域的创牌过程。第二，案例正文的决策点的明晰，在引言中需要明晰本文的决策点是什么。同时，案例末尾设置的线上运营和线下扩展的关系，这个与品牌的相关性不大，建议作者重新选择最具代表性的决策点。

根据内审专家所提出的上述意见，进行了相应的修改，主要修改之处包括以下几个方面。

（1）案例正文，围绕从“贴牌到创牌这一核心点”，在正文中补充了有关表述。如“1.1 优化工艺，确保产品质量”中，增加了“不管是选择贴牌还是自创品牌，做产品最重要的就是质量”的阐述。标题 2 修改为“2. 打造自主品牌，推出‘追剧神器’，精准定位赢得青睐”，强调打造自主品牌，“2.2 口味推陈出新，满足差异化需求”中增加自创品牌中加强研发、提供多种口味产品的表述。标题 3 修改为“3. 延伸品牌线，推出‘玉米炸了’‘玉米爆爆’，成长循序渐进”，内容中增加了有关品牌维护、推动品牌成长的内容。

（2）案例使用说明，围绕从“贴牌到创牌这一核心点”，对启发思考题进行了修订，启发思考题 2，增加了“在自创品牌阶段”的表述，启发思考题 3，增加了“在品牌成长阶段”的表述。在启发思考题 1 的理论依据和分析部分，将理论修订为“贴牌产品策略及品牌化策略理论”，对应的分析进行了修改。在启发思考题 2 的理论依据部分，更多结合自创品牌的实际进行品牌差异度定位的理论阐述，分析部分结合蝶恋花自创品牌的实际进行分析，修订了相关内容。在启发思考题 3 的分析部分，更多结合蝶恋花自创品牌的实际进行品牌组合的分析，修订了相关内容。

（3）案例正文在引言中导入左总“从贴牌代工到自创品牌，从推动品牌成长到促进品牌传播，这一路走过来，坚持做品牌的初衷就是想在满足客户价值的同时实现产品的价值”的表述，明晰本文决策点。

（4）在案例正文末尾，将标题 4 修改为“4. 未来：线上线下并进，品牌传播遭遇困境”，相关的内容强调了品牌传播遭遇的困境，与案例主题密切相关，有代表性。案例使用说明中，启发思考题 4 的分析部分，结合蝶恋花品牌传播的实际，进行未来品牌传播可能的做法的分析，围绕品牌这一主线，紧扣案例主题。

提交案例修改稿后，收到了内审终审意见：案例正文里的小标题太长了，做标题不合适，比如“3. 延伸品牌线，推出‘玉米炸了’‘玉米爆爆’，成长循序渐进”“4. 未来：线上线下并进，品牌传播遭遇困境”，建议作者修改。

根据案例内审终审意见，进行了如下修订。

（1）将案例正文的标题进行了适当精简，如案例正文的第二个标题，修改为“2. 打造自主品牌，‘追剧神器’精准定位”。

（2）案例正文的标题“3. 延伸品牌线，推出‘玉米炸了’‘玉米爆爆’，成长循序渐进”，修改为“3. 延伸品牌线，推出‘玉米炸了’‘玉米爆爆’”。

（3）案例正文的标题“4. 未来：线上线下并进，品牌传播遭遇困境”修改为“4. 未来：品牌传播，困境如何破”。

7. 管理案例的修改结果概要

经过上述修改，提交后，案例经过评审达到中国管理案例共享中心库的入库标准，在2023年6月26日，该案例正式入库。

修改后的案例标题为《从贴牌代工到自创品牌——“蝶恋花”中式爆米花的创业探索之旅》。正文各级标题如下。

0. 引言

1. 严控产品质量，贴牌代工闯出名堂

1.1 优化工艺，确保产品质量

1.2 贴牌代工，倾听消费者反馈

2. 打造自主品牌，“追剧神器”精准定位

2.1 关联消费场景，创立自有品牌

2.2 口味推陈出新，满足差异化需求

3. 延伸品牌线，推出“玉米炸了”“玉米爆爆”

3.1 把握需求偏好，扩展产品宽度

3.2 升级产品设计，延伸产品深度

4. 未来：品牌传播，困境如何破

修订后的启发思考题包括以下4题。

1. 蝶恋花卖产品阶段，贴牌代工成功的秘诀主要是什么？

2. 在自创品牌阶段，相对竞争对手，蝶恋花在打造“追剧神器”品牌时，是如何进行品牌差异度定位的？

3. 在品牌成长阶段，如何评价蝶恋花在“追剧神器”品牌打造后，进而推出“玉米炸了”品牌的举措？

4. 针对品牌传播遇到的困难，蝶恋花应如何做好品牌传播，迎接挑战？

8. 该管理案例采编及开发过程的经验

（1）管理案例应该结合最新的理论前沿进展，彰显案例的时效性。管理案例的使用说明，理论依据及分析部分，在相关理论的选择上，必须仔细斟酌，尽量不选用那些年代久远、相对陈旧、缺乏新意的理论，更多地考虑结合相关理论的前沿热点、难点和最新进展，体现案例的时代性，展现最新前沿理论与现实企业实际的完美结合，反映当代企业的管理风采和管理实践的特性。

在本管理案例的撰写过程中，最初所选择的理论及其阐述相对比较陈旧，理论虽然内容充实，但新意不足。在案例修订过程中，吸收了相关评审的意见，在思考题中，融入了最新的品牌组合理论的内容，进行案例分析。

（2）管理案例的特征应当高度聚焦，教学目标明确。管理案例作为反映现实企业经营管理实际、揭示企业管理规律的载体，案例特征不能过于分散，应当聚焦案例主题这一主轴，深入阐述。本管理案例在初稿撰写时，教学目标包括掌握产品策略、品牌差异度定位、品牌组合、品牌传播理论等知识点，运用上述知识点进行实践等。教学目标涉及面偏广，不够明确，案例的特征也相对分散。

在该管理案例修订过程中，紧密围绕品牌这一主题主轴，对企业思考题的表述进行了修订，在题目中加入“在自创品牌阶段”“在品牌成长阶段”等字眼，聚焦品牌。在案例使用说明的理论依据和分析部分，对理论进行了调整，启发思考题 1 的理论由原来比较陈旧且不聚焦主题的“市场营销的产品策略”理论，修订为“贴牌产品策略及品牌化策略理论”，体现品牌这一关键线索的贯穿。在启发思考题 2 和 3 的分析中，更多侧重增加品牌的相关内容。案例使用说明中，启发思考题 4 的分析中，融入品牌传播的更多做法分析，紧密围绕品牌主题。

（3）管理案例正文的各级标题，应当高度凝练，言简意赅。管理案例正文的各级标题，是案例相关内容的概括，反映了该篇管理案例的主线。管理案例的阅读者，可以通过扫视管理案例正文的各级标题，大致理解管理案例的主要内容，掌握管理案例的基本脉络。

在本管理案例撰写过程中，案例正文的各级小标题也经历了从繁到简、逐渐精炼的过程，最终阅读时尽量做到少一字则表达不清、多一字则冗余的效果。

9. 该管理案例未来可以进一步完善之处

在管理案例正文的附录中，增加有关爆米花发展历史的详细介绍，也可以拓展到蝶恋花的主要竞争对手如吉利火星等品牌的详细情况分析，增加对于蝶恋花未来品牌探索的思考内容。

十二、管理案例《百年老字号的创新：郑森记组织韧性修炼的探索之路》

本案例的采编对象企业是福建郑森记食品有限公司，案例的主题聚焦“组织韧性修炼”。

1. 公司的基本情况

郑森记的品牌始创于清朝咸丰年间，创立之初主要采取前店后坊的形式生产、销售粮油米面和福州传统食品。福建郑森记食品有限公司成立于 2018 年，公司主要经营米、面制品、速冻食品制造等。公司主打产品包括：鱼丸（包括大鱼丸、水果鱼丸、鲨鱼丸、鳗鱼丸等不同系列）、肉燕（包括原味肉燕、鲜笋肉燕、香菇肉燕、马蹄肉燕、玉米肉燕、干贝肉燕、牛肉肉燕、荠菜肉燕、咸蛋黄肉燕等不同口味肉燕产品）、肉燕丝、白粿干、鲜燕皮、拌面、线面、肉打面等。产品立足于福州传统口味，在此基础上不断优化创新。福建郑森记食品有限公司与美团、朴朴、盒马鲜生、福州长乐国际机场、华润万家旗下的 Ole′精品超市等建立起合作关系，在淘宝也开设了郑森记食品天猫旗舰店，与知名电商主播合作进行产品销售。公司产品通过线下、线上多个渠道进行销售，总体销售情况良好。

公司加入“福建省老字号协会”“福建省餐饮烹饪协会”，积极参加旅游美食博览会、“福文化”嘉年华活动、闽菜美食文化节、淘宝造物节等相关的展览活动，推销自己的老字号福州传统美食产品，弘扬闽菜文化，宣传闽菜非物质文化遗产，获得了广泛的关注和社会各界的普遍赞赏。

福建郑森记食品有限公司发展至今，取得了很多荣誉：“郑森记”获得合福高铁旅游媒体联盟评选的“2019 最具特色的旅游商品”，中华老字号（福建）博览会组委会授予的“最具影响力品牌”，郑森记鱼丸获得“2021 年首届福州鱼丸文化节福州市十佳优质鱼丸”，郑森记餐饮店被授予“2021 年度食品安全放心餐厅”。2022 年，“郑森记”品牌被授予“福建老字号”“福州老字号”的荣誉称号。福州白粿及白粿干制作技艺，获福州市仓山区第三批非物质文化遗产。

近几年，福建郑森记食品有限公司在继续深耕福州传统美食之余，还顺应时代发展需要，积极开拓预制菜系列赛道的产品，探索推出咖喱海鲜荟、咖喱海虾、鸡汤北极贝、膏蟹蒸饭、伴酒炖鳗等产品。

2. 与该公司联系的缘起

案例作者与福建郑森记食品有限公司的结缘，起于一次无意间看到的郑森记宣传海报，对于海报所展现的该公司优质产品和百年老字号的传承创新，产生了浓厚的兴趣。通过相关人士的沟通，案例作者与福建郑森记食品有限公司的负责人黄宇辉（以下简称“黄总”）取得了联系，表达了希望沟通交流、采编公司管理案例的意愿，获得了黄总的积极回应，双方就下一步的面谈沟通时间、地点等细节内容达成了共识。

福建郑森记食品有限公司作为一家百年老字号的传统食品制造企业，目前已经发展成为集产品研发、生产加工、销售、售后服务等于一体的综合性食品企业，在行业内具有较强的代表性和示范性。在竞争日益激烈的当今时代，传统的老字号企业，如何求变求新、转型升级，确实值得深入探讨，以该企业作为调研对象进行管理案例的采编及开发，总结公司成功经验，对其他老字号企业具有较大的借鉴意义。

3. 管理案例主题的聚焦过程

在确定以福建郑森记食品有限公司作为管理教学案例的采编及开发对象后，案例作者通过各种渠道，较为全面地收集了福建郑森记食品有限公司的相关资料，主要包括以下方面：福建郑森记食品有限公司的官方微信公众号（该公众号上面有公司的基本简介、公司的发展历史、公司拍摄的微电影影像、公司的官方网站、公司的工厂实景、产品展示等）、网络上有关郑森记的新闻报道稿、郑森记天猫官方旗舰店的主要产品信息等。

在信息收集后，初步考虑了将以下主题作为该管理案例的备选：

郑森记的产品创新探索、郑森记的商业模式创新探索、郑森记的品牌营销传播、郑森记的组织韧性修炼。

其中，郑森记的产品创新探索方面，公司的福州传统美食，比如鱼丸、肉燕等，经历了从经典口味到结合各地消费者偏好的大胆创新过程。比如，传统的福州鱼丸鱼肉含量较高，一些北方的消费者觉得鱼腥味过重，吃的时候不是很习惯，公司就改良推出了水果鱼丸、蔬菜鱼丸等口味清淡、鱼腥味不重的新产品。针对西北地区消费者喜欢吃牛羊肉的饮食偏好，郑森记推出了牛肉肉燕。对于江浙沪的消费者，郑森记设计出荠菜口味、咸蛋黄口味的肉燕馅料，受到欢迎。郑森记在产品创新方面进行了大胆而有效的创新，值得鼓励，但是相关新闻资料比较简单，缺乏波澜起伏，没有故事性。如果将其作为管理案例撰写的主题，内容相对比较单薄，没有深入讨论的空间。

郑森记的商业模式创新探索方面，公司在价值主张方面，定位为福州优质传统小吃的供应商，在核心资源方面，主要依靠核心技术团队的产品研发工艺，在合作伙伴方面，公司与朴朴、新华都、华润 Ole′等都有供货关系，在淘宝天猫郑森记旗舰店也推出其产品，与优质电商主播进行合作直播卖货。客户细分方面，郑森记致力于将年轻的消费群体尽量纳入目标对象中。渠道通路方面，郑森记依靠线上的电商平台（天猫旗舰店、抖音公众号等）和线下的零售门店，合力并行。总体而言，郑森记的商业模式较为成熟，符合传统食品制造企业的发展常态，缺乏非常突出的创新之处。

郑森记的品牌营销传播方面，公司负责人黄宇辉身为郑森记的第五代传承人兼董事长，崇尚在传承中创新。软件工程专业硕士专业背景出身的黄宇辉，擅于运用互联网的思维对郑森记这一百年老字号进行品牌宣传，避免了很多老字号“酒香也怕巷子深”的窘境。公司聘请了专业员工，负责微信公众号的文案撰写，产品照片、宣传视频（包括微电影）的拍摄等。这方面的内容相对比较平淡，如果作为管理案例的主题，缺乏足够的矛盾和冲突，吸引力不足。

最后，案例作者将管理案例的主题聚焦为郑森记组织韧性修炼的探索，这是因为，黄宇辉从母亲手中接手郑森记时，只有一个招牌和店面，他注册了商标、收集整理了郑森记发展中传承下来的历史资料，强化了“郑森记”这一百年老字号无形资产的价值，体现了组织韧性中资本韧性的运用。在公司初步步入正轨后，黄宇辉做出了积极发展线上渠道的决策，在线上运营的过程中，他经历了由外包电商团队到独立组建电商队伍、由只销售米面油到做福州传统美食供应商、由委托代工厂生产到独立组建工厂推出新产品的探索历程。在上述决策过程中，黄宇辉善于思考、钻研学习、开拓创新、锐意进取，体现了组织韧性中领导韧性的较好运用。遭遇困难后，黄宇辉不降薪、不裁员，带领和鼓励全体员工，共渡难关，后续与员工一起探索运用短视频开拓市场，这都体现了组织韧性中关系韧性的运用。面对未来的发展，黄宇辉能够提前在预制菜赛道布局，与海魁集团联手，体现了组织韧性中战略韧性的作用。上述创业过程中，郑森记的每一步，都体现了组织韧性建设探索，探索的过程并非一帆风顺，其中所经历的曲折、困难和相应的应对解决思路，值得深入总结。

4. 管理案例资料收集的过程

在与黄宇辉面谈之前，案例作者及团队成员通过网站、电商平台、公司微信公众号、公司抖音账号、企查查平台等多个渠道，尽量全面、系统地收集有关福建郑森记食品有限公司的资料。此外，案例作者还走访了郑森记位于福州上下杭景区的餐饮门店，品尝了郑森记的鱼丸、肉燕，在朴朴电商平台下单了郑森记的马蹄肉燕，查阅了福州传统美食（如鱼丸、肉燕、线面、白粿、白粿干等）的历史故事和发展情况资料，也收集了预制菜行业的市场调查报告，了解预制菜行业的情况。

在掌握上述资料的基础上，案例作者拟定了聚焦福建郑森记食品有限公司的调查问卷，问卷主要涵盖该公司的历史发展沿革、黄宇辉接手该公司前的基本情况、黄宇辉上任后的主要举措、公司选择由线下传统门店经营拓展到线上电商运营的变革缘由、公司电商运营团队的主要构成、公司对于目标消费者的客户画像、市场定位、公司选择自建生产工厂的主要原因、公司在新产品研发方面的主要举措及所取得的业绩、公司商品 SKU 清单、公司在客户关系管理方面的主要做法、公司面对挑战所采取的主要应对措施、公司目前发展中面临的突出问题、公司未来发展的主要规划等。

问卷的题目主要包括以下几个方面。

1. 福建郑森记食品有限公司的部门及主要岗位设置，每个岗位的工作职责（完成的主要工作任务）和任职资格（包括学历、工作年限、专业技能、软性技能等方面的要求）。

2. 福建郑森记食品有限公司的员工基本情况（年龄、性别、工作年限、专业背景、胜任力等个体特质等），公司现有人力资源对于公司发展目标的满足情况，公司未来的人力资源规划。

3. 福建郑森记食品有限公司的主要经营产品（包括鱼丸、肉燕、线面、白粿、白粿干等各个系列的子系列产品）基本情况（产品名称、产品价格、主要特色和卖点、市场销售情况等）。

4. 黄宇辉接手郑森记时，郑森记的经营情况。

5. 负责经营福建郑森记食品有限公司后，对于公司发展定位的规划，上述规划的依据。

6. 黄宇辉经营福建郑森记食品有限公司之初，对于企业历史资料的整理情况，所获得的主要收益。

7. “百年郑森记，传承好工艺”口号的由来，黄宇辉对于在当今时代经营百年老字号的主要思路。

8. 福建郑森记食品有限公司开拓线上经营的主要设想，在线上运营过程中，历经的探索、遭遇的困难、公司的应对策略。

9. 福建郑森记食品有限公司主要的线上电子商务平台情况，包括天猫旗舰店、抖音、微信公众号、朴朴等渠道的基本运营现状。

10. 福建郑森记食品有限公司在发展中，如何应对各种突发的危机和棘手的问题，游刃有余地加以解决？相应的成功经验是什么？相应的管理决策过程是如何的？

11. 福建郑森记食品有限公司对于目标客户的具体画像，该细分画像相应的依据。

12. 福建郑森记食品有限公司在生产管理过程中的主要做法。

13. 福建郑森记食品有限公司在新产品研发方面的主要思路，公司现有的商品系列详细清单，各系列商品市场的反馈情况。

14. 福建郑森记食品有限公司在保留传统特色与兼具时代创新之间如何平衡?

15. 福建郑森记食品有限公司在建立和维护客户关系方面的主要经验，公司在客户关系管理方面的主要举措。

16. 福建郑森记食品有限公司目前发展中面临的突出问题、该问题产生的主要原因，公司对于该问题的解决思路。

17. 福建郑森记食品有限公司公司未来的发展规划。

在问卷定稿后，案例作者带领团队成员与福建郑森记食品有限公司的黄总进行了深入的面谈，面谈的地点选择在郑森记位于福州市仓山区南园路的直营门店办公地点。面谈前，黄总带领案例作者及团队成员参观了郑森记百年老字号的历史图片（包括历史上商户经营的票据、税单、捐粮捐物体现社会责任的历史贡献等）。在面谈交流中，根据上述调查问卷的内容，案例作者及团队成员与黄总进行了较为充分的交流。除了问卷中的相关调查内容，案例作者还就公司的发展经营战略、未来经营模式的调整优化、与其他产业融合的可能性等与黄总进行了探讨，最终完成了该管理案例的相关资料收集工作。

5. 管理案例正文及使用说明的初稿撰写过程

在收集完所有案例资料后，本人与团队成员开始撰写该管理案例（包括案例正文和案例使用说明）。管理案例的标题初步命名为“百年老字号的创新：郑森记组织韧性修炼的探索之路”。作为一家百年老字号，郑森记在黄总接手后，进行了大胆的创新探索：全面梳理郑森记的历史资料，作为企业文化建设的宝贵素材，注册商标保护品牌。根据专家建议打出“百年郑森记，传承好工艺”的口号加大宣传。从一开始委托经营到最后决定独立组建郑森记自有的电商运营团队，加强线上平台的销售，试水淘宝购物节。根据消费者口味偏好，不断创新产品，拓展产品线。线上线下联动与员工共渡难关。把握市场发展风口，布局预制菜，与海魁集团联手寻求双赢。根据上述案例故事的发展历程，确定了案例正文的各级标题，依次如下。

1. 引言

2. 接手祖业，老字号焕新

2.1 整理历史资料，注册“郑森记”商标

2.2 老字号协会引荐，卢老提出“百年郑森记，传承好工艺”口号

3. 独立组建电商运营团队，试水淘宝购物节，创新产品

3.1 从委托公司到独立电商运营

3.2 参加淘宝线下造物节吸引流量

3.3 增加电商产品 SKU，创建工厂独立研发创新产品

4. 全体员工总动员，线上线下联动渡难关

4.1 关店、取消上海分部，自救复产

4.2 发展线下渠道

4.3 研究短视频，发展直播带货

5. 布局预制菜，与海魁集团联手促发展

5.1 看好预制菜赛道，发展鱼制品深加工

5.2 借助海魁集团资源与渠道，推动郑森记做大做强

6. 未来：组织韧性修炼，未完待续

聚焦“组织韧性”这一专业知识点，确定了案例启发思考题，包括以下 4 题。

1. “接手祖业，老字号焕新”，在这一阶段，郑森记的组织韧性主要表现在哪个方面？

2. 黄总由委托经营到独立组建电商运营团队，试水淘宝购物节，创新产品组建自己的电商团队，他的哪些特质推动了这一阶段郑森记组织韧性的修炼？

3. 黄宇辉带领员工共渡难关，在这一阶段，组织韧性如何帮助郑森记走出困境？

4. “布局预制菜，与海魁集团联手促发展”体现了组织韧性的哪个方面？

6. 管理案例的修改意见和修改过程

将该案例作为 2023 年的百优案例投稿，虽然未能获评百优案例，但是收到三位评审专家的审稿意见，建议根据审稿意见进行修改，如达到相关要求，可以入库。

第一个评审专家的意见如下：①案例正文，案例描述了郑森记组织韧性修炼的探索过程，选题具有一定的典型性，逻辑清晰，内容完整。但是案例的时间节点不够清楚，建议补充完整引言以及每一部分的时间线。案例每一部分的大标题与小标题字数过多，不够凝练、简洁。作为微案例，正文部分包含的素材过多，不够聚焦。正文附录的图片较多，建议分类整理。②使用说明，使用说明结构完整，案例的教学目标与正文素材的关联性较强。但是，存在一些问题：案例教学目标设置较为简单，建议补充完整可以培养学生哪些部分的能力以及案例具体对应的思政要素。启发思考题 1、3、4，基本探讨的是组织韧性在不同阶段的表现，逻辑性不够强，没有层层递进，且案例分析比较浅显，没有深入剖析组织韧性帮助解决困难的内在机制。第 2 个思考题探讨领导特质对组织韧性的推动作用，但仅从组建电商运营团队这一个阶段进行讨论，没有从组织韧性形成的全过程进行讨论。

第二个评审专家的意见是：本案例以福建郑森记食品有限公司为对象，描述了该公司组织韧性修炼的探索过程，能够让读者在充分阅读案例的基础上，结合相关专业理论，深入思考组织韧性的构成及其对组织发展的影响，也可以为其他相关企业的组织韧性修炼，提供一定的借鉴和参考。总体而言，本案例对象的选取比较鲜明和有代表性，以我国土生土长的老字号企业为焦点，得到的结论比较接地气，有时代特性。案例情节比较生动，且结合了当前数字经济和电子商务的最新发展动态。案例分析比较深入，围绕资本韧性、领导力韧性、关系韧性、战略韧性等，逻辑鲜明，框架清晰。不过，课堂教学环节的设计比较粗糙，如果能精细化一些会更好。

第三个评审专家的意见是：案例描述了福建郑森记组织韧性修炼的探索过程，本案例的主题是企业管理实践中具有典型性的问题。案例以真实的管理情境为素材进行编写，主线清晰明了，具有可读性。案例教学目标设计合理。选择的理论知识聚焦为组织韧性，案例分析思路清晰，能够层层递进，能结合案例素材进行分析。课堂计划详细合理。案例存在问题及修改建议：第一，摘要太长，需要阐述组织韧性吗？需进一步修改精练。第二，按照要求，90 分钟的案例课程问题数量一般要在 10 个左右。

根据上述评审专家的意见，进行了针对性的修改，主要的修改之处包括以下几个方面。

（1）针对“案例每一部分的大标题与小标题字数过多，不够凝练、简洁”的问题，重新修订了案例正文的各级标题，进行了精简。

（2）针对“作为微案例，正文部分不够聚焦”的问题，重新梳理了正文各级标题，确保聚焦主题，同时将原来的案例正文“全体员工总动员，线上线下联动渡难关”下的二级标题“发展线下渠道”“研究短视频，发展直播带货”整合为“开拓线下，同步发展直播”，相关内容进行归并。

（3）针对“正文附录的图片较多，建议分类整理”的问题，重新整理了案例正文的附录图片，并且按照“郑森记第五代传承人相关介绍”“郑森记线下门店实拍”“郑森记基本产品展示”“郑森记战略合作、入驻商家”“郑森记美食博览会、淘宝造物节、电商直播宣传等相关活动”进行分类整理。

（4）针对“案例教学目的设置较为简单，建议补充完整可以培养学生哪些部分的能力以及案例具体对应的思政要素”的问题，重新修订了案例使用说明中的“一、教学目的与用途”：对于培养学生能力部分，表达为“运用上述专业知识，结合企业实际，进行有效的组织韧性修炼，提升理论联系实际、解决问题的管理素养和综合素质”。对于案例具体对应的思政要素，表达为“感受到大众创新、万众创业的时代背景下，以郑森记黄总为代表的创业青年修炼组织韧性、增强企业实力、传承创新百年老字号的责任担当，理解老字号蕴含的深厚历史底蕴和守正创新、传承发展的精髓，实现思想的升华”，明确了教学目标。

（5）针对“启发思考题1、3、4，基本探讨的是组织韧性在不同阶段的表现，逻辑性不够强，没有层层递进，且案例分析比较浅显，没有深入剖析组织韧性帮助解决困难的内在机制”的问题，主要修改包括以下几个方面。

①案例使用说明的启发思考题1，题目修改为“‘接手祖业，老字号焕新’，在这一阶段，组织韧性是如何帮助郑森记站稳脚跟?”，相关分析中体现资本韧性帮助郑森记在该阶段解决困难的内在机制。

②案例使用说明的启发思考题2，题目修改为“由委托经营到独立组建电商运营团队，试水淘宝购物节，创新产品，组织韧性是如何影响郑森记的发展?”，相关分析中着重强调了黄总的领导力韧性在推动郑森记独立组建电商团队、试水淘宝购物节、创新产品中的作用。

③案例使用说明的启发思考题3，题目修改为“郑森记是如何依靠组织韧性渡过难关?”，相关分析中从与员工的关系、与消费者的互惠关系、与主播平台的互惠关系等方面，全面阐述了关系韧性帮助郑森记渡过难关的影响机制。

④案例使用说明的启发思考题4，题目修改为“布局预制菜赛道，联手海魁集团，该阶段组织韧性对郑森记未来发展的影响主要体现在哪些方面?”，相关分析中，重点分析了战略韧性在郑森记该阶段布局中的作用。

（6）针对“第2个思考题探讨领导特质对组织韧性的推动作用，但仅从组建电商运营团队这一个阶段进行讨论，没有从组织韧性形成的全过程进行讨论”的问题，在案例使用说明第2个思考题分析中，围绕组织韧性形成的全过程，从一开始委托经营遇到挫折，到组建电商运营团队，从参加淘宝购物节到创建工厂、独立研发新产品，详细分析了组织韧性的作用。

（7）针对“课堂教学环节的设计比较粗糙，如果能精细化一些会更好”的问题，重新修订了“课堂提问逻辑”部分，精细化相关设计。

（8）针对“第一，摘要太长，需要阐述组织韧性吗？需进一步修改精练”的问题，对摘要进行了精简，去掉组织韧性概念阐述的部分。

（9）针对“按照要求，90分钟的案例课程问题数量一般要在10个左右”的问题，修订了案例使用说明中的“课堂提问逻辑”，修订后的题目为10个。

提交后，收到的专家反馈意见是：案例正文，所有章节编号请使用数字。案例使用说明中，“本案例适用于高年级人力资源管理、工商管理等专业本科生、全日制硕士研究生和MBA、MPACC的上述课程教学”，“高年级人力资源管理”，这种说明不太常见，建议删除。

根据专家所提出的上述意见，进行了相应的修改，主要修改之处包括以下几个方面。

（1）正文，所有章节编号已使用数字。

（2）“高年级人力资源管理”的提法已经删除，原句修改为：本案例适用于人力资源管理、工商管理等专业本科生、全日制硕士研究生和MBA、MPACC的上述课程教学。

7. 管理案例的修改结果概要

经过上述修改，提交后，案例经过评审达到中国管理案例共享中心库的入库标准，在2023年12月19日，该案例正式入库。

修改后的案例标题为《百年老字号的创新：郑森记组织韧性修炼的探索之路》。正文各级标题如下。

0. 引言

1. 接手祖业，老字号焕新

1.1 整理历史资料，注册商标

1.2 协会引荐，打造品牌口号

2. 组建电商团队，创新产品

2.1 委托遭挫，转为独立运营

2.2 参加淘宝购物节，吸引流量

2.3 创建工厂，独立研发新品

3. 全员合力渡难关

3.1 适度紧缩，自救复产

3.2 开拓线下，同步发展直播

4. 布局预制菜，联手海魁集团

4.1 看好预制菜赛道，发展鱼制品深加工

4.2 借力海魁，做大做强

5. 未来：组织韧性修炼，未完待续

修订后的启发思考题包括以下 4 题。

1. “接手祖业，老字号焕新”，在这一阶段，组织韧性是如何帮助郑森记站稳脚跟？

2. 由委托经营到独立组建电商运营团队，试水淘宝购物节，创新产品，组织韧性是如何影响郑森记的发展？

3. 郑森记是如何依靠组织韧性渡过难关？

4. 布局预制菜赛道，联手海魁集团，该阶段组织韧性对郑森记未来发展的影响主要体现在哪些方面？

8. 该管理案例采编及开发过程的经验

（1）管理案例的启发思考题之间，逻辑性应当强化、体现思路。管理案例的启发思考题作为案例知识点的考查体现，各个思考题应当高度聚焦相关专业理论内容，并且在思考题之间形成逻辑关系，共同服务于案例教学目标的实现。

在本管理案例撰写初稿时，最初所拟定的启发思考题之间的逻辑性不够强：第 1 题聚焦黄宇辉接手郑森记的过程中组织韧性的体现，第 2 题则将主题词定位于黄宇辉个人特质对于组织韧性修炼的推动，第 4 题重点关注布局预制菜、与海魁集团联手体现的组织韧性，上述题目虽然都围绕组织韧性设计，但题目表述缺乏一条主线贯穿始终。修订后，启发思考题 1 修改为“‘接手祖业，老字号焕新’，在这一阶段，组织韧性是如何帮助郑森记站稳脚跟?”，启发思考题 2 修改为“由委托经营到独立组建电商运营团队，试水淘宝购物节，创新产品，组织韧性是如何影响郑森记的发展?”，启发思考题 4 修改为“布局预制菜赛道，联手海魁集团，该阶段组织韧性对郑森记未来发展的影响主要体现在哪些方面?”，体现了组织韧性的各个维度的影响及作用机理。同时，在对应的案例使用说明相关分析中，增加了相应组织韧性对郑森记未来发展的影响机理机制内容。

（2）管理案例的使用说明，课堂教学环节的设计应当精细化。管理案例的使用说明中，课堂教学环节作为案例教学的重要指南，需要进行精心设计，围绕课堂案例教学的全过程，优化相关安排，才能较好地发挥相应的作用，提高课堂教学质量。

在本管理案例撰写的初期，相应的课堂教学提问内容相对比较简单，题目之间的内在逻辑联系不够紧密，部分题目和案例使用说明的启发思考题存在内容部分重复的情况，提问的题目包括以下内容：①同学们是否有了解过身边的传统老字号食品？是否有听说过郑森记？②何为组织韧性？③郑森记的振兴是依靠什么支持的？④如果郑森记不独立建立自己的团队工厂还能够发展下去吗？团队与工厂的建立体现了黄总什么能力？⑤黄总是怎么带领郑森记渡过难关，体现了黄总与员工怎么样的关系？⑥郑森记是如何精确定位自身未来目标？⑦为了加强郑森记对抗风险的能力，同学们可以思考一下黄总接下来会怎么做？

修订后的提问题目，包括以下内容：①同学们是否了解过身边的传统老字号食品？②同学们知道哪些老字号？③同学们是否听过郑森记？④郑森记的振兴主要依靠什么？

⑤为什么郑森记要突破传统，试水电商？⑥如果郑森记不独立建立自己的团队工厂，还能够发展下去吗？⑦黄总是如何带领员工渡过难关的？⑧郑森记是如何精确定位其未来的发展目标？⑨为了增强郑森记对抗风险的能力，你认为黄总接下来会怎么做？⑩对于郑森记未来的发展，你有什么样的规划？

9. 该管理案例未来可以进一步完善之处

在管理案例使用说明的附录中，增加和郑森记相类似的地方传统美食老字号的基本情况介绍，特别是福建省福州市本土的一些同类食品老字号（如同利、大福星、永和、聚春园等）的详细情况介绍，可以聚焦老字号发展中的优势、劣势、机遇、挑战，进行对比分析。

附录

附录中的案例来源：中国管理案例共享中心，并经该中心同意授权引用。

案例一正文

口袋精酿的乡村创业探索——基于利益相关者的商业模式创新之路[1]

0. 引言

“砰”，伴着酒杯相碰的声音，两人在吧台畅谈。“我很看好精酿啤酒这个市场，你考虑得怎么样了？”一个端着酒杯的年轻人询问。“嗯，我也希望打造出有本土特色的中国人自己的精酿啤酒，创造一种能感知内心的独特的味道，把啤酒酿造成艺术。”站在吧台前的另一位年轻人孙世海点头赞同，脸上透露着严肃与坚定。

1. 开办酒吧结识合伙人，精酿啤酒创业提议一拍即合

孙世海，一位毕业于福建师范大学的北方汉子，因为喜欢喝酒，选择在福州开办酒馆，初次接触到精酿啤酒。热情豪爽的他结识了一群趣味相投的80、90后朋友，大家时常坐在海哥的酒馆听音乐、品啤酒，畅谈生活。

“海哥，我们都喜欢啤酒，不如一起创建精酿啤酒品牌，酿造有个性化口味的啤酒。”一次聚会中，其中一位女士细啜杯中的精酿，柔声提议道。

“好主意，现在的年轻人都比较有个性，喜欢的啤酒也应该有特色。”

“没错，目前市场上的啤酒几乎没有口味之分……”

“对啊，我们可以酿造自己喜欢的啤酒，平常还可以聚在一起讨论，将精酿啤酒的快

[1] 1. 本案例由福建农林大学经济与管理学院的许驰、李和欣、胡黎馨、蓝煌瑞、王依婷撰写，作者拥有著作权中的署名权、修改权、改编权。本案例受到福建农林大学2020年专业学位研究生课程教学案例库项目《组织变革与人力资源管理转型案例库建设—基于全面育人视角》、2021年度中青年教师教育科研项目（社科类）一般项目（编号JAS21054）、福建省教育科学“十三五”规划2020年度项目《福建省高校新商科数字化创新人才培养影响因素及模式研究》（编号FJJKCG20-211）、原福建农林大学管理学院第二批“课程思政”教育教学改革精品项目《基于课程思政元素全面融入的〈绩效管理〉线下一流本科课程建设》的资助。2. 本案例授权中国管理案例共享中心使用，中国管理案例共享中心享有复制权、修改权、发表权、发行权、信息网络传播权、改编权、汇编权和翻译权。3. 由于企业保密的要求，在本案例中对有关名称、数据等做了必要的掩饰性处理。4. 本案例只供课堂讨论之用，并无意暗示或说明某种管理行为是否有效。

乐分享给其他人。”

大家兴致盎然地讨论着，在持续的谈话中，七个志同道合的合伙人渐渐意识到，精酿啤酒是尚待开发的蓝海区域，未来的市场值得期待。灵感来自哆啦 A 梦口袋的口袋精酿（POCKET BREWERY）就此诞生！

2. 选址废弃粉干厂，互惠互利，政府和村民大力支持

口袋精酿品牌创立后，酒馆生意蒸蒸日上，孙世海等 7 名合伙人开始考虑创办啤酒工厂。在哪里办厂呢？“行业还处于起步阶段，为了降低成本，还是建在乡村比较好。”孙世海回忆道。

七人分头寻找厂址，先后到福州多地考察，花了近一年的时间，最终有了几个不错的备选。

“在这几个厂址中，我觉得闽清县的废弃粉干厂最好。”

“确实，茶口村的位置比较好，离福州城区也算近，工厂面积也合适。”

“是啊，最让人心动的是粉干厂前面有一大片农田，很适合栽种啤酒花。”

“我初步沟通了下，当地政府积极性很高，主动介绍了茶口村的整体规划和乡村振兴计划，很支持青年乡村创业。”

在交流中，大家默契地达成一致意见：闽清县塔庄镇茶口村发布的转让公告中的废弃粉干厂是最优选择。

精酿啤酒厂很快成为塔庄镇招商引资落地项目，为了保证粉干厂的转让更加顺利，当地政府牵头与农户沟通，一个月就顺利完成工作。工厂报批也十分顺利，在谈好土地问题的半个月后，啤酒厂正式开工。在建造啤酒厂的过程中，有时会出现突发情况，如半夜停电、停水等，当地政府总能及时帮助解决问题。

工厂办起来，人手问题成为下一个关键点。由于工厂选址在茶口村，工厂的工作人员很难从福州市区进行招聘，路程时间和住宿都是较大的问题。为解决这一难题，口袋精酿选择就地招人，招聘的主要是周边的村民。

“当地农民都是花果种植的能人，我们在啤酒厂门前种了啤酒花、茉莉花等，有了他们帮忙，能够少走弯路 。啤酒厂也能给他们提供就业岗位，算是一举两得。”孙世海笑言这是双赢。

此外，口袋精酿啤酒自成立以来，一直不断地研发生产啤酒，酿酒产生的废水经过机器处理可以直接灌溉农田，而酿造产生的麦芽废渣，也被识货的村民装回去喂牲畜，可谓循环利用的典范。“每次我们要排出麦芽废渣，村民们都早早等在工厂门外。”调研中，孙世海得意地笑着说。

3. 与高校“合力碰撞”，巧用米浆水，优化啤酒花种植

在政府和村民的大力支持下，口袋精酿啤酒厂的发展非常顺利。为了创造不同口味的精酿啤酒，啤酒厂的尽头，专门设了一间实验室进行研发。

一天，孙世海坐在工厂门口与茶口村的村民们闲聊，一位老大爷说道：“我们茶口村最出名的就是粉干，现在村里有好多粉干厂和家庭作坊。”但接下来，老爷子的语气中喜

忧参半:"不过工厂多了，村子里的米浆水不好处理啊，村里都安排清理好几次了。听说每天产生的米浆水有300多吨，每吨的处理成本要三四元呢！孙总，这个问题挺麻烦的啊!"

孙世海默默听着，陷入了沉思，突然灵感乍现："米浆水，听起来蛮健康的，能不能转换思维，将生产粉干的米浆水二次利用，使其成为啤酒制造的原料呢?"

这个创意如何落地呢? 孙世海想到了母校福建师范大学，他开始尝试与母校合作，邀请相关专业的教授、科技特派员来工厂讨论与实验。研究发现，米浆水含有丰富的淀粉及蛋白物质，各工艺流出水检测均符合食品要求，可用作啤酒酿造糖化过程中的辅料。2020年5月，孙世海团队的科研人员协同福建师大生命科学院及政府委派的科技特派员合作，开展了酵母菌种筛选、糖化条件优化等方面的实验。最终酿造出符合标准、口味清爽的精酿啤酒。

此外，口袋精酿与福建师大生命科学院合作，建立了发酵专业的实习基地，学生可以在厂里和技术人员共同研发新技术，形成科研成果，积累实践经验。

为了让啤酒花的生长适应福建的日照时间、温度等，口袋精酿也与福建农林院校合作，尝试改良啤酒花品种，力求种植出最优质的啤酒花。

4. 融合本土特色元素，"把想到酿成味道"

多方合作，使高品质的口袋精酿啤酒获得大量客户的喜爱。然而，一次客人在品尝精酿啤酒的时候提出的疑问引起了孙世海的深思，"你们的啤酒，和其他精酿品牌相比，有什么独到特色吗?"

关于这一个问题，孙世海团队也曾疑惑：如何打造不一样的精酿啤酒? 大家围坐在一起，把酒言欢之余，开启了头脑风暴。

"口感要有特点，这个最重要!"

"是啊，没有特色，会让客人感觉和其他牌子差不多，很尴尬啊!"

"都说民族的才是世界的，套用这句话，本土的才有生命力!"

口感有酿造人员把关，那特色该如何打造呢? 在保证水、麦芽、酵母、啤酒花品质的基础上，就地取材，将地域元素融入精酿中，成了大家讨论后确定的创意选择。

口袋精酿啤酒厂周边的土地上，种植了福州的市花茉莉花、啤酒花、金桔、百香果、洛神花等极具当地特色的原料。一田茉莉小麦（获得2020年CCBA中国精酿啤酒大赛银奖）、洛神红艾、玳玳香橙西打（来自武夷山的玳玳花瓣）、果汁酸艾尔（含百香果和金桔汁）、乌梅拉格（来自永泰的乌梅）……一个个融合本土味道、诗意浪漫的精酿品种推出，配合新潮时尚的包装设计，成功俘获消费者的心。

5. 联动周边农庄古厝，"田园风光体验式工厂"成为亮点

尝到甜头的孙世海没有停下探索的脚步，他将眼光放到了口袋精酿的周边环境。闽清古厝享有盛名，数量较多，散落在各个大小村落之中，是不可忽视的独特风景；而茶口村盛产粉干，近年来大力发展休闲旅游业，周边有温泉山庄、盛世阡陌农场、百亩垂钓园、苗木果蔬基地，水生植物园等。

基于此，口袋精酿选择与周边景点联动，组成团建或旅游的游玩线路，接待各方游客。与古厝合作，设计易拉罐啤酒的外包装，将精酿啤酒作为旅游的伴手礼……

同时，口袋精酿致力于打造“啤酒观光工厂”，将酿酒工艺与田园风光相结合，把工厂分为原料种植基地、研发酿造区、阳光房体验区、吧台活动区 4 个区域，集种植、生产、体验、科普、实验、休闲、社交为一体。

在口袋精酿的观光厂，你可以听到啤酒历史及文化的讲解，可以看到种植的啤酒花，可以了解啤酒的酿造知识，可以参观车间、零距离感受酿造的过程，可以自己动手体验酿造的乐趣，可以品尝美味的精酿和酒花酥等周边产品，可以与三五好友相谈甚欢，可以举办派对、团建、烧烤活动……舒适的体验环境，吸引众多游客慕名而来。

6. 未来：打牢基础，乡村创业继续创新前行！

“口袋精酿这几年发展很快，离不开政府、当地村民、高校的鼎力相助，在口味上我们结合本土化不断创新。闽清的自然环境很好，当地的基础配套也在不断完善。绿化、夜景、路面都越来越好。以前从福州到工厂，大概需要一小时四十多分钟，现在大通道开通，时间压缩到四十到五十分钟。交通方便了，就有更多的人来消费，也给村民带来了便利，当地的特产特别是粉干的销售，也很红火。”调研中，孙世海信心满满。

对于口袋精酿的未来，孙世海也有他的期待和规划：“乡村面临的最大问题是年轻人少，这也是我们积极推动当地建设酒文化、酒产业和其他配套产业的初衷。我们正考虑导入其他酒品类，比如威士忌、蜂蜜酒，就业岗位增多了，就能吸引更多年轻人返乡就业，乡村振兴才能落到实处。另外，口袋精酿的商业模式还需要创新。比如，我们的目标客户能不能再挖掘，关键业务能不能再加强，渠道通路能不能再开拓，收入来源能不能再增加，这些都是很大的挑战！”

（案例正文字数：3419）

启发思考题

1. 相对于其他啤酒企业，口袋精酿的价值主张有何创新？

2. 创业中，当地政府、村民、高校作为重要的利益相关者，对口袋精酿的发展起到怎样的作用？

3. 口袋精酿依托当地资源，“把想到酿成味道”，请对此做法进行评价。

4. 请对口袋精酿联动周边、发展休闲、体验的思路进行分析。

5. 未来，口袋精酿需要在哪些方面进一步创新，以保持竞争力？请预测和分析。

附件 1：口袋精酿啤酒观光体验工厂、星创天地、工作场所照片

POCKET
BREWERY
口袋精酿

口袋精酿星创天地
运营管理团队
创业项目
创业导师

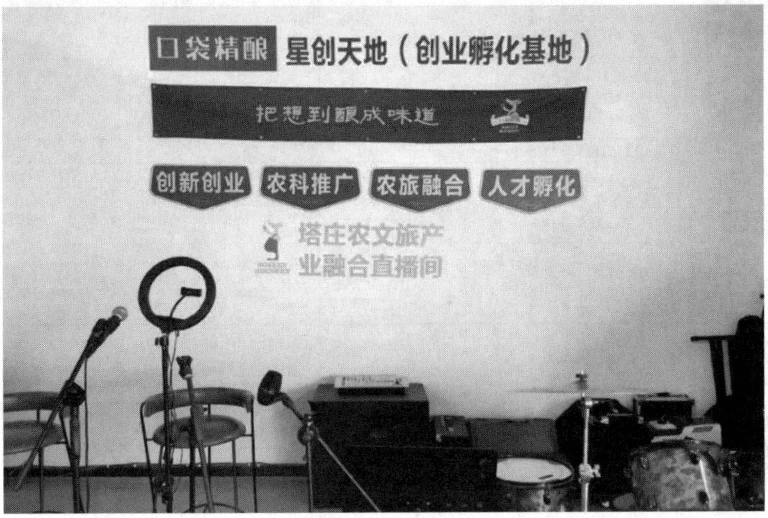
口袋精酿 星创天地（创业孵化基地）
把想到酿成味道
创新创业
农科推广
农旅融合
人才孵化
塔庄农文旅产
业融合直播间

附件2：口袋精酿啤酒部分产品及周边产品照片、宣传海报

口袋精酿啤酒介绍

酒款名称	原麦汁/酒精度	介绍
 一田茉莉小麦 Fields of Home Jasmine Hefe-Weizen （德式小麦风格）	12P ABV：5.2 IBU：11	口袋精酿明星产品，在德式小麦啤酒的基础上加入了口袋酒厂种植的茉莉花，花香四溢，茉莉花是福州市花，让我们带你一起品尝福州的味道，荣获中国精酿明星奖，中国啤酒挑战赛推荐奖，中国发酵院增味组二等奖，福州文创50强产品，CCBA中国精酿啤酒大奖赛小麦组银奖，中国啤酒挑战赛“二星天禄奖”
 玳玳香橙西打 Orange Blossom Cider （橙味西打）	13P ABV：4.6 IBU：0	来自武夷山的玳玳，可数年不凋落，老果宿存，新果续生，几代果实同挂，得名“玳玳”，隐约的玳玳花瓣香穿梭其中入口鲜明橙汁感。适口性极佳、水果感强劲的新型西打酒
 洛神红艾 Roselle Red Ale （红色艾尔）	11P ABV：4.5 IBU：18	入门级红色艾尔，酒体呈特别的粉红色采用口袋酒厂种植的洛神鲜花，新鲜的洛神花香与雨后浇灌的泥土草木香，入口带有淡淡的洛神花酸，苦度不高的艾尔啤酒更加适饮。带给你不一样的味蕾体验。2021年中国食品发酵工业研究院春季挑战赛金奖
 口袋小麦 Pokcet Wheat Beer （德式传统小麦）	11P ABV：4.1 IBU：13	采用德式小麦酵母，清新浓郁的果酯清香，想象一下新鲜出炉的面包香气就对了，酒体浑浊，泡沫稠密细腻，泡沫有如大片的蕾丝裙般沾住了啤酒杯，适合畅饮
 魔王浑浊IPA Devil New England IPA （新英格兰艾尔啤酒）	16P ABV：6.2 IBU：43	我们的酿酒师在酿制过程中添加了大量的小麦和燕麦，产生浑浊的经典风格及润滑口感。添加大量的明星啤酒花：西姆科（Simcoe）、西楚（Citra）爱达荷7号（Idaho7）等来搭配，你会闻到柑橘香、淡淡花香和热带水果香，实现美味多汁的口感。春季精酿啤酒挑战赛铜奖
 血菩提帝国世涛 Blood Bodhi Imperial Stout （帝国世涛风格）	18P ABV：10 IBU：35	采用大量的麦芽，并且添加多种特种麦芽让酒体呈现浓烈的黑色，并添加咖啡豆、燕麦，口感顺滑而圆润，模拟过桶的工艺带来淡淡的橡木香，整体平衡，不过腻，不过苦涩
 阿拉啤卡（联合酿造） ARABeerICA （咖啡琥珀艾尔）	12P ABV：5 IBU：15	这款啤酒是和MCR跨界合作的新产品，加入了MCR工厂烘炒的阿拉比拉哥伦比亚咖啡豆，因为是100%的ARABICA精品咖啡与精酿啤酒结合，所以取名：阿拉啤卡，浓郁的咖啡香气和味道。采用絮凝较强的英式艾尔酵母，形成琥珀色的酒体，咖啡的苦度与酒花的苦度相平衡。获得两个国内啤酒挑战赛银奖
限定款鲜啤 LINITED KEGS		
 BOOM果汁酸艾尔 BOOM Juice Sour Ale （果汁酸艾尔风格）	15.2P ABV：6.1 IBU：18	这是一款多汁的Juice Sour Ale，大量百香果汁与金桔汁搭配突显热带水果香气的啤酒花，像是一杯清爽适宜的带酒精果汁饮品闻起来带有百果香、橙香、柚香与橘皮的淡淡香气，酸度适中，因为投入了大量百香果汁让淡黄色的酒体呈现出橙黄色，后味带有微弱的酒花苦
 老烟枪大麦烈酒 Smoking Gun Barleywine Ale （英式大麦酒）	16P ABV：7 IBU：35	这是一款拥有泥煤和烟熏香味的啤酒，采用特种烘烤的泥煤麦芽，这种麦芽在酿造时产生大量的熏肉与培根的香气。成熟的酒中又带有烟熏过喉温热感，强劲的苦度与酒精度让人痴迷。冠以啤酒中的烈酒著称。CBC中国啤酒挑战赛“一星天禄奖”
 216版酒花乱炖IPA 216 Hop Stew IPA （美式琥珀艾尔）	16P ABV：6 IBU：40	2021年6月新出的限定酒款，选用7款不同酒花搭配，就像东北大乱炖一样，简单粗暴效果出奇，选择了我们常用的卡斯卡特，马赛克，西姆科，西楚，爱达荷7号，太平洋皇冠，又添加了限量的酒花粉红靴子、搭配两种焦香麦芽，香气复杂酒体呈现出琥珀色，苦度略高
 扛走红绿灯 American Lager （美式深色拉格）	11P ABV：4.2 IBU：20	以美式拉格为基础，增加了焦香麦芽作为原料，酿造出一款酒体呈红棕色，琥珀色的拉格啤酒。它的风格和口感与市面上其他淡色lager不同，苦度更高，口感丰富，带有一点麦芽谷物的甜味
 一田茉莉小麦 Fields of Home Jasmine Hefe-Weizen （德式增味小麦风格）	12P ABV：5 IBU：18	口袋精酿明星产品，获得三个啤酒奖项，一个福州文创奖，在德式小麦啤酒的基础上加入了口袋酒厂种植的茉莉花，花香四溢，茉莉花是福州市花，让我们带你一起品尝福州的味道
 洛神红艾 Roselle Red Ale （红色艾尔）	11P ABV：4.5 IBU：18	入门级红色艾尔，酒体呈特别的粉红色采用口袋酒厂种植的洛神鲜花，新鲜的洛神花香与雨后浇灌的泥土草木香，入口带有淡淡的洛神花酸，苦度不高的艾尔啤酒更加适饮。带给你不一样的味蕾体验
 阿拉啤卡（联合酿造） ARABeerICA （咖啡琥珀艾尔）	12P ABV：5 IBU：15	这款啤酒是和MCR跨界合作的新产品，加入了MCR工厂烘炒的阿拉比拉哥伦比亚咖啡豆，因为是100%的ARABICA精品咖啡与精酿啤酒结合，所以取名：阿拉啤卡，浓郁的咖啡香气和味道。采用絮凝较强的英式艾尔酵母，形成琥珀色的酒体，咖啡的苦度与酒花的苦度相平衡
 BOOM果汁酸艾尔 BOOM Juice Sour Ale （果汁酸艾尔风格）	15.2P ABV：6.1 IBU：18	这是一款多汁的Juice Sour Ale，大量百香果汁与金桔汁搭配突显热带水果香气的啤酒花，像是一杯清爽适宜的带酒精果汁饮品闻起来带有百香果香、橙香、柚香与橘皮的淡淡香气，酸度适中，因为投入了大量百香果汁让淡黄色的酒体呈现出橙黄色，后味带有微弱的酒花苦
 平淡吾奇PPA Nothing Special Pocket Pale Ale （印度淡色艾尔）	12P ABV：5.2 IBU：20	这是一款传统风格的印度淡色艾尔系列运用了口袋特殊的工艺，定义为Pocket Pale Ale，淡淡的酒花香气，苦度适中，适饮性强
 魔王浑浊IPA Devil New England IPA （新英格兰艾尔啤酒）	16.5P ABV：6.5 IBU：43	我们的酿酒师在酿制过程中添加了大量的小麦和燕麦，产生浑浊的经典风格及润滑口感。添加大量的明星啤酒花：西姆科（Simcoe）、西楚（Citra）爱达荷7号（Idaho7）等来搭配，你会闻到柑橘香、淡淡花香和热带水果香，实现美味多汁的口感

福建口袋精酿啤酒厂
邮箱：brewer@pocketbrewery.cn
地址：福建福州闽清县塔庄镇茶口村23号
电话：400 0591 558

囍
囍
口

POCKET BREWERY
JASMINE
HEFE-WEIZEN
一田茉莉小麦

积兴里 × 口袋精酿

POCKET BREWERY
口袋
精酿
CRAFT BEER
ARABeerICA

十里桂花
啤酒

ORANGE BLO
IPA
ORANGE BLOSSOM
IPA
SOM
口袋精酿啤酒PocketBrewery

FIELDS OF
JASMINE
HEFE-WEIZEN
FIELDS OF HOME
一田·茉莉
口袋精酿啤酒PocketBrewery

ROSELLE
RED ALE
ROSELLE
RED ALE
口袋精酿啤酒PocketBrewery

酒花酥
酒花酥
POCKET BREWERY

附件 3：口袋精酿啤酒旗下零售合作商家照片

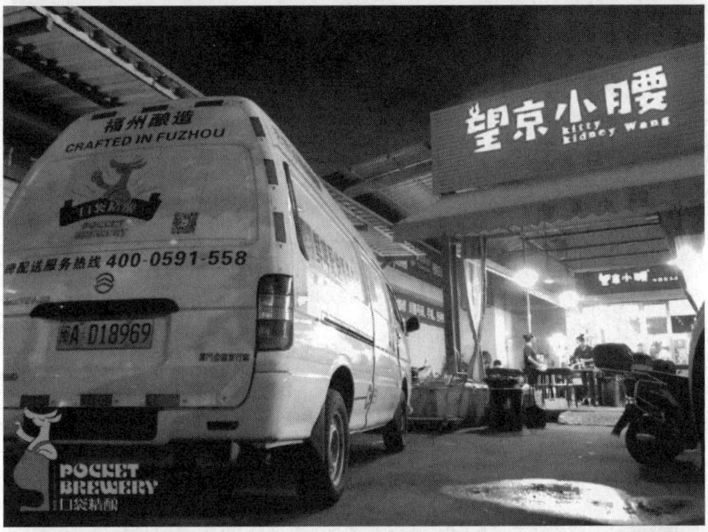

POCKET BREWERY
一田·茉莉
滚滚
Gun Gun & Pocket Brewery

MCR
POCKET BREWERY

瀑布
THE SIGH
喝酒便利店
24 HOURS营业中
26 12'19

适合朋友聚会、喝酒聊天，
酒汽胡
BEER WARS
精酿啤酒

啤友圈
酒馆
BEER CLUB
啤友圈：劲爽白啤，醇香黑啤，激情黄啤，女

Sunpi
叁啤

歌喜限定 幸运"盲盒"
25元
70元
100元
Pick

附件 4：口袋精酿啤酒品牌文化、产品宣传照片

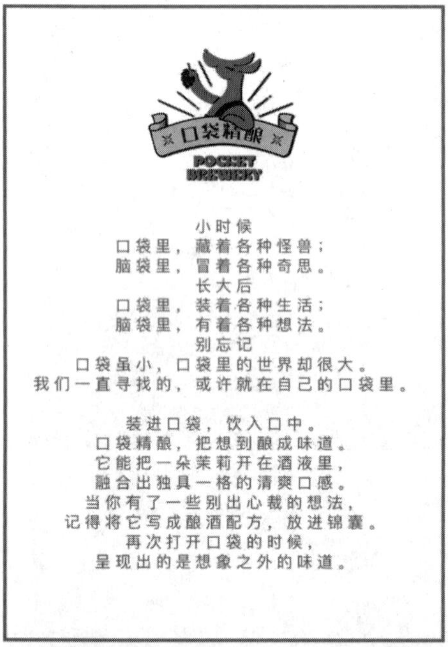

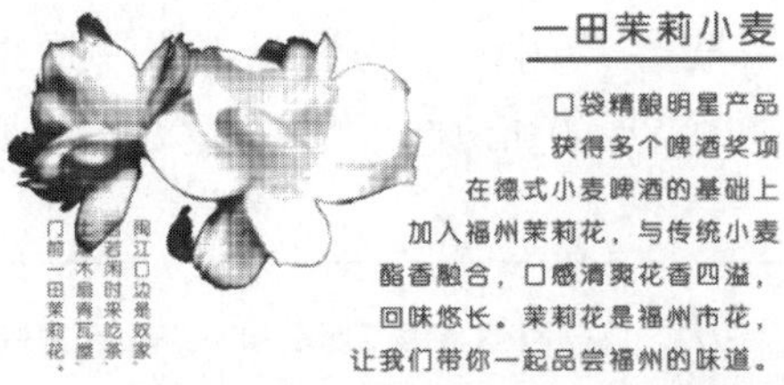

案例一使用说明

口袋精酿的乡村创业探索——基于利益相关者的商业模式创新之路

一、教学目的与用途

1. 本案例主要适用于创业管理、创新思维与方法、商业模式与创新等课程的教学。

2. 本案例适用于高年级人力资源管理、工商管理等专业本科生、全日制硕士研究生和 MBA、MPACC 的上述课程教学。

3. 本案例教学的目的在于，通过梳理口袋精酿乡村创业的探索历程，使学生：

（1）掌握商业模式画布的核心要素，理解商业模式创新的内涵。

（2）运用上述专业知识，结合企业实际，基于利益相关者，进行有效的商业模式创新以提升企业竞争优势，提高相关的实务技能。

（3）感受到乡村振兴战略下，以孙世海为代表的有志青年创新企业商业模式、带动乡村发展的创业热情和社会责任担当，实现思想的升华。

二、启发思考题

1. 相对于其他啤酒企业，口袋精酿的价值主张有何创新？

2. 创业中，当地政府、村民、高校作为重要的利益相关者，对口袋精酿的发展起到怎样的作用？

3. 口袋精酿依托当地资源，“把想到酿成味道”，请对此做法进行评价。

4. 请对口袋精酿联动周边、发展休闲、体验的思路进行分析。

5. 未来，口袋精酿需要在哪些方面进一步创新，以保持竞争力？请预测和分析。

三、分析思路

教师可以根据教学目的与用途，自主安排使用本案例。以下提出的分析思路，仅供参考。案例的分析思路，遵循“搜寻案例正文的情景线——根据情景线，提出案例思考题——结合相关理论，梳理思考题背后的知识点，提炼思考题回答要点”的顺序，见图 1。

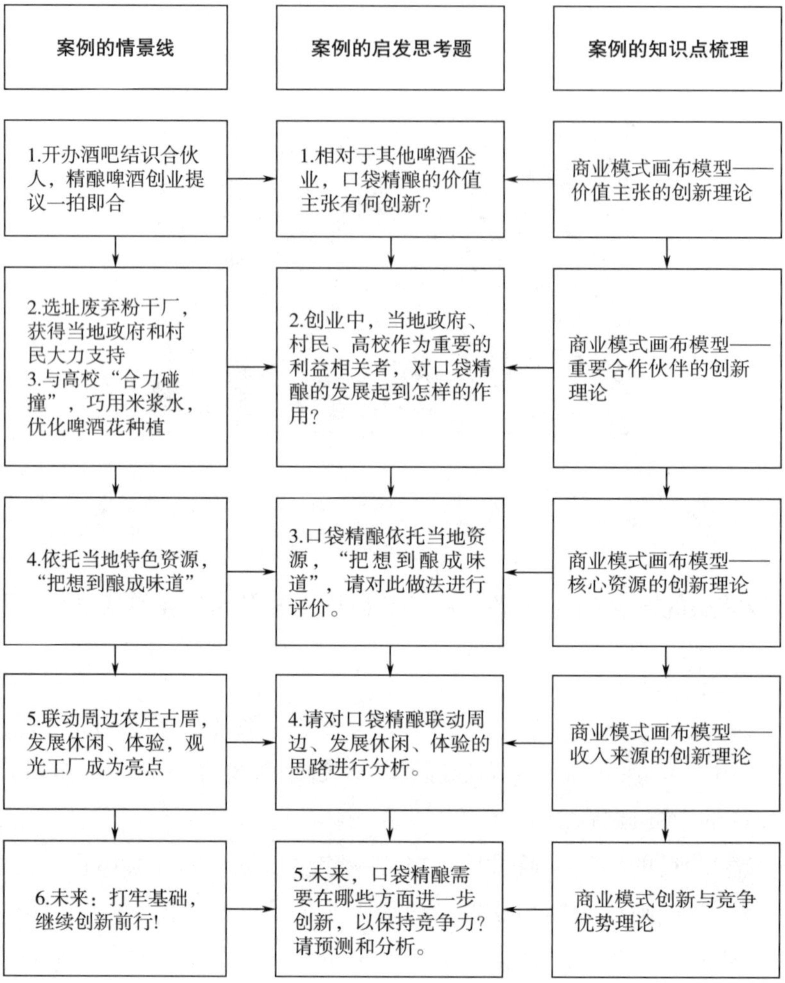

图 1　案例分析的基本思路

启发思考题 1：亚历山大·奥斯特瓦与伊夫·皮尼厄合作出版的《商业模式新生代》，提出商业模式画布模型，该模型以画布的形式呈现，展现了商业模式的基本思维，包括客户细分、价值主张、渠道通路、客户关系、收入来源、核心资源、关键业务、重要合作、成本结构九个要素。价值主张是为特定客户细分群体提供满足其需求或者解决其问题的产品或服务，是商业模式的重要基础。因此无论是成熟企业，还是创业型公司都必须提出明确而创新的价值主张。该案例中，口袋精酿意识到市场对啤酒的口味没有清晰的区分，因此在传统啤酒行业的基础上，进入精酿市场创业，提出其创新的价值主张，寻找出客户之前未曾察觉到的全新需求。通过对此案例的深入分析，引导学生思考并理解价值主张创新的内涵及重要性。理论基础是商业模式要素——价值主张的创新理论。

启发思考题2：在商业模式画布的九大要素中，重要合作伙伴是关键。它可以是非竞争者之间的战略结盟，也可以是竞争者之间的合作，建立恰当的合作关系，可以获得宝贵资源，降低经营风险，优化商业模式。根据本案例中口袋精酿与政府、高校等多个重要伙伴建立合作关系的相关资料信息，引导学生结合相关理论，思考口袋精酿在合作伙伴上的创新思路。理论基础是商业模式要素——重要合作伙伴的创新理论。

启发思考题3：在商业模式画布的九大要素中，核心资源是非常重要的要素。核心资源是指为了让商业模式有效运转，所需要投入的最重要资源。每一种商业模式都需要核心资源，这些资源是企业得以创造并提供价值主张、赢得市场、构建客户关系并得到收益的核心。基于本案例口袋精酿依托当地特色农产品制造精酿啤酒等资料信息，鼓励学生运用相关知识了解并掌握核心资源的作用、创新以及如何有效获得核心资源。理论基础是商业模式要素——核心资源的创新理论。

启发思考题4：在商业模式画布模型的九大要素中，收入来源的重要性不容忽视。收入来源是指企业从每个客户群体中获取的净收入（创收中扣除成本），是企业向客户提供产品时获取的价值收入。收入来源要素主要从客户的角度考虑问题，如客户真正付费想买的是什么、什么样的价值能让客户愿意付费。借助于案例中口袋精酿直接贩卖、与周边景区联动等多种收入来源方式，引导学生分析和理解收入来源创新需要考虑的问题。理论基础是商业模式要素——收入来源的创新理论。

启发思考题5：商业模式是企业经营创造价值的方式，商业模式创新是适应外界环境变化的手段，最终的目的是提升企业竞争优势，实现可持续发展。结合本案例中的资料信息，引导学生思考商业模式创新与竞争优势的关系以及它们之间的相互作用。理论基础是商业模式创新与竞争优势理论。

四、理论依据和分析

（一）启发思考题1的理论依据与分析

1. 理论依据

该思考题的理论依据是商业模式画布模型——价值主张的创新理论。

价值主张是给特定客户细分群体提供能够满足他们需求或者解决其问题的产品或服务。价值主张直击用户痛点，是商业模式的核心要素，一旦企业的价值主张不明确，就不可能将各个要素聚拢起来，建立起合理的商业模式。价值主张旨在解决客户问题或满足客户需求，它可以从三个角度理解：一是产品或服务必须给客户带来价值；二是这个价值必须跟竞争对手有所差异；三是价值要被客户心智所认可和接受。价值主张是赢得顾客的核心要素，在商业模式中处于中心地位。在凝练价值主张时，创业者需要回答以下问题：我们应该向客户传递什么样的价值？我们正在帮助客户解决哪一类难题？我们正在满足哪些客户需求？我们正在提供给客户细分群体哪些系列的产品和服务？

为与客户需求保持在同一水平线，价值主张必须不断创新和改进以赢得市场的成功。价值主张的创新是通过创造全新的价值主张或将现有价值主张重新定义，以提出更加普遍使用的价值，构筑能替换或创新现存业务的支柱。价值主张变化引发的商业模式创新是最深层次的创新，导致商业模式的根本变化。创造新的价值主张应围绕以下几个视角进行：客户需求的视角、产品设计的视角、解决社会问题的视角[1]。

（1）客户需求的视角。新的价值主张往往诞生于企业提供的产品或服务与客户的细微需求相结合的点。企业通过发现和掌握客户自己都尚未明确的需求，创造新价值。这要求企业摆脱现有产品和服务的束缚，保持与客户同样的视角，以达到理解客户面临的真正难题和想实现的愿景的目的。

（2）产品制造的视角。产品制造环境的变化，促使企业更加注重效率、设计、品牌、差异化等方面。这意味着企业逐渐将重心从产品制造向设计创新转移。创新产品的持续推出往往能击中用户的特定痛点，并保证企业能够动态、及时地对市场变化做出反应。

（3）解决社会问题的视角。新商业模式创建的关键在于"谁是客户"，但如果只看到特定客户，那么要解决的课题就变得非常细微，无法创造更大的价值。为了实现更好的创新，企业必须站在跨越特定人群的视角，关注其背后的社会大众。企业围绕新的价值主张，能为社会贡献相关的商业赋予新意义。

2. 分析

口袋精酿的创始者们发现，现有市场中啤酒企业只有品牌，只分酒精度数高低，而不注重区分啤酒种类和口味，一些消费者希望获得更有个性化口味特色的啤酒产品。根据这些信息，他们认为中国市场中精酿啤酒属于蓝海领域，大有可为。他们开始创建新的商业模式，提出新的价值主张：把想到酿成味道，提供有差异化、有特色的个性化精酿啤酒，进而提供一体化的精酿啤酒文化高品质体验。

口袋精酿价值主张的创新点可以从客户需求、产品制造、解决社会问题三个视角进行理解与分析。

（1）客户需求的视角。口袋精酿从客户视角出发，帮助客户发现其尚未满足的潜在需求。口袋精酿致力于引导客户意识到啤酒有种类和口味之分。此外，口袋精酿建立啤酒工厂，从啤酒原料啤酒花、茉莉花的栽种到精酿啤酒的诞生，"一体式"的观光体验，为消费者们提供新奇的品酒体验，将口袋自酿啤酒和服务与客户追求新奇体验的需求相结合，为客户创造新的附加价值。一些客户群体不了解啤酒文化，也没有机会感受啤酒的酿造过程，而口袋精酿为喜爱啤酒的人群或者对啤酒一知半解的人群创造了了解啤酒文化的基地和舒适的体验环境，真正实现站在客户角度，并提供相应的需求满足解决措施。

（2）产品制造的视角。目前产品制造环境的变化，促使企业更加注重效率、设计、品牌、差异化等。口袋精酿的创始者们以此为切入口，利用酒吧接触了许多种类的精酿啤酒，发现当前市场上大牌的产品口味相差不大，差异化弱，缺少与众不同的啤酒口味。基于此，口袋精酿发挥充分想象，将产品制造的重心向设计创新转移，多方面呈现啤酒的多变性，研发创造出结合本土元素的产品，如一田茉莉小麦等，力求种类的独有和口味的新颖，充分满足客户对产品多元化的需求，并利用包装设计、命名，玩出不同花样，让啤酒成为消费者的陪伴品、沟通的消遣品，增加差异化。

在后期发展过程中，口袋精酿顺应市场变化需求，在与景点合作时，及时地对啤酒产品的外包装进行动态调整，设计出与景点相关的伴手礼和相应的文创产品，极具设计创意。

（3）解决社会问题的视角。口袋精酿在发展初期致力于给啤酒爱好者提供一个舒适的空间体验环境，随着在乡村扎根，一方面为当地村民提供了就业岗位，有利于吸引年轻人返乡，为社会的发展贡献企业的力量，体现企业的社会责任感，另一方面口袋精酿的创始者认识到还可以继续发展新的服务模式，不局限于特定的客户群体，超越原定的细分人群，进行跨圈融合，与周边景点合作，成为观光旅游路线中的一环，做一些线下活动，吸引随机的消费游客，推动乡村消费。

口袋精酿要想在市场上立足，实现更好的商业模式创新，意味着需要具备市场上其他啤酒行业不具备的“价值”，这个“价值”是多方相关者共同创造的，只有基于市场的价值主张才会获得深刻的共鸣。

（二）启发思考题 2 的理论依据与分析

1. 理论依据

该思考题的理论依据是商业模式画布模型——重要合作伙伴的创新理论。

重要合作伙伴是公司同其他公司之间为有效地提供价值并实现其商业化而形成的合作关系网络。重要合作伙伴是对商业模式成败起着决定性作用的合作要素。在确定重要合作伙伴的决策中，创业者需要回答以下问题：谁是我们的重要伙伴？我正从伙伴那里获得哪些核心资源？合作伙伴都在执行哪些关键业务？

重要合作伙伴是保障一个商业模式顺利运行所需要的合作伙伴网络。重要合作伙伴是价值创造中必要的合作者，是生产建立完整的生态系统所需要的要素。真正具有开创性的创新产品或服务通常需要多个利益相关者的优势和独特资源，以提高消费者意识、开拓新市场并驱动市场需求[2]。

重要合作伙伴在商业模式创新中的作用可以从以下几方面理解。

（1）商业模式产生在众多利益相关者的协同效应中。为了创造新的市场，在构建商业模式的过程中，企业必须选择有志向和有能力的合作伙伴，才能促进知识流的循环，进而推进新的商业模式的形成。因为商业模式中的利益诉求必须符合生态环境中各成员的共同诉求，否则商业模式难以成功建立。企业可以通过建立合作伙伴网络创新商业模式、降低风险获得资源。

（2）一个企业的能力和资源是有限的，建立共享共赢的合作体系才是正确道路。企业从一开始就应该让合作伙伴参与创新过程，并在进一步深入合作、共同创建中，与合作伙伴进行各种资源交换，通过资源整合、协同运作创造价值，同时让所有利益相关者都获得等价的价值回报。企业与重要合作伙伴的共生，不仅能给企业带来独特竞争力，还可以增强企业自身实现重大突破和实际创新的可能性，激励企业引领整个商业生态系统变得更美好。

2. 分析

从寻找工厂地点开始到啤酒工厂的正式落成，再到后续的跨圈发展，重要合作伙伴在口袋精酿的成长过程中起到了重要作用。这可以结合重要合作伙伴的创新理论进行分析。

（1）政府。对政府来说，口袋精酿作为茶口村的新兴旅游景点，将酿酒工艺与田园风光自然融合，打造休闲乡村旅游，三产融合，增加了当地就业机会，吸引了众多游客，极大地推动了当地的乡村发展，有效地支撑了乡村振兴战略的实现，推动地方经济增长和地方建设，契合政府的目标。对口袋精酿来说，政府也是创造新市场时必须选择的重要合作伙伴，在口袋精酿创办时，政府帮助其与村民沟通及办理相关的报批手续，工厂建设中遇到的停电等突发情况，政府也能给予及时解决，在口袋精酿发展到一定规模和阶段时，政府更是主动配合提升周边基础设施，修建交通要道，优化整体环境。政府的一系列给力举措，加速了口袋精酿的跨圈融合，推动了口袋精酿与周边景点合作，最终打造出集工业观光、旅游观光、生产、教学、休闲度假为一体的多元化的新型精酿啤酒观光体验工厂。可以说，政府和口袋精酿双方互惠互利，协同创造价值，取得较好的成效。

（2）高校。对高校来说，口袋精酿成立发酵专业学生的校外实践学习基地，为学生们将所学理论运用于实践、积累实际经验提供了平台，为高校提供科学研究与社会实际相结合的机会。高校与口袋精酿共同研究科研课题，口袋精酿成为高校开展科研攻关、技术实验的场所，对口袋精酿来说，与高校的合作能较为快速地解决研发技术人员不足、能力有待提高的问题，可以不用孤军奋战，避免了不必要的时间成本，提高了其产品研发能力，缩短了其产品创新周期，增强市场竞争力。在合作中，口袋精酿能高效实现“零排放”可持续发展，并研制出多种口味的啤酒，不但赋予了消费者不同的味觉体验，还实现了融入本土文化元素的愿望。高校与口袋双方拥有共同的发展志向，利用专业的知识，共同研发新技术，共享科研成果，均获得了相应的价值回报。

（3）村民。对村民来说，口袋精酿的成立为他们提供了新就业机会，使他们对新产业的发展有了全新的认识；酿造产生的麦芽废渣，被村民装回去进行二次利用用于喂牲畜；游客被陆续吸引而来，也带动了当地粉干等相关产品的销售，增加了村民的收入。

对口袋精酿来说，口袋精酿新价值主张的关键在于将本土的一些元素融合进酒中，因此选择具有当地特色的花果作为啤酒原料，如福州的茉莉花、洛神花和武夷山玳玳花。当地村民一方面帮助解决了因地域限制引起的生产劳动力不足的问题，另一方面也在种植啤酒原料时发挥了较大作用，压缩了种植技术摸索的时间，成功完成了啤酒观光工厂体验的第一阶段“种植”环节。这种恰当的资源互换，协同运作，既给企业带来了独有的竞争力，也给村民带来了经济利益，两者的合作成为了商业模式创新中不可缺少的一环。

对口袋精酿来说，在各重要合作伙伴的帮助下，形成了可复制、可推广、有生命力的创新商业模式。随着新商业模式的落地，众多利益相关者形成了利益共同体，逐步建立起和谐的商业生态环境。

（三）启发思考题 3 的理论依据与分析

1. 理论依据

该思考题的理论依据是商业模式画布模型——核心资源的创新理论。

核心资源是为了让商业模式有效运转，所需要投入的最重要资源。核心资源是商业模式有效运转所必需的重要因素，是企业具备的市场相对稀缺的资源，也是未来增值性高的资源。核心资源可分为实体资产、人力资源、知识资产、金融资产四大类[3]。实体资产包括生产设施、不动产、销售网点等。人力资源包括知识密集型产业和创意产业中的人力资源等对企业发展至关重要的资源。知识资产包括品牌、专有知识、专利和版权、合作关系和客户数据库等。金融资产包括现金、信贷额度等。此外，有学者将企业协调资源并发挥其作用的能力也归入企业的核心资源范畴。在明确核心资源的过程中，创业者需要回答以下问题：我们的价值主张需要什么样的核心资源？我们的渠道通络需要什么样的核心资源？

核心资源的创新关键在于"资源为创新所用"，让核心资源成为创新的动力来源，主要有两大途径：一是企业基于自身资源独立从事创新活动；二是通过和外部组织的沟通与合作，构建生态网络获取互补性资源。

以创新为中心整合出的核心资源应具有三个特点。

第一，有价值。核心资源应有价值，能供企业使用以发挥一定的功效或做出特定贡献，从而提高组织的效率或产出，推进创新项目进行。

第二，稀缺性。资源在一定程度上是稀有的，对于创新项目来说，这种稀缺往往是经济性稀缺，也就是无法付出相应的代价而得到。

第三，难以模仿或替代。核心资源不能被轻易模仿或者替代，一旦某种资源能够被简单地模仿或者被其他资源所替代，就表明这种资源并不是必需的，而是可选的。

2. 分析

口袋精酿依托所在地资源进行产品创新，这属于商业模式要素中的核心资源的创新。

口袋精酿并不是仅仅依靠自身资源发展，在创业中其充分运用了所在的闽清县茶口村的本土资源，与当地劳动力、依托的高校技术人员协同合作，利用本地的特色花果如茉莉花、啤酒花、金桔、百香果、洛神花等，创造出一田茉莉小麦、洛神红艾、玳玳香橙西打、果汁酸艾尔、乌梅拉格具有地方特色的精酿啤酒。依托当地特色酿造的精酿啤酒，是其商业模式有效运转的重要举措。

价值性方面，口袋精酿提供的精酿啤酒满足了当前市场上年轻一代人的个性及独特性需求，引起了消费者兴趣，赋予了企业较好的成长起点。口袋精酿通过创造有价值且具有创新性的特色精酿产品，潜移默化地培养了喜爱精酿啤酒的顾客，使其成为企业高效产出的重要推动力，推动了其产品创新研发项目的进展，同时也为后期口袋精酿的可持续发展奠定了牢固基础。

稀缺性方面，口袋精酿立志于挖掘当地文化，将产品的创新与当地特色相结合。口袋精酿工厂诞生于福建省，它将福州的市花茉莉花、武夷山的玳玳橙等具有福建味道、具有稀缺性的地方原材料融入产品，打造出不同风味及层次的啤酒口感，不仅提高了消费者对原创性口袋精酿啤酒的辨识度，也成功融合了福建人民的家乡情怀，带来其他品牌精酿无法比拟的本土乡情，加深了消费者对口袋精酿啤酒品牌的认知度。

难以模仿或替代方面，孙世海和他的研发团队凭借对于精酿啤酒技术的深入掌握，推出与各种水果、鲜花多种风味组合的啤酒配方，每一种都独具特色。由于酿造工艺和发酵方式的不同，口袋精酿所酿造的啤酒风味层次与其他品牌有较大差异，其他啤酒酿造厂家很难复制或模仿出相同口味的啤酒。因此口袋精酿啤酒具有难以被市面上普通啤酒产品替代的竞争优势。

（四）启发思考题 4 的理论依据与分析

1. 理论依据

该思考题的理论依据是商业模式画布模型——收入来源的创新理论。

收入来源是企业从每个客户细分群体中获取的现金收入，可直接决定企业商业模式创新程度的强弱和创新的持续性。在确定获取收入来源的方式时，创业者需要回答以下问题：什么样的价值能让客户愿意付费？客户现在付费买什么？客户是如何支付费用的？客户更愿意如何支付费用？每个收入来源占总收入的比例是多少？

收入来源创新的关键在于不能只简单地响应市场需求，而是与自身创新的业务相融合，重新定义客户需求，将收入模式与客户需求相对应，进而挖掘出各客户细分群体不同的收入，创造新的盈利方式。

此外，收入来源的创新也可以运用逆向思维，另辟蹊径，重构和改造传统商业模式，扩大收入来源，可归纳为以下三种模式：一是从“买方收费”转向“卖方收费”；二是从“卖方收费”转向“买方收费”；三是让“其他利益相关者成为收入源”。

2. 分析

口袋精酿从单纯在酒吧销售啤酒产品，到啤酒工厂的正式成立，其收入来源创新主要从消费者需求的角度进行分析。

以满足消费者需求为主的收入创新，可分体验需求、趣味性需求、便利性需求。

体验需求角度的收入创新：口袋精酿从向固定消费群体售卖啤酒产品到建立线下观光体验、在文化传播中销售啤酒。通过体验式教育加深消费者的印象，为消费者带来不一样的消费体验，同时也刺激了消费者从啤酒工厂到酒吧的二次消费，实现消费引流。

趣味性需求角度的收入创新：口袋精酿成为乡村旅游景点线路中的一环后，不仅向消费者展示啤酒酿造的各个环节，还提供与周边景点及啤酒相关的文创产品和伴手礼，为消费者提供团建的游玩场所体验观光。消费者在口袋精酿的“啤酒观光工厂”里，可以体验、科普、休闲、社交，增加了消费的趣味性感受，拓展了收入来源。

便利性需求角度的收入创新：口袋精酿从个人酒吧扩展至其他酒吧、餐饮门店、咖啡厅、各类展会活动等，成功将精酿啤酒的售卖范围扩大到了其他领域，使得喜爱精酿啤酒的消费者能在不同场所方便地消费口袋精酿的商品。

总之，口袋精酿通过满足差异化的客户需求，对收入来源进行了创新，增大了与消费者的接触面，增加了精酿啤酒的直接销售收入；与周边景点的合作增加了啤酒观光工厂的观光旅游、文创产品、伴手礼等收入。

（五）启发思考题 5 的理论依据与分析

1. 理论依据

该思考题的理论依据是商业模式创新与竞争优势理论。

商业模式描述了企业如何创造价值、传递价值和获取价值的基本原理。商业模式的本质是连接各利益相关者的价值。商业模式创新是创造新价值的探索过程，也是众多参与者相互关联，不断成长的过程。商业模式创新的动力来自商业环境的变动、新技术的发展需求、市场需求的拉动、竞争的巨大压力四个方面。

商业模式创新不仅是经济增长的重要驱动因素，更是企业竞争优势的直接来源。商业模式创新强调“竞合”，而不是狭隘的竞争。商业模式创新具体是通过聚合效应、锁定效应与耦合效应提升企业竞争地位和竞争优势的[4]。通过商业模式创新，能保证企业获得竞争优势持续经营。

（1）商业模式创新的聚合效应。一个具有良好市场前景的创新商业模式能赢得广泛认可，各种资源会向运用这种商业模式的企业聚集，企业可以增强实力，并以此强化与关键利益相关者的关系，产生聚合效益。这个关系网络可以使企业在技术、产品、资金、市场等环节加强合作，提升企业自身及联盟整体的竞争水平，开拓市场空间，赢得持续竞争优势。

（2）商业模式创新的锁定效应。商业模式创新聚焦于价值创造系统，系统内的不同利益主体，包括供应商、战略联盟者与顾客一起构建价值创造的关系网络。网络中的核心企业将各成员紧密联系在一起，共同创造价值，成员各得其所，各取所需。由于这种锁定效应建立在价值创造基础之上，参与各方都分享利益，因此相对稳定。

（3）商业模式创新的耦合效应。商业模式创新通过整合价值网络中各种资源要素，形成了要素间相互促进、相互影响、互补协同的耦合效应。耦合效应既发生在核心企业与协作企业之间，也发生在商业模式各构成要素之间。这种耦合效应提升了企业持续竞争优势。

2. 分析

商业模式创新的前提是打持久战，是通过实践进行尝试、反思、学习的长期持续过程。口袋精酿未来可能会面临产品同质化严重、消费者黏性低、品牌辨识度低等问题，因此依然需要不断突破界限、不断进化，发掘更大可能性。

未来，口袋精酿可以在以下几个方面进一步创新，以保持竞争力。

（1）啤酒原料的创新——尽显其能，开发衍生产品。口袋精酿为展示啤酒酿造的原材料来源，种植了啤酒花，茉莉花、洛神花等。未来，可以在工作人员向消费者展示介绍的时候，设立一个特定专区让消费者近距离接触，并将分株包装好的花卉放在一旁供消费者购买，或者直接向消费者售卖相关花卉的种子，并告知种植的方法，让消费者更好地体会啤酒原料的种植历程，加深印象。

此外，根据商业模式创新的聚合效应，口袋精酿在未来很可能吸引其他企业与其开始合作，如进行精深加工生产与啤酒原料相关的衍生商品，制作玳玳花花茶、啤酒花香薰、茉莉花香精油、香水等，并将包装后的精美商品放置在休闲区展示，一方面可成为口袋精酿工厂的一个特色区域，另一方面这些商品也适合作为纪念品供顾客购买并赠送友人。口袋精酿与其他潜在利益相关者的合作，能够加强口袋自身及相关联盟整体的竞争水平，利用并整合新取得的资源加快开拓新市场空间，获得进一步的竞争优势。

（2）客户黏性的创新——构建优质会员制度，提升客户体验感。根据商业模式创新的锁定效应，企业与顾客可以构建价值创造的关系网络。商业模式创新的关键在于形成完善的价值创造系统，形成完整的关系网络。而口袋精酿作为关系网络中的核心企业，与它最直接联系的就是面对的消费者。随着消费升级，消费者个性化需求体现的越来越多，鉴于此，口袋精酿可以建立会员等级制度，提供优质的会员专属服务，让其获得更好的体验，与消费者的深层次联系。会员福利可以涵盖购买折扣、游玩体验时的免单概率、新品的免费品尝，免费定制属于个人的啤酒外包装、VIP 会员日活动等。企业打造会员权益虽然需要一定成本，但其真正目标是在满足客户需求的同时增加客户黏性，最终通过扩大消费量盈利。会员服务可以促使交易双方的联系变得更稳定且紧密，在此基础上，也能更好地将有限的资源应用于给企业带来价值的客户，并挖掘更深层次的新需求，创造新价值。

（3）品牌 IP 的创新——打造个性化品牌，开发周边产品。

第一，增强品牌 IP 辨识度。品牌 IP 是企业品牌的第二形象，口袋精酿在成立初期已建立品牌形象，但并没有花大力气进行强化。未来，口袋精酿应该充分利用可爱的袋鼠卡通形象，优化打造 IP，将 IP 形象与企业未来发展规划等相联系，梳理品牌故事，形成一系列动漫化、人格化的吉祥物故事。以目标消费群体喜欢的方式交流，拉近与消费者之间的情感距离，使消费者迅速建立其对口袋精酿的品牌识别与联想。

第二，提升品牌 IP 连接力。品牌单方面与消费者的连接主要以产品为基础，而 IP 主要以内容为基础，因此 IP 的连接是无界的。

根据商业模式创新的耦合效应，商业模式创新重要内容之一是整合价值网络中各种资源要素。由此口袋精酿可联合周边景点，全面梳理分散的闽清自然景点资源，融合到品牌 IP 建设中。比如，与周边民宿合作，利用口袋精酿品牌的袋鼠形象，打造不同主题的袋鼠客房等，并能借势营销此主题活动，让消费者对口袋精酿的 IP 品牌形成深刻的印象，推动相关话题讨论的热度。当品牌 IP 运行成功后，可继续进行后续的营销、衍生相关的周边产品和服务，例如体现 IP 形象的帆布袋、口罩、抱枕、徽章、T 恤、个性化酒杯等。口袋精酿与其他企业及消费者的联动性越大，耦合越紧密，有利于真正实现 IP 价值最大化。

第三，增强品牌 IP 共鸣度。口袋精酿可以在啤酒工厂建立记忆长廊，利用口袋精酿品牌的人格化袋鼠形象，传达口袋精酿的起源、企业使命、发展历程、产品特色等，全面详尽地诠释其价值主张，将口袋精酿的价值观直观有效传递给消费者，让商品消费的功能价值转化为情感价值和精神价值，形成深层次的共鸣。

参考文献

［1］［日］野中郁次郎，等．商业模式创新实践：如何将知识转化为价值［M］．姚博文，译．北京：人民邮电出版社，2021.

［2］［美］Steven S. Hoffman. 让大象飞［M］．周海云，等，译．北京：中信出版社，2017.

［3］蔡剑，吴戈，等．创业基础与创新实践［M］．北京：北京大学出版社，2015.

［4］孟祥霞，等．跨国经营企业发展模式创新与路径拓展——宁波跨国经营企业典型

案例研究［M］．浙江：浙江大学出版社，2017.

五、背景信息

暂无

六、关键要点

（一）本案例的关键知识点

1. 商业模式画布的核心要素

2. 商业模式创新的内涵

3. 基于利益相关者的商业模式创新与企业竞争优势的关系

（二）本案例的关键能力点

1. 理论联系实际的实务技能

培养学生能够根据现实企业的实际，基于利益相关者，将商业模式创新的相关知识点应用于实际企业创新工作，推动企业竞争优势的提升，提高自身的实务技能。

2. 系统、全面分析的能力

培养学生能够综合考虑企业实际特征，全面、系统地统筹规划商业模式创新方案，进行全面分析，得到正确结果。

3. 提升学生以乡村振兴为己任、敢于担当、爱岗敬业的创新创业能力

七、建议的课堂计划

本案例可以作为专门的案例讨论课来进行。如下是按照时间进度提供的课堂计划建议，仅供参考。

1. 时间计划

整个案例课的课堂时间控制在 90 分钟。

（1）课前计划。提出启发思考题，要求学员在开始上课之前全面阅读案例内容，并查阅与案例相关的背景资料，在充分理解案例内容的基础上，进行初步分析与思考。

（2）课中计划。主要包括以下几个步骤，如下表所示。

步骤	内容	时间
第一步	教师介绍本次案例讨论的主题，说明本次案例讨论的目的与详细过程安排	5 分钟
第二步	学生分小组（一个小组 5~6 人）围绕案例启发思考题展开小组讨论，在组长带领下，得出小组最终意见	30 分钟
第三步	采取每个小组推荐代表及随机抽取一名学员相结合的形式，确定每个小组负责汇报发言的人选。由小组汇报发言人阐述本小组对启发思考题的观点	40 分钟
第四步	教师以相关理论为基础，对各个小组的发言进行点评，对整个教学案例进行系统梳理和全面总结	15 分钟

（3）课后计划。请学员以小组为单位，根据课堂讨论结果、教师对相关知识点的讲解等，分组提交详细的案例分析报告。

2. 课堂提问逻辑

在启发思考题的基础上，根据案例故事的情景线，提出逻辑关系为层层递进式的一系列问题，引导学生顺着这些问题，深入梳理案例的脉络，思考相应的知识点。

（1）商业模式画布包括哪几个核心要素？

（2）口袋精酿现有的商业模式特点是什么？

（3）口袋精酿现有的价值主张，可以在哪些方面进行创新？

（4）还有哪些组织，可能成为口袋精酿未来发展中的重要合作伙伴？

（5）创业企业获取的资源是有限的，企业应如何在有限的资源中寻找具有创新性的核心资源？

（6）基于目前的收入形式，口袋精酿应如何进一步优化收入来源结构？

（7）口袋精酿让顾客付钱的逻辑是什么？

（8）相对于其他精酿品牌，口袋精酿的竞争优势在哪里？请结合商业模式分析。

（9）在口袋精酿商业模式创新过程中，如何做到对竞争对手进入市场的防御？

（10）本案例对于其他乡村创业企业的商业模式创新，有何借鉴意义？

3. 课堂板书设计

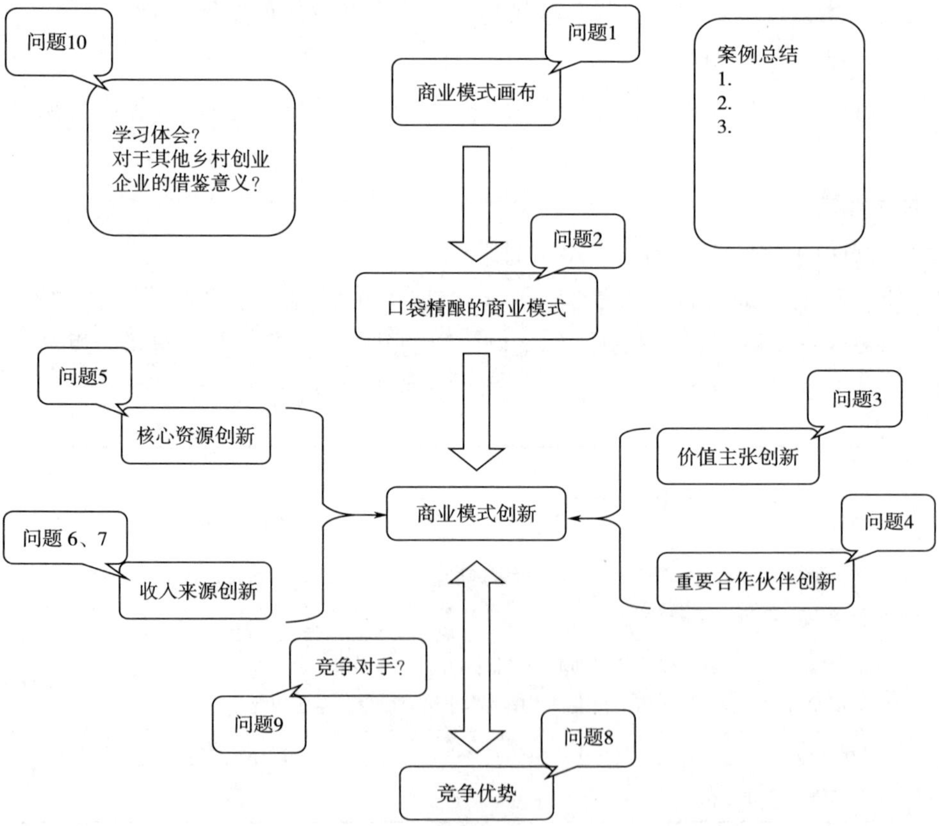

图 2　案例板书

（案例使用说明字数：12045）

案例二正文

福州快点办商务服务有限公司的企业文化探索之旅[1]

0. 引言

阳光明媚的早晨，福州快点办商务服务有限公司创始人张炳煌在办公室思考公司战略。透过玻璃窗可以看到，每位员工在工作位忙碌。回想自己在装修、保险、餐饮、家具等行业一路创业最后创办快点办的艰辛，看着眼前的景象，这位锐意进取的企业家很是欣慰。

1. 公司概况

福州快点办商务服务有限公司（以下简称快点办）主要业务包括：工商、财税、行政审批、人力资源、品牌设计、知识产权、互联网技术等服务。公司设营销中心、财税中心、人事行政中心、客户成长中心、商学院、财务中心、技术中心。员工200多人，服务企业超过30000家。

2. 企业文化的初创

2.1　提出企业理念、愿景

“张总，抓紧帮我们办理呀。”“张总，能再便宜点吗？”“张总，这个项目没问题吧？”公司创立后，张炳煌经常听到客户的上述呼声。他敏锐意识到，“更快、更省、更专业”应成为公司理念。“我们主要服务中小企业，小本经营不容易，高效、省钱、专业才对得起客户信任。”敢想敢拼的张总顺着这个思路，提出了公司的愿景：“用10年时间帮助10万+有梦想、有创新、敢冒险的人轻松创业”。

2.2　引导员工认真做事

有了理念和愿景，“落地”是关键。创业之初，成为让客户放心的企业是立身之本，基于此，张总在快点办大力倡导“靠谱文化”。

在快点办，“买水”的故事广为流传：一次，张总让商学院负责人小邹为客人买水，认真的小邹询问：“张总，买什么牌子的水，什么规格？”张总赞许有加：“做事就要这样，事无巨细问清楚、确保理解到位、结果满意。”受此启发，小邹以此为例，培训员工时强调“凡事有交代，件件有着落，事事有回声”。“故事最容易理解。有了这个指导思想，可以带动大家自觉做好工作。”小邹笑言。

---

[1]　1. 本案例由福建农林大学经济与管理学院的许驰、罗晶晶、陈秀秀、陈书婷、凌炜康、郑瑶洁撰写，作者拥有著作权中的署名权、修改权、改编权。本案例受到福建农林大学2020年专业学位研究生课程教学案例库项目《组织变革与人力资源管理转型案例库建设——基于全面育人视角》、2021年度中青年教师教育科研项目（社科类）一般项目（编号JAS21054）、福建省教育科学“十三五”规划2020年度项目《福建省高校新商科数字化创新人才培养影响因素及模式研究》（编号FJJKCG20-211）、原福建农林大学管理学院第二批“课程思政”教育教学改革精品项目《基于课程思政元素全面融入的〈绩效管理〉线下一流本科课程建设》的资助。2. 本案例授权中国管理案例共享中心使用，中国管理案例共享中心享有复制权、修改权、发表权、发行权、信息网络传播权、改编权、汇编权和翻译权。3. 由于企业保密的要求，在本案例中对有关名称、数据等做了必要的掩饰性处理。4. 本案例只供课堂讨论之用，并无意暗示或说明某种管理行为是否有效。

要想成为靠谱的企业，除了典范引领，完善相关制度保证也很重要。调研中，沉稳的财税经理分享了公司制度建设的秘诀：“以前没有定期查账，难免出错。后来张总要求从制度下功夫，设立审账组每月定期查账，交叉抽查，确保会计服务0差错。另外，我们用独立资料室和企业专属会计档案盒保管记账凭证，保证了财务票据0差错。”

此外，公司每年还举办凭证装订比赛，年终关账、汇算清缴后及时通知企业。在快点办公众号后台，客户和业务员都能实时查看业务进程并沟通。“靠谱”使公司备受客户青睐。

3. 企业文化的发展

员工做到靠谱值得肯定，随着公司的发展，高管的希望显然不止于此。

3.1　精益求精，倡导工匠精神

总经理办公室，张总和高管陆宋权一边品茗一边探讨公司发展。“张总，靠谱的要求还不够，大家虽然能做好工作，但缺乏精益求精的匠心”心直口快的陆总说道。张总若有所思地点头：“要让大家知道，即使做的是普通岗位，只要精益求精，就是值得肯定的匠人。”

在此思路下，快点办设计了更精细的绩效考核表，鼓励员工成为行业标兵。比如，会计经理的考核，主要围绕团队业绩完成率、客户服务（报税完成率、汇算清缴完成率、工商年报完成率）、团队管理（人才培养）、工作执行力。财税顾问的考核，则侧重客情维护、客户挖掘、工作汇报。公司还按照业绩选百万侯和服务之星，将当选人的照片制成挂画表彰。

除了细化绩效考核，公司还优化了工作流程。以财税部为例，其业务是为客户企业代理记账，一家客户企业由一个小组负责。“如果会计做账之余，还要回复咨询，效率就会较低、容易出错，也不利于业务精进。因此我们设置三人小组：主办会计负责记账、录入凭证，顾问对接企业提问并沟通，助理负责打印单据、现场办税和日常协助。”张总一脸自豪地解释。每个月固定时间由顾问检查，形成闭环。由于工作到位，快点办员工赢得客户好评，感谢信、锦旗等络绎不绝。

3.2　打造平台，员工和企业共同“成长”

快点办的业务增长喜人，员工们也有了成长的更高要求，培训和晋升制度的完善就成为当务之急。

公司成立了商学院，商学院老师负责基础知识培训；会计主管或外部合作的事务所老师负责会计类培训；相关政策、准则变动，公司会组织内训，优秀员工还会被派到同行交流……

一系列培训安排，为员工提供学习机会：“健康账、合规税”主办会计培训班、“亮剑计划”销售顾问训练营、“服务为王”会计助理培训班……学习型组织建设初见成效。

“除了培训，能不能挖掘老员工潜力？”勤于思考的商学院负责人小邹向张总建言。“以能者为师是个好思路。”张总很是赞同。顺着张总思路，小邹大刀阔斧安排：徒弟工资的1%作为师父的奖励，鼓励老员工1对1传帮带，或成为讲师分享经验。公司举行拜师典礼，设置敬茶、签拜师协议环节，仪式感十足。

员工晋升方面，公司对各岗位的任职资格及职位晋升，进行明确规定。会计助理、主办会计需要通过内部理论知识和操作技能考查才能获得岗位资格证书。销售顾问要参加培训课程，成绩合格颁发证书。

“员工晋升不是领导说了算，而取决于是否达标”，张总在调研时强调。晋升标准，包括实操、理论考试、导师/领导评价。比如，从助理晋升到初级会计，要求至少做十套完整的账，涉及三个以上行业。公司有透明的晋升机制，从组长，主管，经理到城市经理，在公司宣传墙上均有展示。

4. 企业文化的完善

公司进入平稳发展阶段后，张总又开始琢磨如何进一步完善企业文化。作为一名管理者，张总恪守成人成己的价值观，他希望将此理念融入公司的文化。“我们聘用的一定是乐于奉献、利他的人。”调研中，张总如是说。

4.1　引导员工助人为乐，利己利他

员工的利他，体现在主动帮助小伙伴成长。公司强调的不单是小组成员间配合，各小组间也要合作。

财税方面变动较快，各组工作难免会遇到难题，如何推动互助呢？公司高管专门开会讨论。思路开拓的陆总提出：“安排晨会怎么样？每组汇报进度，哪个组的问题没法解决，在会上讨论资源调配，各小组互相帮忙。”“不错，这个点子可行。”张总欣然采纳。此外，公司实行人才推荐激励管理办法，各部门经常把客户转介绍给其他部门。

对客户的利他也很重要。调研中张总反复强调：“站在客户角度，坚持共赢共享，才能做好‘利他’。”

在张总引领下，快点办所有采购事项优先考虑客户。“公司有一个销售红枣的客户，我们全员发动，解决了四五百包。客户需要宣传，我们也帮忙。”陆总回忆道。

快点办还尽可能为客户提供免费资源，在广告推广、场地及资源共享等方面积极作为。每个月开展一次“客户日”活动，提供财务报表分析等分享。由于互利互惠，一些客户会将快点办介绍给其他企业。

4.2　关心离职员工，“人走茶未凉”

利他还体现在快点办独特的风景线——“离职员工俱乐部”。对此，张总有自己的思考：“我们关心离职员工，他们做过贡献，是公司的宝贵财富。”去年端午节，公司对符合条件（干满三年晋升到主管以上，没有犯错误；干满两年晋升到管理层，没有核心冲突；在公司中取得荣誉等）的离职员工寄了伴手礼。每年年会，公司还会邀请做过特别贡献的离职员工分享经验。人性化的关怀使公司赢得认可，很多合作商正是离职创业的昔日员工。

5. 企业文化的创新

在常规业务稳步发展之余，张总也开始思考公司的创新。毕竟，当今时代“变则通”是王道。

5.1 强化客户服务，水到渠成开发新业务

“陆总，快点办给我们代理记账这么久，对我们业务也熟悉，能不能来参加我们的决策会议，给点建议?”随着业务发展，陆总经常收到客户邀约。

一向很有想法的陆总觉得，这是个好机会：客户把快点办当“自己人”，如果能及时发现对方商业模式的痛点，推出创新产品，承接新业务就水到渠成。

说干就干，陆总积极回复邀请，收获满满：一些客户将线上推广的小程序开发等业务委托快点办办理。“对客户来说，再花时间找供应商，不如交给我们省时省力。”调研中，陆总自信满满。

5.2 摸索员工“创客化”合伙制，打造赋能平台

发展中，快点办不断转型升级，由代理公司到财税公司，进而到企服公司，最终目标是赋能生态全方位平台。“这一管理创新背后，是企业商业模式的迭代优化。”张总对此深信不疑。“用十年时间帮助十万+的创业者”绝非虚言。

创新还体现在企业与员工关系上，不是简单雇佣制，而是合伙人与公司。作为合伙人，有“见习合伙人—合伙人—区域总经理—大区总经理”的发展路径。合伙人开分公司，总公司提供销售人员、工商、财税人员的招聘、公司运营系统整体模式输出等支持。

员工成为创客、全员营销也是亮点，公司将业务分为三类，非营销部门推荐上述三类业务，按回款额不同比例，提供核算业务推荐奖金。

6. 未来——隐忧犹在，尚需探索！

一路走来，快点办在企业文化建设方面取得了不俗成绩。未来，企业管理依然有问题需要解决：岗位有限，部分员工职业发展存在“天花板”；工作量大，一些女性员工可能考虑转做企业内部会计以便照顾家庭……对于快点办而言，这些问题的解决，都需要企业文化进一步探索。革命尚未成功，同志尚需努力！

（案例正文字数：3498）

启发思考题

1. 创始人张炳煌的个人特质对该公司企业文化建设产生了怎样的影响?

2. 从初创、发展、完善到创新阶段，福州快点办商务服务有限公司各阶段的企业文化具有怎样的特点?

3. 福州快点办商务服务有限公司在推动企业文化传播中，有哪些值得学习的经验?

4. 未来，福州快点办商务服务有限公司将面对怎样的环境?企业文化的新一轮探索将要克服哪些困难?请预测和分析。

案例二使用说明

福州快点办商务服务有限公司的企业文化探索之旅

一、教学目的与用途

1. 本案例主要适用于企业文化、组织行为学等课程的教学。

2. 本案例适用于高年级人力资源管理、工商管理等专业本科生、全日制硕士研究生和MBA、MPACC的上述课程教学。

3. 本案例教学的目的在于，通过梳理福州快点办商务服务有限公司企业文化建设的探索，使学生：

（1）掌握企业文化的结构，理解企业文化的特质。

（2）运用上述企业文化的专业知识，结合企业实际，克服推动中的困难，有效组织企业文化的建设，提高相关的实务技能。

（3）感受到组织在创始人引领下企业文化建设的不懈探索，学习快点办“靠谱、匠心、成长、创新、利他”核心价值观蕴含的社会责任感和企业使命担当。

二、启发思考题

1. 创始人张炳煌的个人特质对该公司企业文化建设产生了怎样的影响？

2. 从初创、发展、完善到创新阶段，福州快点办商务服务有限公司各阶段的企业文化具有怎样的特点？

3. 福州快点办商务服务有限公司在推动企业文化传播中，有哪些值得学习的经验？

4. 未来，福州快点办商务服务有限公司将面对怎样的环境？企业文化的新一轮探索将要克服哪些困难？请预测和分析。

三、分析思路

教师可以根据教学目的与用途，自主安排使用本案例。以下提出的分析思路，仅供参考。案例的分析思路，遵循“梳理案例正文的情景线——根据情景线，提出案例思考题——结合相关理论，研究思考题背后的知识点，提炼思考题回答要点”的顺序，见图3。具体每道题的分析思路，见图3后的阐述部分。

启发思考题1：企业文化的建设，与企业家个人特质具有密不可分的关系。作为企业的创始人，或者企业现任的高层管理队伍的成员，企业家在公司企业文化的建设中，发挥着重要的影响，引领着企业文化建设的方向。由此引导学生结合理论与福州快点办商务服务有限公司的实际，思考该公司创始人张炳煌的个人特质对该公司企业文化建设的影响。理论基础是企业家与企业文化的内在统一理论。

启发思考题2：企业文化是企业在长期生存和发展中所形成的，被多数成员所共同遵循的最高目标、基本信念、价值标准和行为规范。企业文化的结构包括理念层、制度行为层和符号层。不同企业的企业文化，具有各自的特质。根据本案例中福州快点办商务服务有限公司企业文化建设的相关资料，引导学生结合相关理论，总结上述资料所体现的企业

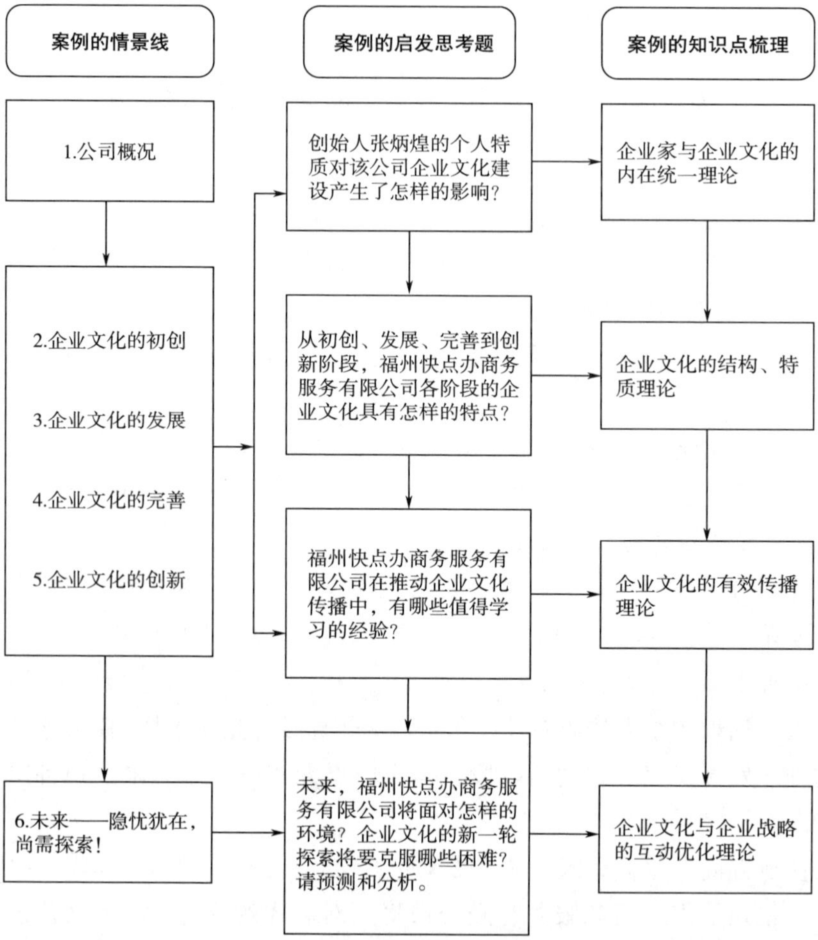

图 3　案例分析的基本思路

文化的结构和内容，思考该企业文化内容的特色。理论基础是企业文化的结构、特质理论。

启发思考题 3：企业文化的推动过程，必然不是一帆风顺的，需要克服相关的困难，促进最终的落地执行。企业文化最终的落地执行，在公司真正形成与巩固，离不开有效的手段对其进行宣传、传播。通过企业文化的有效宣导、传播、沟通，能提高企业内部外成员的体验感，打造企业品牌形象，增强企业核心竞争力。基于本案例中福州快点办商务服务有限公司企业文化建设的相关手段、策略，引导学生结合相关理论，总结其所反映的企业文化宣传、传播的经验。理论基础是企业文化的有效传播理论。

启发思考题 4：企业文化与企业战略存在着十分密切的联系。企业文化对企业战略的制定和经营方式的选择，有重大的影响。而企业战略的实施和变革，又能够推动企业文化的发展。结合本案例中福州快点办商务服务有限公司未来发展“隐忧犹在，尚需探索”的情境，引导学生在查阅相关资料的基础上，思考预测该公司未来将面对的环境、企业文化建设需要克服的困难。理论基础是企业文化与企业战略的互动优化理论。

四、理论依据和分析

（一）启发思考题 1 的理论依据与分析

1. 理论依据

该思考题的理论依据是企业家与企业文化的内在统一理论。

企业家与企业文化具有内在统一性。一方面，企业文化的实质是企业家文化。企业文化专家埃德加·H. 沙因认为："领导者最重要的才能是影响文化的能力。创造文化与必要时改造文化是领导者的重要职能"[1]。

企业家作为企业的灵魂人物，对企业文化的作用表现在以下方面：首先，企业文化的特点，体现了企业家的个人特质，企业家决定着企业文化的性质与风格；其次，企业家是企业文化的缔造者，在企业文化的塑造时期，是企业文化的设计师；在企业文化的发展时期，是企业文化的倡导者；在企业文化的传承时期，是企业文化的实践者；在企业文化的变革时期，是企业文化的变革者。

另一方面，企业文化对于企业家的培养和塑造，也起到重要的作用。企业家运用企业文化的培育功能凝聚和带领企业员工奋斗中，企业家个体不断成长、提升职业素质。企业文化在不断传承中，也能有效地影响企业家的思维模式。企业文化形成后，对企业家的言谈举止、作风等都产生明显的影响。企业家形象烙上了企业的印记，可以通过企业家形象的宣传实现企业文化的传播。

2. 分析

根据企业家与企业文化的内在统一理论，企业家的个人特质与企业文化关系密切。作为福州快点办商务服务有限公司的创始人，张炳煌的个人特质更是深深地烙印在福州快点办商务服务有限公司的企业文化建设中。

在创办福州快点办商务服务有限公司之前，张炳煌做过装修，卖过保险，做过餐饮，开过家具厂，在不断历练中，他积累了丰富的实践经验，形成了其朴素但实在的个人特质：做人做事认真踏实、勇于负责、成人成己。他认为，作为企业，必须提供高效的专业服务，为客户提供富有性价比和竞争力的产品，在发展中不断提高自身的专业能力，才能立足。

正是在这一个人特质的引领下，张炳煌在创立福州快点办商务服务有限公司后，开始考虑企业文化的建设。公司在初创时期需要站稳脚跟，因此提出了企业理念（"更快、更省、更专业"）、公司愿景（"用 10 年时间帮助 10 万+有梦想、有创新、敢冒险的人轻松创业"）。其中，"更快、更省、更专业"，对标的是福建中小企业的现实需求；"10 年时间服务 10 万+"，体现了对公司业务容量和员工数量的长远规划；"帮助有梦想、有创新、敢冒险的人轻松创业"，体现公司以"创业支持者"为核心定位，将服务由工商服务、财税服务代理等简单业务拓展至人力资源服务、品牌服务、互联网技术服务、商业模式咨询服务等方面。这些都和张炳煌本身的个人特质相吻合。可以说，张炳煌是公司企业文化的提出者和大力推动者，发挥重要作用。

快点办在初创阶段，张炳煌高度关注靠谱文化的建设，用买水的小故事引导员工做事认真，同时从制度上构建靠谱的保障，赢得了客户的信赖。随着公司的发展，张炳煌对快点办员工提出了更高的要求，精细化绩效考核、倡导工匠精神、精益求精，打造员工成长的平台，明确晋升标准。公司进入平稳发展后，张炳煌进一步完善企业文化，将成人成己的价值观融入，引导员工利己利他、加强与客户的互动互惠、关心离职员工。在常规业务稳步发展后，张炳煌再次追求企业文化的进一步升华，加强公司的创新，强化客户服务、水到渠成开发新业务、摸索员工“创客化”合伙制，打造赋能平台。可以说，快点办发展的每一个阶段，张炳煌的个人特质都紧密融入企业文化的各阶段建设中。福州快点办商务服务有限公司的企业文化形成后，张炳煌在大力推广的过程中，个人也不断历练、提升，管理能力和综合素质得以优化。

（二）启发思考题 2 的理论依据与分析

1. 理论依据

该思考题的理论依据是企业文化的结构、特质理论。

（1）企业文化的结构。从结构层次看，企业文化一般可以分为三个层次，分别是理念层、制度行为层、符号层[2]。

理念层是企业文化的最核心部分，是制度行为层和符号层构建的基础。企业文化的理念层包括：企业最高目标、企业核心价值观、组织哲学、组织精神、组织风气、组织道德、组织宗旨。

制度行为层，主要内容是组织制度、组织规定、组织内部的行为规范等。从具体构成看，制度行为层包括：一般制度（各个组织具有普遍性的制度等）、特殊制度（某组织所特有的非程序化的制度）、组织风俗（组织内部长期形成、约定俗成的特殊典礼、仪式等）、员工行为规范。

符号层是企业文化的表层，是企业核心价值观的物质载体。符号层包括组织名称标志、厂容厂貌、产品式样及包装、纪念品及礼品等直观的内容。

（2）企业文化的特质。Denison 通过组织文化与绩效关系的实证研究，构建了文化特质的理论模型。该模型认为，组织文化具有参与性、一致性、适应性和使命四个特质[3]。

其中，参与性涉及对员工工作能力、主人翁意识和工作责任感的培养，包括三个维度：授权、团队导向、能力发展。

一致性，衡量公司的企业文化是否强大且有凝聚力，包括三个维度：共同认同的核心价值观、配合、协调与整合。

适应性，衡量公司对外部环境快速做出反应的能力，包含三个维度：创造变革、客户至上、组织学习。

使命，用于衡量公司是否有系统的战略行动计划，包括三个维度：愿景、战略导向和意图、目标。

2. 分析

从初创、发展、完善到创新阶段，福州快点办商务服务有限公司各阶段的企业文化具有以下的特点。

（1）企业文化的理念层。表述通俗易懂、简洁有力。在公司初创阶段提出的企业理念“更快、更省、更专业”，对标客户的关切，与快点办的公司名字吻合，表达通俗易懂、容易识记。企业愿景“用 10 年时间帮助 10 万+有梦想、有创新、敢冒险的人轻松创业”表达简洁、富有感染力，能够有效地引导员工的行为。

组织精神方面，员工在各阶段企业文化引导下，工作态度积极向上、工作认真负责、精益求精。

组织宗旨方面，福州快点办商务服务有限公司具有较强的社会责任感和使命感，高度重视客户、在职员工、离职员工等利益相关者。

（2）企业文化的制度行为层。内容翔实，操作性强。在福州快点办商务服务有限公司，企业文化的制度行为层，形成既符合共性、又体现公司特色的完备体系，能够较好执行，主要包括以下方面。

特殊制度方面，公司设立审账组每月定期查账，交叉抽查，确保会计服务 0 差错。另外，规定用独立资料室和企业专属会计档案盒保管记账凭证，保证财务票据 0 差错。师徒制规定把师父带出来的徒弟工资的 1%奖励给师父。绩效考核制度精细化考核员工态度、能力、业绩、工作流程制度优化。员工培养和晋升制度规定详细，围绕通用、专业知识通过培训提升员工胜任力，晋升的实操考核、考试、评分要求明确。员工“创客化”合伙制度通过“见习合伙人——合伙人——区域总经理——大区总经理”的发展路径清晰，职业规划到位。

组织风俗方面，公司在发展的各个阶段推出了特色鲜明、富有感染性的组织活动、仪式、典礼，包括：百万侯和服务之星评选活动、凭证装订等技能练兵比赛、师带徒的拜师典礼（包括敬茶、签拜师协议等环节）、每日晨会、离职员工返回公司的分享活动及伴手礼发放等。

员工行为规范方面，通过企业文化的建设，员工养成了律己、助人、互惠、共享的行为规范。

（3）企业文化的符号层。实现全覆盖，视觉冲击力强。在福州快点办商务服务有限公司，企业文化的符号层几乎无处不在，公司的墙面、宣传栏、走廊等各个角落，都张贴着橙红色的“快点办”Logo，体现核心价值观“靠谱、匠心、成长、创新、利他”的标语、随处可见的万户侯及服务之星的精美挂画、客户赠送的红色锦旗、简洁直观的员工业绩风云榜、员工培养及晋升的制度宣传示意图、印刷精美的橙红色客户服务手册、体现团队精神的团队风采展示墙、表达清晰的客户配合事项清单……

（4）企业文化参与性强，员工勇于担责，相互合作，公司重视员工的成长。快点办十分重视对员工主动性的培养，员工的工作积极性很高。公司强调利己利他，对于小组内、部门内、跨小组、跨部门员工之间的合作互助十分推崇，强调成人成己，员工的集体团队意识较强。公司高度重视员工的培训，精心设计培训内容，强调“成长”，打造学习型组织。

（5）企业文化一致性强，员工认同核心价值观，部门间配合默契。公司的企业文化具有很强的凝聚力，通过有效的建设，企业文化已成为员工共识。小组成员之间的配合，跨小组、跨部门的配合（如晨会沟通等）等成为惯例。领导能够有条不紊地运筹帷幄、调配资源，让大家凝心聚力共同努力。

（6）企业文化适应性强，以客户为中心，重视学习和适时变革。公司高度重视客户的利益，能够在完成服务之余，无偿为客户的商业模式创新等提供方案，通过增值服务获得客户认可，赢得客户委托的其他业务。公司事事以客户利益为先，采购事项优先考虑客户。此外，公司能够顺势而为，敏锐地捕捉到行业发展的趋势，迭代升级，适时由财税代办服务升级到包括人力资源、法务等的全方位企业服务，将企业变革的目标定位于成为赋能生态全方位平台、企业服务的优秀供应商。

（7）企业文化着眼使命，公司战略目标明确，员工形成共识。在福州快点办商务服务有限公司，企业“用10年时间帮助10万+有梦想、有创新、敢冒险的人轻松创业”的愿景在大力推广下，已经获得全体员工的理解和认同。公司致力于成为优秀的企业服务系统提供者，发展战略十分明确，在企业文化的引领下，员工围绕战略目标的具体要求，努力前进。

（三）启发思考题3的理论依据与分析

1. 理论依据

该思考题的理论依据是企业文化的有效传播理论。

企业文化传播，是指企业文化特质从某个群体或个体，传递、扩散到另一个群体或个体的过程。通过企业文化在组织内的传播，组织成员在价值观上形成一致，促进其采取协调一致的行动。

企业文化的有效传播，需要通过一定的传播媒介实现。传播媒介包括正式或非正式的，包括书面语言、口头语言、肢体语言等形式。在互联网时代，除了传统的书面报刊、电话、广播外，微信、微博、微电影、微视频平台等形式多样的新型传播媒介不断推陈出新，推动了企业文化的广泛、深入传播。

企业文化的有效传播，可以通过多种有效的载体实现，主要包括以下这些方面：企业神话、企业英雄的传说、企业故事、企业文化语录（口号、标语等）、企业家行为及管理风格、企业人力资源管理的相关制度（招聘甄选、培养、绩效考核、员工激励等方面）、企业内的各种仪式、典礼、习俗习惯、非正式群体的交流等。

除了企业内的传播，优秀的企业还会主动输出，向企业外传播企业文化。企业文化的外传播，有利于企业树立良好的形象，提升公众对企业的认可度，提高品牌美誉度。通过企业外传播，不同企业相互交流、相互启发、促进发展。

2. 分析

在福州快点办商务服务有限公司，企业文化的传播比较到位，形成了宝贵的经验，主要包括以下几个方面。

（1）传统媒介运用到位，印象深刻。传统的媒介主要包括书面报刊、电话、广播等。在书面报刊方面，快点办印制了体现橙红色 Logo 的精美企业手册，包括业务介绍、服务产品介绍、快点办企业介绍的宣传手册等，形象统一，内容完善，全方位展示公司的综合实力和高品质专业服务。“用10年时间帮助10万+有梦想、有创新、敢冒险的人轻松创业”的公司愿景，在公司内部随处可见，充分体现企业文化的核心价值观。

在广播媒介方面，公司通过福州覆盖面最广的移动公交投入高频度的广告宣传，“福州代办哪家强，专业注册快点办，注册公司九块钱，代理记账199，商标注册699，省钱省心有木有”的广告语，朗朗上口，配合富有节奏的快板声，公司专业、高效、一站式企业服务的形象令人印象深刻，公司“福州代理记账行业第一”的行业地位深入人心。

（2）新型传播媒介运用充分，效果良好。在微博平台、微信公众号、抖音平台等新型传播媒介方面，福州快点办商务服务有限公司投入了较大的宣传力度，通过注册公司的流程介绍、快点办邀请合作伙伴参与创合汇“商学院好项目”路演会、人文与科技论坛现场等资讯的发布，打造专业的服务提供商形象，推动公司企业文化的有效传播。

在知乎等目标客户群体容易关注的论坛上，也有公司相关业务的讨论，网友的回复中，“服务态度不错”“知名度大”“工作人员专业”“服务流程流畅”等关键词，对公司企业文化的宣传起到了较好的功效。

（3）善于运用“故事”，促进企业文化传播。福州快点办商务服务有限公司在长期的发展中积累了体现企业文化亮点的丰富故事。在案例正文中，员工买水这样的一件小事，都体现了“凡事有交代，事事有着落，事事有回声”，这个故事通过公司商学院负责人之口，在员工中口口相传，取得了不错的企业文化引导效果。此外，公司主动帮助客户推销红枣、急客户之所急、与客户互惠共享的事情，也成为公司中众人皆知的故事，让员工充分体会公司企业文化中秉持利他之心的精髓。

（4）善于运用仪式、典礼、习俗等，推动企业文化有效传播。在福州快点办商务服务有限公司，企业内的各种仪式、典礼、习俗习惯方面，形式丰富多彩，内容多样：百万侯和服务之星评选、凭证装订比赛、师带徒的拜师仪式（包括徒弟给师父敬茶、师徒签订协议等环节）、实时绩效沟通和辅导的每日晨会、离职员工经验分享活动、离职员工关爱行动（伴手礼发放等）……通过这些仪式、典礼等载体，公司的企业文化落在实处。

公司重视员工发展、重视客户需要、追求卓越、专业高效、创新利他的企业文化，通过上述这些经验，得以宣传。

（四）启发思考题4的理论依据与分析

1. 理论依据

该思考题的理论依据是企业文化与企业战略的互动优化理论。

上文的理论分析可知，企业文化包括理念层、制度行为层、符号层。

霍弗和申德尔认为，战略是企业当前和未来的资源配置与环境相互作用的基本模式[4]，主要包括五个任务：确立战略愿景、使命和核心价值观；设定目标；制定实现目标和公司愿景的战略；执行战略；对进度进行监控、对绩效进行评估、及时调整[5]。

企业文化与企业战略具有密切联系，双方相互联系、相互约束、相互促进。

企业文化决定企业战略的确定，影响企业战略的实施。企业文化是企业成员共同核心价值观的体现，建立在企业文化基础上的企业战略，能够代表企业成员的集体选择和偏好。通过企业文化的全面建设，构建完善的理念层、制度行为层和符号层，可以有效地支撑和引领企业战略目标的落实执行。

而企业战略的实施，可以反过来推动企业文化的发展。企业所处的外部环境在不断发生变化，企业的战略应需要随之不断调整，与企业文化的现状发生冲突，相应的，就需要进行企业文化的变革。企业文化必须与时俱进，与企业战略相互适应、相互协调。企业文化需要不断丰富和完善，以便有效地实现对企业战略的支持。另一方面，企业文化要与时俱进，才能更好为企业战略实施提供动力支撑。

2. 分析

未来，福州快点办商务服务有限公司将面临复杂、多变的环境形势：随着经济社会的发展，代理记账行业的相对毛利率低，进入门槛也较低，缺乏强有力的行业准入壁垒，新企业会不断加入，行业内的竞争对手众多，竞争将趋于激烈，如果不能迭代升级，提高服务的附加值，单纯的代理记账等业务下，企业的获利空间十分有限。由于行业收入水平仅处于中等水平，公司在招聘选择员工方面，不具有绝对竞争优势，招聘到的新员工在学历、专业技能、综合素质等方面，可能存在参差不齐的问题。此外，案例正文最后所述的公司女性员工因工作量过大而选择转做企业内部会计、公司内部职位晋升空间有限等情况也不可忽视。

针对上述环境的变化，福州快点办商务服务有限公司的战略方向也需要对应发生调整：差异化战略成为未来可能的选择，公司将力求使自身提供的服务与竞争对手形成显著差异，打造自身的核心竞争优势。公司将不满足于以财税业务为单一主营业务，而是需要在其他增值性较高、收益性强的业务领域拓展，比如企业综合服务系统平台、企业法务咨询等方面。

根据企业文化与企业战略的互动优化理论，随着公司战略的调整，企业文化也应有所调整，克服可能存在的困难。

理念层方面，要克服公司上下员工满足于现状、停滞不前的问题，需要根据客户不断变化的需要，增强商务服务的开创性、专业性和高增值性，成为顾客心目中高品质的全方位一站式企业服务平台。

制度行为层方面，原有的组织结构设置、员工培养等规章制度都可能存在跟不上组织发展的问题，需要进行修订，推动较大幅度的组织变革：多元化的员工职业发展通道需要打造，充分满足员工个性化的需求。公司对于员工身心健康关怀、合理安排工作任务等方面的制度也应进一步完善，避免员工流失率偏高、队伍不稳定等情况的发生。对于企业员工的素质，可能将提出越来越高的要求，员工队伍的“少而精”成为必然。

符号层方面，公司应对标最新的企业文化理念，更新符号设计，更新企业标语、宣传墙、公司手册、宣传礼品包装等，体现相关最新企业文化的内涵，避免滞后性。

五、关键要点

（一）本案例的关键知识点

1. 企业文化的基本内涵

2. 企业文化的结构、特质

3. 企业文化落地执行中的有效传播

4. 企业文化与企业家、企业战略的关系

（二）本案例的关键能力点

1. 理论联系实际的实务技能

培养学生能够根据现实企业的实际，将企业文化的相关专业知识点应用于企业文化建设工作，推动企业文化在具体企业中的有效落地、执行。

2. 系统、全面分析的能力

培养学生能够综合考虑企业实际特征，全面、系统地统筹规划企业文化建设的方案，进行分析，获得正确结论。

六、建议的课堂计划

本案例可以作为专门的案例讨论课来进行。如下是按照时间进度提供的课堂计划建议，仅供参考。

1. 时间计划

整个案例课的课堂时间控制在 90 分钟。

（1）课前计划。

提出启发思考题，要求学员在开始上课之前全面阅读案例内容，并查阅与案例相关的背景资料，在充分理解案例内容的基础上，进行初步分析与思考。

（2）课中计划。

主要包括以下几个步骤。

①案例讨论导入（5 分钟）。教师介绍本次案例讨论的主题，说明本次案例讨论的目的与讨论过程安排。

②分小组讨论（30 分钟）。在组长组织下，学生分小组（一个小组 5~6 人），围绕案例启发思考题进行讨论，得出小组最终意见。

③小组汇报发言（40 分钟）。为了保证每位成员的参与度，采取每个小组推荐代表及随机抽取一名学员相结合的形式，确定每个小组发言的人选。由小组发言人阐述本小组对启发思考题的观点。

汇报发言时，尽可能安排每个小组完成上述 4 个启发思考题汇报。如总人数过多，考虑到时间限制，可以指定每个小组汇报启发思考题中的某一题或某几题。

汇报发言的总时间控制在 40 分钟左右，各个小组的发言时间平均分配。

小组汇报发言时，教师发放记录表，要求未发表的学员认真听取并记录其观点，如有问题可以提问。

④教师归纳总结（15 分钟）。教师以相关理论为基础，评各个小组的发言，对整个教学案例进行全面梳理和系统总结。

（3）课后计划。

请学员以小组为单位，根据课堂讨论结果、教师对相关知识点的讲解等，分组提交详细的案例分析报告。

2. 课堂提问逻辑

在思考题的基础上，按照案例故事的情景线，提出逻辑关系为层层递进式的一系列问题，引导学生沿着这些问题，深入梳理案例的脉络，思考相应的知识点。

本案例的教学课堂讨论提问逻辑如下。

（1）对代理商务服务公司是否有所了解？是否听说过福州快点办商务服务有限公司？

（2）代理商务服务行业的特征？

（3）福州快点办商务服务有限公司的企业文化，各个层次的内容分别是什么？

（4）福州快点办商务服务有限公司的企业文化内容，存在的有待完善之处主要是哪些？

（5）如何衡量企业文化传播的效果？

（6）福州快点办商务服务有限公司的企业文化目前的传播效果如何？

（7）你认为在企业文化宣传、传播上，福州快点办商务服务有限公司还可以如何进行优化？

（8）在未来，福州快点办商务服务有限公司将转型升级为何种战略？请说明你的理由。

（9）阅读完案例，你的总体感受是什么，获得哪些重要启示？未来你将如何将该案例的学习启发，运用于你的实际工作？

3. 课堂板书设计

本案例的课堂板书，按照一块矩形黑板设计，具体内容如下。

板书设计的总体思路，体现关键词，高度概括地进行展示，并且与提问的问题相关联。

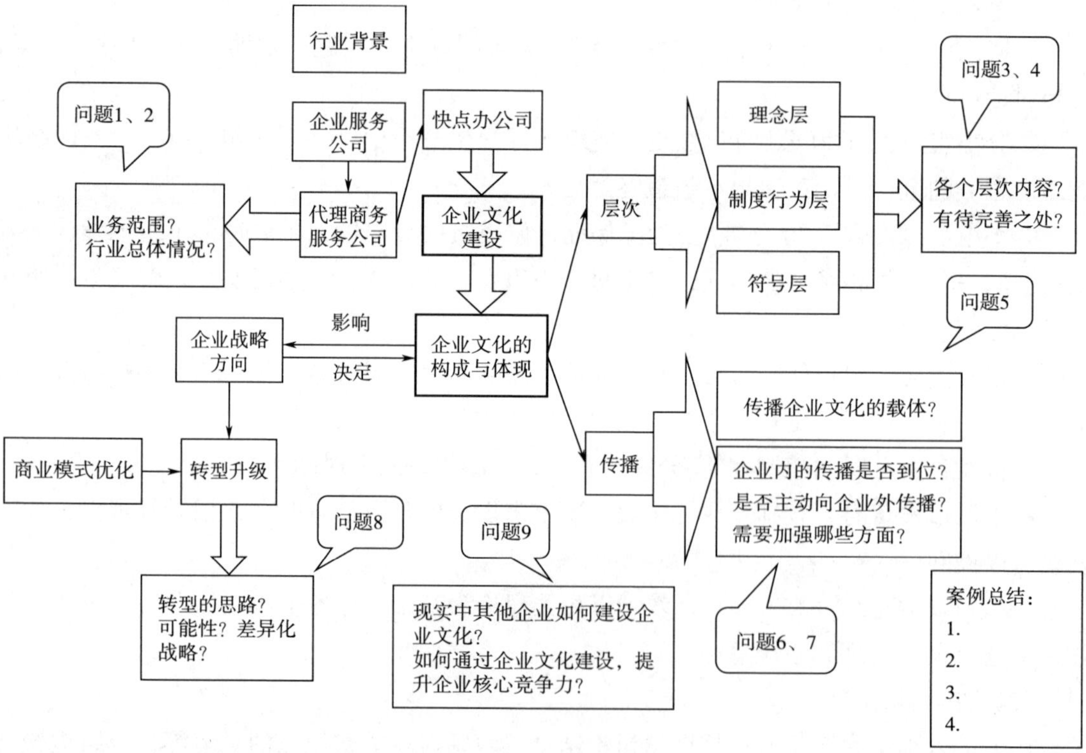

图4　案例板书

七、相关附件

本案例包括以下附件。

附件1：福州快点办商务服务有限公司在微博、微信、移动公交、抖音等平台的宣传图片

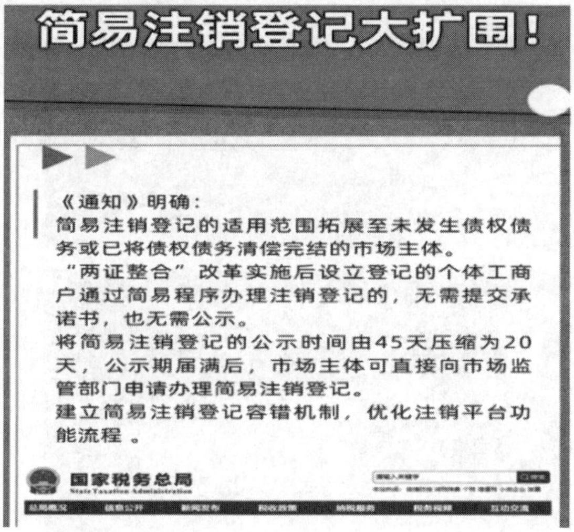

附件 2：福州快点办商务服务有限公司办公场所、各种活动的照片

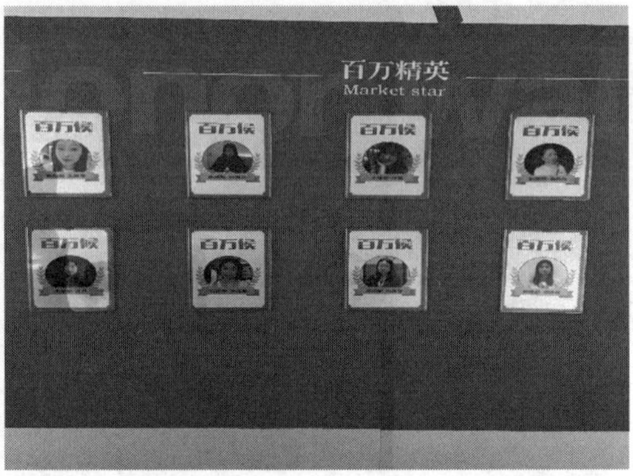

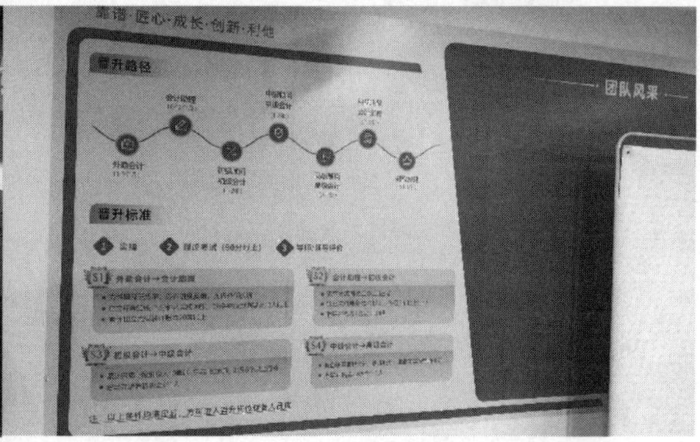

FasToDo 快点办

岗位资格证书

持证人参加快点办 主办会计 岗位技能培训考试，理论知识与操作技能成绩合格，特发此证！

姓名：林如　　理论知识考核成绩：96分

身份证号码：35018119[illegible].65　　操作技能考核成绩：100分

岗位名称：主办会计　　综合评定：合格

快点办集团商学院

2020年7月6日

证书编号：KDB-ZBKJ-067

参考文献

［1］杨月坤．企业文化［M］．北京：人民邮电出版社，2017：168-177.

［2］《组织行为学》编写组．组织行为学［M］．北京：高等教育出版社，2019：182-185.

［3］李爱梅，凌文辁．组织行为学［M］．北京：机械工业出版社，2015：218-220.

［4］徐飞．战略管理［M］．4版．北京：中国人民大学出版社，2019：7.

［5］［美］小阿瑟 A. 汤普森，玛格丽特 A. 彼得拉夫，约翰 E. 甘布尔，等．战略管理概念与案例［M］．蓝海林，黄嫚丽，李卫宁，等，译．北京：机械工业出版社，2016：12-13.

（案例使用说明字数：9704）

参考文献

[1] 朱方伟，孙秀霞，宋昊阳．管理案例采编［M］．北京：科学出版社，2014.

[2] 李亮，刘洋，冯永春．管理案例研究：方法与应用［M］．北京：北京大学出版社，2020.

[3] 孙道军，郑苏晖．管理案例教学实务指南［M］．北京：中国市场出版社，2015.

[4] 梅子惠，等．企业管理案例分析教程［M］．3 版．北京：高等教育出版社，2021.

[5] 邵剑兵．管理案例研究：第一辑［M］．北京：经济管理出版社，2016.

[6] 王淑娟，马晓蕾．管理案例学习指导［M］．北京：科学出版社，2020.

[7] 江晓，梅子惠．现代企业管理案例分析教程［M］．武汉：武汉理工大学出版社，2018.

[8] 冯冈平，奚菁．企业管理案例［M］．北京：清华大学出版社，2017.

[9] 蔡曙涛．企业管理案例［M］．北京：北京大学出版社，2001.

[10] 王新利，程巍，于波，苍英美．管理专题企业管理案例教程［M］．北京：中国农业出版社，2014.

[11] 霍力岩，高宏钰．当代西方教育学理论［M］．上海：华东师范大学出版社，2017.

[12] 林海芬，刘相彤，苏敬勤．管理案例系统：从采编到使用［M］．北京：科学出版社，2022.

[13] 邓白君，黄洁琦，曹继娟，等．创业小白实操手册［M］．北京：机械工业出版社，2020.

[14] 马连福，等．公司治理［M］．3 版．北京：中国人民大学出版社，2022.

[15] 梅子惠，等．现代企业管理案例分析教程［M］．武汉：武汉理工大学出版社，2006.

[16] 张鑫．市场营销学教程［M］．北京：清华大学出版社，北京交通大学出版社，2008.

[17] 编写组．组织行为学［M］．北京：高等教育出版社，2019.

[18] 陈卓国．创新思维与方法［M］．武汉：华中科技大学出版社，2019.

[19] 王怀栋，艾云辉．战略管理［M］. 广州：暨南大学出版社，2012.

[20] 施金龙．企业战略管理［M］. 北京：中国电力出版社，2009.

[21] 董克用，李超平．人力资源管理概论［M］. 3 版．北京：中国人民大学出版社，2011.

[22] 高红岩．战略管理学［M］. 北京：清华大学出版社，北京交通大学出版社，2007.

[23] 齐洪利，石磊，崔岩，孙娈，张国庆．创新思维训练教程［M］. 北京：清华大学出版社，2019.

[24] 吴兴华．创新思维方法与训练［M］. 广州：中山大学出版社，2019.

[25] 迈克尔·R. 林德斯，路易丝·A. 林德斯，詹姆斯·A. 厄斯金．毅伟商学院案例写作［M］. 4 版．赵向阳，译．北京：北京师范大学出版社，2011.

[26] 菲利普·科特勒．营销管理［M］. 梅汝和，等，译．北京：中国人民大学出版社，2001.

[27] 杨宏力，张宪昌．工商管理案例研究：第一辑［M］. 北京：经济管理出版社，2023.

[28] 王化成，刘俊彦，荆新．财务管理学［M］. 9 版．北京：中国人民大学出版社，2021.

[29] 刘兴倍，胡艳，邱君，许剑．新编管理案例库精析［M］. 北京：清华大学出版社，2016.

[30] 黄津孚，张小红，龙成凤．管理学精读文选与管理案例［M］. 北京：首都经济贸易大学出版社，2022.

[31] 胡海波．工商管理案例辞典［M］. 北京：经济管理出版社，2022.

[32] 苏敬勤．管理案例学论纲［M］. 北京：科学出版社，2023.

[33] 王中强，陈工孟．创新思维与创业教育［M］. 北京：清华大学出版社，2017.

[34] 李斌．社会资本与现代企业管理案例研究［M］. 武汉：武汉大学出版社，2023.

[35] 边明伟．工商企业经营管理案例教程［M］. 成都：西南交通大学出版社，2011.

[36] 蔡东宏．人力资源管理案例分析指导与训练［M］. 北京：经济科学出版社，2015.

[37] 李志军，尚增健．工商管理案例研究：第 2 卷［M］. 北京：中国发展出版社，2022.

[38] 李志军，尚增健．工商管理案例研究：第 4 卷［M］. 北京：中国发展出版社，2022.

[39] 王涛，刘泰然．创业原理与过程［M］. 北京：北京理工大学出版社，2019.

[40] 孙小兰．市场营销学［M］. 北京：中共中央党校出版社，2019.

[41] 赵强，徐静霞．企业战略管理［M］．上海：上海交通大学出版社，2022.

[42] 刘昕．人力资源管理［M］．4 版．北京：中国人民大学出版社，2020.

[43] 李超平，徐世勇．管理与组织研究常用的 60 个理论［M］．北京：北京大学出版社，2019.

[44] 王永贵，项典典，马双，杜运周．管理研究方法：理论、前沿与操作［M］．北京：中国人民大学出版社，2023.

[45] 葛建新．商业模式［M］．北京：高等教育出版社，2020.

[46] 郭斌，王真．商业模式创新［M］．北京：中信出版集团，2022.

[47] 彼得·德鲁克．创新与企业家精神［M］．蔡文燕，译．北京：机械工业出版社，2018.

[48] 程浩．精益商业思维［M］．北京：机械工业出版社，2020.

[49] 杨月坤．企业文化［M］．北京：人民邮电出版社，2017.

[50] 黄江泉．项目管理概论［M］．西安：西北工业大学出版社，2021.

[51] 张大均，郭成，余林．教育心理学［M］．3 版．北京：人民教育出版社，2015.

[52] 赵炎．创新管理［M］．2 版．北京：北京大学出版社，2017.

[53] 张玉利，薛红志，陈寒松，李华晶．创业管理［M］．5 版．北京：机械工业出版社，2020.

[54] 白雪洁，杜传忠．产业经济学［M］．北京：经济科学出版社，2020.

[55] 齐丽云，霍达，张旭．战略管理［M］．2 版．北京：清华大学出版社，2023.